한 몸을 이루시어 새 몸을 이루어주신

정우택 이영숙님께

30대가 30대에게 쓰는 편지 ❶ 사랑과 결혼편

1판 1쇄 _ 2016년 10월 22일

지은이 _ 정재헌
펴낸이 _ 정재헌

펴낸 곳 _ 주의 것
출판등록 _ 2016년 9월 1일 제300-2016-88호
주소 _ 서울특별시 종로구 사직로 1마길 8, 201호 (행촌동)
전화 _ (02) 2278-5578
팩스 _ (02) 2278-5579
전자우편 _ yesupeople@naver.com
홈페이지 _ http://www.facebook.com/yesupeople.com

ISBN 979-11-958989-0-9 03230

* 이 책은 저작권법에 의하여 보호를 받는 저작물이므로 무단 전제와 복제를 금합니다.
* 잘못 만들어진 책은 구입처나 출판사에서 교환해드립니다.
* 책 내용을 사용하려면 저자와 출판사에 문의바랍니다.

❶ 사랑과 결혼편

30대가 30대에게 쓰는 편지

정재헌

주의 것

Contents

1부 사랑편

1 한국 공장에서 생산된 30대들에게   *008*
2 여행과 독서와 사랑   *012*
3 사랑 배우기   *014*
4 십자가적 사랑을 연애에 적용함   *017*
5 창조세계 내(內) 사랑의 아름다움   *018*
6 아가서와 창세기 : 동산의 입구에서   *033*
7 아가서 : 가장 인간적임의 가장 영적임   *045*
8 아가서와 조선 시조   *057*
9 사랑과 죽음의 닮은꼴   *071*
10 국어문법과 사랑노래   *075*
11 열병환자의 사랑노래   *077*
12 강한 끌림에 대하여   *079*
13 카톡(KakaoTalk)과 사랑   *084*
14 남자와 여자가 있음에 대하여   *087*
15 사랑의 신비성과 일상성   *090*
16 보아줌으로서의 사랑   *093*
17 알아봄으로서의 사랑   *097*
18 대해줌으로서의 사랑   *099*
19 실망과 사랑   *103*
20 미움과 사랑   *106*

21 두려움과 사랑	113
22 의심과 사랑	115
23 버림받음과 사랑	116
24 우울함과 사랑	120
25 모든 것이 다 나의 것은 아님	122
26 이루어지지 않아도 유익이 있음	128
27 미인을 차지함에 대하여	130
28 미래의 만남을 위해 의젓해지기	134
29 성숙한 사랑은 30대에 더욱 가능성 있음	136
30 결혼 전 연애와 선데이 크리스천	139
31 자기 깨트림으로서의 사랑	141
32 연애의 효과	145
33 남녀가 서로에게 가진 사랑의 한마디	152
34 시대적 공허와 사랑의 묘약됨	156
35 연인은 구세주가 아님	158
36 가치의 높낮이가 존재함	160
37 상대의 약함에 나를 맞춤	162
38 과정의 문들	165
39 사랑의 땡볕	167
40 사랑과 신앙의 유비(analogy) 모음	171

2부 결혼편

41 왜 결혼을 논하는가	*178*
42 독신이냐 결혼이냐	*180*
43 하나님과 가정의 이분법적 접근	*182*
44 혼자 사는 것이 좋지 아니하니	*186*
45 부모를 떠나 둘이 한 몸을	*189*
46 허락된 가장 깊은 관계	*194*
47 곁에 있음의 의미	*198*
48 헬조선 시대의 결혼	*201*
49 남자와 여자 누가 위인가	*204*
50 어머니의 사랑 이상을 목표함	*207*
51 평생의 기도 동지	*210*
52 좋은 신앙과 좋은 결혼의 함수관계	*212*
53 감정 말하기	*215*
54 두 이야기가 한 이야기를 이룰지로다	*218*
55 두 소우주의 충돌과 융합	*220*
56 나의 재건축으로서의 결혼	*222*
57 21세기 대한민국 결혼의 어려움	*224*
58 결혼이 필요하지 않은 느낌	*228*
59 결혼 전 다시 생각해보기	*230*
60 쇼핑몰 광고와 결혼	*232*
61 코골이와 결혼생활	*233*
62 코골이와 민족통일	*238*

63 하나님의 채워주심과 배우자를 채워줌	240
64 당신이 생각하는 그런 배우자는 없음	244
65 미래적 부활이 주는 현재적 용납의 능력	248
66 사랑의 유통기한과 음미	252
67 처음 만난 날을 기억함	254
68 신앙과 사랑의 권태기	255
69 두 가지 함정	258
70 부부 하나 됨의 성화와 그 열매	262
71 최초의 교회 최소의 교회 최후의 교회	265
72 소울 메이트에서 미션 메이트로	272
73 부부의 선교사 부르심	277
74 아흔까지 동지애	279
75 그리스도의 몸으로서 받은 부부 사명	282
76 신명기 : 1년간의 밀월	286
77 잠언 : 아내 품의 애력(愛力)	292
78 전도서 : 허무의 천적	296
79 말라기 : 하나님께서 얼굴을 가리실 때	312
80 에베소서 : 결혼의 비밀	313

편지를 마치며 : 오늘날에도 결혼이 필요한가 336

감사의 글 356

1부 사랑편

사랑은 여기 있으니
하나님이 우리를 사랑하사
그 아들을 보내셨음이라

1 한국 공장에서 생산된 30대들에게

벗이여,

　30대로 한국에서 산다는 것, 그게 무슨 의미인지 우리는 모르지 않습니다. 30대로 살고 있으니 모를 리가 없습니다. 우리의 피부가 그것을 외쳐주고 있지 않습니까.

　저는 부모님의 은덕과 성도님들의 사랑으로 인생의 3분의 1을 여러 외국에서 보냈습니다. 그런 제 경험상으로 볼 때에 지구촌에서 한국처럼 사람을 외모로 평가하는 곳도 드문 듯합니다. 이때 외모란 생김새 차원이 아니라 대개 숫자로 측량되는 외적 조건을 말합니다. 귀가 닳도록 들으셨겠지만, 어느 대학을 나왔는가, 무슨 직장인가, 한 달 월급은 어느 정도인가, 모아 둔 것이 있는가 등등으로 사람의 값이 매겨집니다.

　오늘 우리의 모습은 30대에 진입하여 갑자기 만들어진 것이 아니라 어려서부터 차근차근 형성되어 온 것입니다. 그럼 우리를 제조한 한국 공장은 어떤 생산라인을 갖추고 있습니까? 우리가 어떻게 찍혀 나왔는지 살펴보면 무슨 공정들이 있었는지 얼추 헤아려 볼 수 있겠지요. 그러나 거의 분명한 것은 30대 제품으로서 우리 안에는 '숫자가 높으면 행복을 얻기에 더 유리하다'고 쓰인 발전기가 돌아가고 있다는 것입니다. 다른 여러 나라 공장들을 방문해본 저로서는 이게 좀 이상한 것이, 어떻게 나의 행복이 남들보다 숫자가 높음에 달려 있을 수 있는가 하는 점입니다.

그나저나, 삶이 좀 재미있으십니까? 한국에서 30대로 의미 있고 보람되게 지내고 계십니까? '행복하기 위하여 숫자경쟁에서 승리하라'는 명령이 입력된 우리들의 정신모터는 현재의 만족에 둔감한 상태로 정상만을 쳐다보며 분주히 돌아가고 있지 않습니까?

그러나 우리는 인간입니다. 가장 비인간적인 시대였던 제1차, 제2차 세계 대전의 때, 그때에도 인간은 인간이었습니다. 우리는 인간이기 위하여 무엇이 참으로 인간다운 지를 찾고 추구함이 자연스럽습니다. 저는 가장 인간다운 것이 사랑이라고 생각합니다. 성경의 증언처럼 인간을 지으신 창조주께서 사랑의 하나님이시고(요일4:8), 그분께서 인간을 하나님의 형상을 따라 지으셨다면(창1:26~27), 사람의 가장 사람다운 특징이란 바로 사랑함이라고 말하는 것은 무리가 아닐 듯합니다.

물론 누구는 "모두들 사랑을 말하지만 진정한 사랑을 본 사람은 거의 없다"고 합니다. 이는 인간의 마음이 부패한 귀결일 것입니다. 그럼에도 불구하고 수많은 사람들이 누가 가르쳐주지 않아도 사랑의 소중함을 이야기한다는 것은 사랑이 그만큼 인간에게 있어 본래적 요소란 보여줌이겠지요.

사랑! 우리는 그걸 모를 정도로 순진하지 않습니다. 사랑은 외적 조건에 걸려있지 않다는 진실을 말입니다. 그런데 자꾸 외형을 따지는 것은 무언가를 두려워하고 있음과 세속적 욕망이 숨어 있음을 보여주는 게 아닐까요? 그런 욕구를 가진 사람이라면 결국 그런 인생을 살지 않을까요? 사람이 외적 조건을 타산하는 것이 당연하지 않느냐고 반문할지 모르나 어떻게 생각하면 사람을 조건으로 값 매기는 시선 자체가 그 자신의 위태로움을 보여주는 것입니다.

며칠 전 아버님으로부터 그런 이야기를 들었습니다.

"오늘 신문사 논설위원들과 점심 먹으며 들은 얘기다. 70세의 한 위원이 초등학교 동창 모임에 갔는데 친구 15명이 나왔더래. 그 가운데 40살 넘은 노처녀 딸을 데리고 있는 사람이 5명이나 되었다는 거야. 높은 스펙을 좇다가 그리 되었다는 거지."

한국에서 생산된 우리의 강점은 목표 달성이 빠르고 투철하다는 점입니다. 이는 경쟁에서 이기기 위한 최적화입니다. 하지만 약점은 혹 목표를 달성해도 생각보다 행복하지 않다는 것이지요. 물론 목표를 이루는 경우 또한 사실상 드물기에, 목표 달성의 강점이란 것도 결국 경쟁을 가열시키는 악영향이 더 큰 것이었고, 이는 다시 목표 달성을 어렵게 하는 요인이 되는 것입니다.

빠른 목표 달성을 위하여 우리는 마취제를 맞아야 했습니다. 마취 기운이 퍼져나가면서 나타나는 특징들 중 가장 심각한 부작용은, 목표를 위해 삶의 어떤 주제들을 눈 밖으로 밀어버리는 것이었습니다. 거기에는 사랑과 결혼이 포함되곤 했습니다. 잘 살아보겠다고 혹은 좀 편하게 살아보겠다고 사랑과 결혼을 희생시켰던 것이지요.

더 높은 조건을 위해 사랑을 희생시켜 왔다면 혹 경쟁에서 승리하여 외제차까지 떵떵 끌고 다녀도 어딘가 슬픔의 냄새가 나지 않습니까? 남들이 말해줄 것도 없이 자신이 그것을 느끼지 않습니까? 아니, 남들은 말한 것도 없는데 자신이 그렇게 생각하지 않습니까? 사랑을 미루어버릴 정도의 스펙 쌓기, 승진 노력과 일중독 또는 명품 추구나 자기 치장이란 사실, 행복하지 않은 기분을 걷어내기 위한 자기 최면이었다는 사실을 자기의 양심이 알기 때문일 것입니다.

벗이여, 우리도 알게 모르게 '이기기 위하여' 삶의 중요한 주제들을 희생시켜 오지 않았습니까? 혹은 '그래도 먹고살기 위해서'라는 소박한 명분 뒤로 숨어 사랑과 결혼으로부터 도망친 것이 아닙니까? 그래도 다행인 것은 우리는 '겨우' 30대란 점입니다. 참된 행복을 찾기에 아직 시간이 충분합니다. 또한 외적 조건을 갖추어 행복해지려 하는 시도가 지금도 계속되지만 여전히 실패하고 있음을 우리는 잘 압니다. 그러니 인생을 아끼십시다. 생각 없이 남들을 따라가지 말고, 귀찮다며 어리석은 일들을 그대로 반복하지도 마십시다. 한 번의 인생에서 사랑을 낭비하는 것처럼 손해는 없으리니.

그러나 사랑! 조금 더 겸손한 마음으로 사랑! 조금 더 감사한 마음으로 사랑! 한국 공장은 우리를 숫자로 값 매길지라도, 우리는 사랑으로 사람을 값 매기십시다. 그렇게 하여 한국 공장에 반란을 일으키십시다. 폭삭폭삭 먼지 나고 쩍쩍 갈라진 이 삭막한 땅에, 그래도 피어오르는 꽃과 같이 따뜻한 생명적 반란을 꾀하십시다. 이를 위해 우리는 꾸준히 저항해야 합니다. 숫자보다 사람이라고, 스펙보다 사랑이라고. 끈질기게 투쟁해야 할 것입니다. 이 싸움의 대열에 함께 서 전진하실 새날의 반군들을 모집하는 바입니다.

시우(是友)

2 여행과 독서와 사랑

벌써 12년 전 일입니다. 2004년 영국을 자전거로 여행하던 중에 만난 어느 형님께서 그러셨습니다. 인생을 배움에는 세 가지 길이 있으니 곧 독서와 여행과 사랑이라고. 이후 저는 페달을 굴리며 그 의미를 생각해보았습니다.

독서는 간접 경험을 통한 배움이라지요. 여행은 직접 경험이라고요. 그런데 여행은 짤막한 시간의 경험체이기에 배움은 다양하되 깊이는 얕을 수 있습니다. 그러나 사랑은 직접 경험에다가 진하디진하기까지 하지요. 이 사랑을 이야기해보고 싶습니다.

독서로도 다소 사랑을 알 수 있고 심지어 상당한 지식까지 얻을지라도 실제로 사랑을 하기까지 그 맛은 알 길 없겠지요. '맛이 어떻다'고만 할 뿐입니다. 김치는 이렇게 담그면 이런 맛 저렇게 담그면 저런 맛 훤히 꿰어도, 김치를 썩썩 베어 입에 척척 넣어보지 못했다면? 사랑이 이와 같겠지요. 독서나 여행으로만은 다 알 수 없는 그것입니다.

누가 "독서란 말이지", "여행이란 말이야" 할 때에 거기다 자기만의 철학적 의미를 부과하지 않는 이상에야 그게 무언지 머릿속에 그리는 것이 어렵지는 않지요. 독서는 책 읽음이고, 여행이란 떠남일 터이니.

그런데 사랑의 경우 한마디로 무어라 하기가 대단히 어렵습니다. 그 낱말의 의미망이 너무 넓고 너무 깊고 너무 높고 너무 크니까. 결국 사도 요한은 '가장 큼의 가장 큼'이신 하나님을 사랑에다가 연결 지었지요, "하나님은 사랑이시라"면서(요일4:1). 이렇게 말했으면 '말 다한 것'이요, '다 말할 수 없는 말' 된 것이지요.

나는 여기서 사랑이 무엇이라 단언치 못하고 그저 몇 이야기들을 펼치어가며 그것이 사랑을 어떻게 보여주는지 정도만을 말할 수 있습니다. 특별히 30대에게 있어 사랑이란 무엇일지를 이야기해보고자 합니다. 결혼이 점차 늦어지는 오늘날이니 30대의 사랑을 논할 때에는 연애나 결혼을 떠올릴 이들이 적지 않을 겁니다. 실제로 그로 인해 속 깊은 고민을 태우는 벗들을 자주 보았습니다. 그들은 명절을 무서워합디다. 명절공포증이랄까. 저처럼 장남의 아들은 말할 것이 없고.

인생을 사는 데 왜 어려움 없겠습니까마는, 나는 내 친구들을 위로하고 그러면서 내 나름의 답도 찾아가고픈 심정입니다. 주께서 우리의 여정에 함께하시기를. 이만 줄입니다.

시우

3 사랑 배우기

그 동안도 무탈하셨기를 바랍니다. 연길에 도착한 저는 벗의 집에서 안온히 지내며 사랑에 대하여 편지를 씁니다.

오늘은 "사랑이 무엇이냐"는 질문의 방문을 받았습니다. 그에 우선, "사랑은 함으로 배운다"고 답하였습니다. 사랑은 책으로도 여행으로도 조금 배울 수 있겠으나, '함'으로 배우는 것이 본과(本科)인 듯합니다. 성경은 이렇게 증언합니다.

"우리가 서로 사랑하면, 하나님께서 우리 안에 계시고, 또한 그분의 사랑이 우리 안에서 완성됩니다"(요일4:12, 쉬운말성경).

천지를 창조하신, 완전하신 사랑과 무한하신 능력의 하나님! 그분의 사랑은 한결같은 사랑입니다. 그런데 이 사랑이 우리 안에서 완성되는 것은(온전히 이루어지는 것은), 우리가 "서로 사랑"할 때라 합니다. 고로 우리는 "서로 사랑하면"이란 이 조건을 잊지도, 잃지도 말 것입니다. 이 없이 온전함도 완성함도 없을진대. "그러므로 하나님을 사랑하는 사람은 또한 자기 형제도 사랑해야 합니다"(요일4:21, 쉬운말성경).

형제자매를 사랑하는 것이 하나님의 사랑을 자기 안에서 완성시키는 것이라! 그러므로 사랑은 '하지 않고서는 배울 수 없는 것'입니다. '함' 없이 '앎'만 늘어나면 오히려 사랑이 아닌 것이 될까 두렵습니다(약4:17). 우리는 사랑학 박사가 되기를 힘쓰기보다 우두커니 있는 아이의 손을 잡아주는 사람이 되기를 원합니다. 다언의 사랑이론가가 되기보다 무언의 사랑 실천가가 되기를 바라옵고. 그때에 하나님의 사랑은 우리 안에서 온전히 이루어지리이다.

"사랑은 함으로 배운다"는 명제는 전적으로 하나님 그분의 행적에 기대고 있습니다. 그분께서는 생명의 말씀을 통하여 사랑을 입으로 들려주시기도 했지만, 무엇보다 생명의 내어주심을 통하여 사랑을 몸으로 보여주신 분이시지요! 세상에서 발견되는 모든 선, 모든 은혜, 모든 사랑의 서고 넘어짐은 하나님께서 십자가에서 그리스도를 통해 나타내신 사랑에 달려 있다 할 것입니다. 아, 다음의 저 위대한 선언이 우리의 심령에 아로새겨지기를!

"우리가 아직 죄인 되었을 때에 그리스도께서 우리를 위하여 죽으심으로 하나님께서 우리에 대한 자기의 사랑을 확증하셨느니라"
(롬5:8).

인간 측에서 십자가란, 사랑받았음의 영영한 표지요 사랑해야 함의 끊임없는 근거이며, 인간이 어떠한 사랑을 해야 하는지에 대한 안내자입니다. 아, 십자가는 '부동의 역동'이외다. 변치 않는 그 원리와 생명이 만세의 역사를 움직이나니. 또한 십자가는 '역동적 부동'이외다. 모든 것이 흔들리는 가운데 미세한 흔들림도 모르나니. 벗이여, 우리의 사랑이 이와 같기를 원하나이다. 우리 생명과 마음과 생활과 정신과 생각과 의지의 모든 움직임은 십자가적 사랑에 의하여 행복한 지배를 받게 하십시다. 동시에 어떠한 시대사조 가운데서도 굳게 십자가적 사랑을 붙드십시다.

이러한 사랑은 실천적 사랑이요 구체적 사랑이며, 보이지 않는 하나님을 사랑함이면서 동시에 보이는 형제자매를 사랑함입니다. 완성의 사랑이요, 사랑의 완성입니다. 이웃을 살리기 위해 자기는 죽음을 받지만 그 죽음은 부활을 통해 더욱 크고 진정한, 가장 높은 의미에서 가장 충만한 생명의 생명이요 또한 영원한 생명을 소유하는 사랑입니다. 그래서 우리는 아무 사람도 아무 것도 두려워 말고 다만 사랑으로 살고 사랑 위해 살다 죽어지면 족하리이다.

  오늘부터라도 사랑을 '함'으로 배우기 시작한다면 그런 30대는 얼마나 행복할 것이며 거기서 태어날 40대는 또 어떠하겠습니까? 오늘 누구를 만나십니까? 말 한마디에도 사랑을 넣어서, 눈빛 한 줄기에도 사랑을 담아서, 행동 한 조각에도 사랑을 버무려서, 그렇게, 그렇게! 그럼 오늘 하루는 사랑을 배우는 하루가 될 것이고, 그 배움으로 인한 풍성함으로 말미암아 침상에 누운 벗의 잠은 무한히 달콤하리이다. 나의 벗은 누리옵소서, 이 기쁨을 누리옵소서. 기쁨은 감사를 부르고 감사는 찬송을 부르나니. 그리고 찬송은 세상을 밝히는 빛의 노래 되나니.

2016년 3월 1일

시우

4 십자가적 사랑을 연애에 적용함

    그리스도의 십자가를 통해 드러난 하나님의 사랑이 우리의 전 존재를 소유하는 것이라면, 연애에 있어서도 십자가적 사랑은 적용될 것입니다. 이런 사랑의 특징은 자기를 희생하고 내어주는 사랑입니다.

    자격 없는 죄인이 감히 요구치 못할 지고의 사랑을 베푸신 하나님께 지극히 감사함으로, 인간은 하나님 사랑하기를 배워갑니다. 그런 가운데 우리의 사랑은 점차 친구사랑, 아이사랑, 연인사랑이 무엇인지 알아가고 그것은 점점 깊고 풍요로워집니다. 그렇게 나중에는 원수사랑에까지 이릅니다. 하나님을 사랑함으로 사람 사랑하기에 있어서 날로 자라가는 것입니다.

    생계전선에서 분투하는 30대는 20대 때와 같은 낭만적 사랑의 기회나 여유가 상대적으로 적을 것입니다. 대신 30대는 십자가적 사랑으로 관계전선에서 분투해야 합니다. 그렇지 않고서는 30대의 생의 속도와 여타 주제들이 사랑과 결혼의 자리를 삶의 궤도 밖으로 밀어내는 발길질을 보고 앉아 있게 될지 모르니.

    30대는 일만 하기에는 아까운 때이고 놀고먹기란 애당초 불가능한 때이며 사랑 없이는 외로움 사무치는 때입니다. 이때 그리스도의 십자가적 사랑만이 30대를 버티게 해줄 것입니다. 죽음적 삶! 그것이 우리를 외로움의 무덤과 무의미의 감옥과 공허함의 미궁에서 건져내어 봉사와 섬김의 품 안에서 생명의 젖을 물려줄 것입니다. 이를 위하여 날마다 예수를 만나고 그로부터 배우소서. 이만 총총.

5 창조세계 내(內) 사랑의 아름다움

주님, 당신의 인자하심은 하늘처럼 크고
당신의 신실하심은 하늘에까지 닿지요(시36:5, 개인번역).

하나님께서 창조하신 세계는 아름다운 세상이었습니다. 그러나 인간의 불순종과 죄로 인하여 그 아름다움은 파괴되었습니다. 그럼에도 여전히 아름다움의 흔적들은 남아 있습니다. 물론 불순물이 섞였거나, 샛길이 곳곳에서 입을 벌리고 있음은 사실입니다. 그렇다고 이 세계를 무가치한 것이라 여길 자 누구입니까? '어차피 썩어 없어질 세상'이라고 생각하는 사람은 '어차피 죽어 사라질 인간'이라고 생각하는 것만큼이나 하나님의 마음에서 떨어져 있습니다. 하나님, 그 '어차피'의 인간과 '어차피'의 세상 위해 독생자를 주셨나니(요3:16)!

하나님은 세상을 선하게 창조하셨고(창1:31), 인간의 죄악에도 불구하고 멸하지 않으시고 지금도 은혜로 역사하고 계십니다(시33:5). 또한 현재의 피조세계는 파멸이 아니라 새로워짐을 기다리고 있음을 기억할 것입니다(롬8:21, 벧후3:13, 계21:1, 및 사65:17). 성경의 약속은 현 지구를 괴멸함의 약속이 아니라, 즐거움과 기쁨으로 특징되는 새 창조의 약속이올시다. 이는 그리스도 안에서 이미 시작되었고(고후5:17), 앞으로 온전히 이루어질 우리의 소망이외다.

지금의 세계가 연약하고 죄가 있다 하더라도 새 하늘과 새 땅의 축복을 입게 되는 것은, 현재의 성도가 실수 없는 완벽이나 고통 없는 영원한 안식에 이르지 못하였다 하더라도 영적인 새 몸을 얻게 되는 것과도 짝을 이룹니다. 그럼 거꾸로, 부활이 있기에 현재의 육체를 잘 돌보아야 하듯(고전15:32~34), 새 하늘과 새 땅이 있으리란 사실은 현재의 하늘과 땅을 소중히 여길 것을 우리에게 이야기하지 않습니까?

타락한 이 세상에 심대한 가치와 의미를 부여하는 것은 바로 주 예수의 십자가입니다. 멸망할 '인간'에게 십자가가 생명과 소망을 주듯, 멸망할 '세상'은 십자가로 생명과 소망을 얻습니다. 형제여, 십자가는 인간만 치료하는 것이 아니라 동식물, 나아가 고장 나고 뒤틀린 모든 피조세계를 치유하는 우주병원이올시다.

인간의 범죄는 인간계만 아닌 모든 피조계를 오염시키었고, 아픔과 괴롬과 사건사고와 강적인 죽음이 창조세계 전체에 터를 잡게 했지요. 이때에 십자가가 없이는 오직 절망이었을 것이나 – 아, 주를 찬송하십시다! –, 구속의 십자가로 말미암아 새로운 차원의 의미를 획득하나니, 사랑의 십자가를 경험하고 이해함으로써 인간은 타락하지 않았던 '십자가 없는 에덴동산' 때의 상태보다 더 크고 깊고 강한 은혜를 체험케 된다는 것입니다. 에덴이 인간의 향수(nostalgia)라면, 그리스도의 십자가는 하늘 은총의 향수(fragrance)입니다.

> 한 사람의 범죄를 인하여 많은 사람이 죽었은즉 더욱 하나님의 은혜와 또한 한 사람 예수 그리스도의 은혜로 말미암은 선물은 많은 사람에게 넘쳤느니라(롬5:15).

그리스도의 피의 효력이 운동하게 된 '타락 후 세상'은 에덴동산에서는 없었던 소망을 우리에게 가져다주었습니다. 옛 창조의 흠 없음과 아름다움을 능가하는 새 창조가 그리스도 안에서 우리 안으로, 세상 안으로, 파고들어와 시작된 것입니다! 피조세계는 현재 해산의 고통 중에 있지만, 해산의 날이 오면 그 고통은 언제 그랬느냐는 듯 잊히고 출산의 기쁨만이 있으리이다(롬8:18~22).

결국, 지금 우리 눈에 보이는 세계를 무가치하게 여기고 없어져버릴 것으로 치부하는 것이 경건이 아니라, 눈에 보이는 모든 것을 하나님의 새 창조 관점에서 바라봄으로 소망 가운데 소중히 여기는 자세를 키우는 것이 건강한 신앙을 위한 우리의 할 일이외다. 세상의 죄악과 타락한 문화, 왜곡된 가치관, 허무한 세계관은 경계하되, 세상을 부정적으로만 바라보며 망해 없어질 것으로 취급함 또한 참된 기독교에 부합하지 못하는 왜곡된 시선임을 유의해야 할 것입니다.

벗이여, 이 세상은 하나님이 지으셨던 것이요 하나님이 돌보시는 것이며 하나님의 소유이지 않습니까? 어디 그뿐입니까? 하나님께서 이 땅을 돌보는 청지기의 역할을 하나님의 형상으로 지으신 인간에게 맡기시지 않았습니까? 나의 목숨을 사랑으로 내어줌으로써 남이 영원한 생명을 얻게 하듯이, 현재의 세상에 죄악과 타락이 있다고 하여 세상을 버리는 것이 아니라 믿음과 능력과 지혜로 그것을 지켜주어야 하는 것이올시다.

인간이 사랑을 하는 무대가 바로 이 세상입니다. 새 하늘과 새 땅으로 새롭게 될 이 땅입니다. 허무한 땅이 아니라 우리의 존재와 함께하는 땅이요 더불어 속량될 땅입니다. 인간도 구원을 받지만 우리의 터전인 이 땅도 구원의 날을 기다립니다(롬8:21~22). 이 땅에서 이루어지는 사랑은, 고로, 무가치한 것도 아니요 하나님과 무관한 것도 아닙니다. 다만 우리의 사랑이 '새 창조적'이게 하십시다.

옛 질서, 옛 사상, 옛 방식, 옛 발상이 아닌 새 창조를 반영하는 사랑! 그렇다면 30대의 연애는 어리숙했던 20대 적과는 달리, 믿음 없던 날의 연애와도 달리, 확고한 새 창조적 연애여야 할 것이외다. 그것이 어떤 모습인지는 다른 자리에서 더 생각해보기로 하십시다. 여기서는 다만, 세상에서의 사랑이 허무한 것이 아니게 됨은 그리스도의 십자가 보혈이 이 세상에서 운동하고 있기에, 그리고 오늘 우리의 세계와 생활이 이후 우리의 세계와 생활과 무관하지 않기에, 즉 현재의 세계가 이후의 세계에 잇닿아 있기 때문이란 점만 밝히하면 족하겠습니다.

사랑에 관해 현자들이 어떻게 말했는지 조금 찾아보았습니다.[1]

사랑은 광기어린 것. 반대를 당할수록 빨리 전진한다. – 마크 트웨인

사랑은 전쟁과 같다. 시작하기는 쉽고 끝내기는 어렵고. – 무명

사랑의 기술은 … 거의 전부가 참음의 기술이다. – 알버트 엘리스

사랑을 살 수는 없습니다. 그러나 그걸 위해 막대한 비용을 지불할 순 있습니다. – 헨리 영맨

---

1 Barbara Aronson ed., *Love: Quotes and Passages from the Heart* (New York: Random House, 2007), 33~39; 이광수, 『춘원문학 3 : 명언집』(서울: 성한, 1986); 톨스토이 지음, 조정권 엮음, 『자유여, 부활의 꽃이여(톨스토이 명언집)』(서울: 영학출판사, 1983); 박윤의 엮음, 『기독명언집 5000선』(서울: 국민일보사, 1994); 박계주, 『순애보』(서울: 문학과 현실사, 1995) 등에서 발췌.

사랑은 자주 길어 마실 수 있는 깊은 우물입니다. 그러나 그 안으로 순식간에 떨어져버릴 수도 있다는 사실! - 엘리 하웰 글로버

속이 메스껍고 안절부절못했지요. 천연두에 걸렸거나, 누구를 사랑하거나. - 우디 알렌

사랑은 모래시계와 같습니다. 가슴이 차오르지요, 머리는 비게 되면서. - 줄 르나르

사람들이 사랑에 빠지는 것에는 중력 따위가 아무 힘도 못 쓴다. - 알버트 아인슈타인

사랑은 바위처럼 그냥 거기에 있는 게 아닙니다. 빵처럼 만들어져야 하는 것이지요. 항상 다시 만들어지고, 새롭게 만들어져야 합니다. - 어슐러 K. 르 귄

사랑하는 이성의 정이 올 때에 동성 친구의 우정 따위는 대낮의 외로운 촛불만도 못하다. - 〈애욕의 피안〉, 이광수

나는 오직 매씨가 이 세상에 있다 하는 그의 존재의 의식만으로 기뻤고, 또 그가 나와 가까운 곳에 있다 하면 더욱 기뻤고, 만일 그의 가슴속에 나라는 기억이 한 자리를 차지하리라 하면, 더할 수 없이 기뻤지요. - 〈사랑에 주렸던 이들〉, 이광수

마음에 사랑을 감춘 사람은 개도 알아본다. - 〈서울〉, 이광수

외모의 사랑은 옅다. 그러므로 얼른 식는다. 정신적 사랑은 깊다. 그러므로 오래 간다. 그러나 외모만 사랑하는 사랑은 동물의 사랑이요, 정신만 사랑하는 사랑은 귀신의 사랑이다. 육체와 정신이 한데 합한 사랑이라야 마치 우주와 같이 넓고, 바다와 같이 깊고, 봄날과 같이 조화가 무궁한 사랑이 된다. - 〈무정〉, 이광수

꼭꼭 봉해 놓은 항아리 벽도 뚫고 숨어나갈 듯한 젊은이들의 사랑의 눈찌를 무엇으로 막으랴. 젊은이들의 눈은 길 잃은 조그마한 새 모양으로 이리저리 헤매다가 마침내 앉을 곳을 찾는다. 앉을까 말까 그 옆으로 뱅뱅 돌다가 마침내 앉을 자리에 앉아서는 누가 그 나뭇가지를 흔들기로, 누가 돌팔매를 치거나 독한 활을 겨누기로 날아갈 생각이나 하랴. 차라리 앉은 자리에서 독한 살을 맞아 끓는 피로 앉았던 나뭇가지를 물들이고 푸덕푸덕 죽어 떨어지기를 원한다. - 〈마의태자〉, 이광수

사랑은 상처 입는 것을 계산하지 않는 것이다. - 카미컬

사랑이 상처를 받을 수 있는 그런 사랑이 아니라면 그 사랑은 사랑이 아니다. - 로딕크

그대가 누구를 사랑하는지 나에게 알려주시오. 그러면 내가 그대가 어떤 인물인지를 알려주겠소. - 홋세

죽은 자로 명예를 즐기게 하고 산 자로 사랑을 즐기게 하라. - 타고르

사랑이란 받을 가치보다 그 이상을 부어 주는 것이다. - 쥬벗

사랑은 다른 이의 약점과 섭섭함을 장부에 기록치 않는 것이다. - 드라이든

진실한 사랑이란 유령과 같다. 모두들 이야기하지만 이를 본 자는 심히 적다. - 플랜코

사랑은 태양이라도 그림자를 주는 강렬한 빛이다. - 단포드

사랑의 척도는 희생의 척도에 달려 있다. - 스위팅

사랑은 전혀 필요 없다고 여기는 자에게 가장 많이 필요하다. - 스위팅

미움은 현미경으로 보는 것이지만 사랑은 망원경으로 보는 것이다. - 스위팅

사랑할 때는 사상 따위가 문제가 되지 않는다. 세상에는 오직 하나만의 진리가 있을 뿐이다. 그것은 서로 사랑하는 것이다. - 로망 롤랑

미래의 사랑이라고 하는 것은 없다. 사랑이란 오로지 현재에 존재하는 활동이다. 현재의 사랑을 나타내지 않는 인간은, 사랑을 갖지 않은 것이다. - 〈인생론〉, 톨스토이

인생의 가장 중요한 일이 사랑이라는 사실을 당신이 이해한다면, 당신이 다른 사람을 만날 때 이 인물은 어떠한 점에서 당신에게 도움이 될 것인가라고 생각할 것이 아니라, 자신이 어떠한 점에서 어떤 모양으로 이 인물에게 도움이 될 수 있는가라는 점을 생각하게 될 것이다. 그렇게 노력한다면, 당신이 자신의 일만 걱정하고 있는 때보다, 모두에게서 커다란 성공을 거둘 것이다. - 〈인생의 길〉, 톨스토이

우맹의 글도 몇 자 넣었사오니 양해해주시기를.

사랑은 붙듦과 붙들림의 대화다. - 시우

사랑은 바람을 바람이다(Love is to want to be wanted). - 시우

사랑이 두터워질수록 조건은 얇아진다. - 시우

사랑은 입 안에 놓은 마취주사. 얼얼해서 말이 제대로 안 나온다. - 시우

사랑은 그 나랏말을 모르는 외국에 떨어져 난처하게 된 것과 같다. 말이 막혀 손짓발짓을 해야 한다. - 시우

사랑이란 스케이트를 탈 줄 모르는 사람이 스케이트를 타는 것. - 시우

성경이 하나님의 말씀이라면, 사랑은 하나님의 행동이다. 성경이 하나님의 '언'이라면, 사랑은 하나님의 '행'이다. 하나님은 언행이 일치하신다. - 시우

성경은 사랑을 가르치고, 사랑은 인간을 가르친다. - 시우

사랑에는 반대자가 있어야 하고 인생에는 난문제가 있어야 하나, 그러나 여호와는 이 모두에의 도움이시다. - 시우

사랑한다는 것은 엮인다는 것이요, 나의 존재가 상대에게 걸려 있게 된다는 그 매력적인 위태로움! - 시우

가장 아름다운 사랑은 박계주(1913~1966)의 소설 〈순애보〉에서 찾을 수 있을 것입니다.

"문선씨! 어서 가요. 그립던 얘긴 다음에 하기로 하고, 어서 이곳을 떠납시다. 서울을, 아니, 조선을 떠납시다. 일찍이 문선씨가 자랐고 문선씨의 부모의 백골을 묻었다는 그 북쪽 나라[2]로 갑시다. 시기도 위선도 영화(榮華)도 허영도 애욕도 착취도 침략도, 사람조차 없는 -

---

2 북간도. 오늘의 연변조선족자치주 지역.

백설이 휘날리고, 얼음 위에서 흰 곰이 춤을 추는 그 북쪽 나라의 원시림(原始林) 속에 들어가서 우리는 우리만의 사랑의 세계를 이룹시다. 이 밤이 밝기 전에, 우리는 이곳을 탈출하여 어서 떠나갑시다."

하며, 흐느끼는 음성으로 재촉한다.

"그러나 나는 명희씨와 함께 할 수 없는 죄의 몸. 강간 미수라는 더러운 죄인. 그리고 살인자. 명희씨 곁에도 설 수 없는 추악한 몸이라오."

"아냐요, 아냐요. 저는 당신에게 영원히 바친 당신의 것. 당신은 나의 전부. 하나님이 아닌 이상 사람에게는 실수가 있고 잘못이 있답니다. 그렇습니다. 사람이란 영원히 완전체일 수는 없을 것입니다. 인간은 누구나 하나님 앞에서는 죄인인 것입니다. 제가 저를 당신에게 바칠 때에 거기에는 어떠한 한계가 있는 것은 아닙니다. 범죄하지 않은 때만 골라서, 그리고 범죄하기 전까지만 이 몸을 바쳐서 사랑한다는 그러한 규정을 세운 것은 아닙니다. 사랑이란 허물을 용서하는 것이요, 덮어주는 것이요, 그리함으로써 본래의 '자기'에게로 돌아오게 하는 것이라 믿습니다. 그것은 사랑은 주는 것이요, 가지는 것이 아니기 때문에 사랑에는 나를 제공하는 희생만이 있을 것입니다."

'……'

문선이는 아무 말 없이 멍하니 섰기만 했다.

"만일 당신이 죄악에 빠졌다고 하면 저는 더욱 당신을 사랑하여야 할 것입니다. 그리하여 그 사랑으로 온갖 죄악을 태워 버려야 할 것입니다. 그리고 그 사랑으로써 당신을 새로운 사람으로 부활시키는 것이 사랑의 임무일 것입니다."

"고맙소? 그러나 나는 앞 못 보는 불구자요, 흉한 눈을 가진 병신이오."

"아냐요, 당신이 아무리 앞 못 보는 불구자가 되었다 할지라도 사랑만은 눈도 되고 빛도 되는 것입니다. 그리고 아무리 흉한 얼굴을 가졌다 할지라도 그 얼굴에 사랑이 담겨져 있을 때는 뭇사람으로부터 존경을 받을 수 있는 인격의 미(美)가 빛날 것이요, 비록 잘난 얼굴이라 할지라도 그 얼굴에 사랑이 없을 때는 그처럼 천한 모습은 또 없을 것입니다."
- 누명을 쓴 문선과 그의 약혼자 명희의 대화

"비록 지구가 없어진 뒤일지라도, 나 자신이 가루가 되어 산화(酸化)된 뒤일지라도, 내 의식의 지극히 작은 한 쪼박지가 이 우주의 어느 한구석에 남아 있다면 나는 그대를 사모하는 것으로서 나의 날들을 채울 것입니다."
- 문선이가 명희에게

자기에게는 그립다고 편지할 사람도 없었고, 어찌 수고하느냐는 위문의 편지를 줄 사람도 없었으며, 속히 돌아오기를 기다리는 사람도 없었던 것이다.
'고독한 나!'
그렇게 속으로 뇌어 보는 철진이는 적막하기 그지없었다. 그러나 다음 순간,
'왜 너는 그러한 생각을 가지느냐? 남들은 한 사람 아내가 있어서 기다리지만, 네게는 열 사람 백 사람, 아니, 천 사람이 있어서 기다리지 않느냐. 보라, 지금 네 앞에는 헐벗음과 굶주림에 우는 수많은 이재민들이 너를 기다리고 있는 것을…. 너는 너의 어리석은 실망을 버려

라. 그리고 한 사람으로 기뻐하지 말고, 열 사람 백 사람 천 사람으로 더불어 기뻐하라. 그들과 함께 눈물을 같이 하고 땀을 같이 하라.'

하는 강한 음성이 마음을 때리고 지나간다.

'음, 나도 나를 기다리는 사람을 가지고 있다. 칠용이 나를 기다리고, 칠용의 아버지가 나를 기다리지 않느냐. 아니 수많은 이재민들이 나를 기다리고 있지 않느냐. 어서 나는 나를 기다리는 그들에게로 가자!'

하며 자위를 가져보기도 한다. 그때,

"이 사람 철진이! 뭘 그렇게 생각하나? 왜 애인으로부터 기다린다는 편지가 오지 않아서 낙담하고 있는 건가?"

하고 옆에 있는 실없은 친구가 웃으며 빈정댄다.

"기다리는 애인이 너무 많아서 지금 눈앞에 그려보고 있네."

철진이도 따라서 빙그레 웃는다.

– 아내 혜순에게 부정을 저지른 뒤 회심한 철진의 대사

"이 사람! 철진이! 철진이! 나오게. 나와!"

"나오라고 밧줄을 던진 걸세."

구호반원들은 밧줄 한 끝을 잡고 따라 내려가며 발을 동동 구르듯 고함을 친다.

그러나 철진이는 들었는지 말았는지 필사의 힘을 다해서 떠내려가는 지붕 위의 사람을 구하려고 헤엄을 치며 따라 내려간다.

'나는 나의 과거를 죄로 장식하여 왔었다. 그러나 오늘 이 시간이야말로 한 생명을 구하여 줄 수 있는 가장 아름다운 선한 일이 선물로 내 앞에 나타나지 않았느냐. 나는 이러한 선물을 받지 않아서는 안 된다.'

철진이는 이러한 생각으로 자기의 생명을 돌보지 않고 그대로 헤엄을 치며 따라 내려가고 있었다.
- 철진의 최후

일찍이 자기 가슴에 못을 박아서 아픈 상처를 주었다고 하나 역시 한때의 자기 남편이요, 그리고 오늘까지 마음으로 그리워하며 잊지 못하던 사람인 것이다. 그 사랑하는 사람이 지금 경각에 죽을 운명에 처하여서 자기의 이름을 부르고 있다고 하지 않는가.
'죽기 전에 어서 가서 그이를 만나자. 왜 나는 그때 집에 찾아온 그를 내어쫓았던가. 내가 그이를 죽을 곳으로 보냈다. 그이가 세상 뜨기 전에 어서 가서 내 잘못을 뉘우치리라. 그리고 나는 벌써 그를 용서하였노라는 말을 그에게 들려주어야 한다.'
- 남편 철진을 향한 혜순의 독백

"혜순이는 성녀요, 성녀요! 이 더러운 요부에게, 악마에게 손을 대지 마오."
"내가 성녀가 될 수 있다면 옥련이도 성녀가 될 수 있다오. 그렇소. 지금 옥련이 눈물을 뿌리며 뉘우치는 그것이 성녀가 될 첫 걸음이오. 옥련이 그 눈물로써 내 마음의 원한도 다 가져졌소. 자기가 자기의 잘못을 깨닫고 고친다는 것처럼 아름다운 일이 어디 있겠소. 나는 도리어 기쁘오. 만족하오."
- 남편 철진과 관계했던 여인 옥련을 향한 혜순의 대사

'행복은 돈과 건강에 좌우(左右)되는 것이 아니고, 사랑에 정비례(正比例)되는 것이다. 따라서 어머니가 자식을 기르는 사랑에 어떤 보수나 대가를 전제하지 않고 무조건으로 사랑하듯이, 참사랑은 가지는 것이 아니고 주는 것이다. 이리하여 참된 사랑은 어디까지든지 자기를 포기(抛棄)하는 데서 비로소 사랑의 향기를 발하며, 사랑의 빛을 발하게 되는 것이다. 만일, 누구든지 사랑을 주지 않고 남의 사랑을 받으려고만 할 때, 그 사람은 가장 불행한 것이다. 그것은 사랑을 주지 않고, 받으려고만 할 때, 또는 남을 사랑하였다고 할지라도 사랑을 받기 위해서 그러한 조건으로 남을 사랑하였다면, 거기에는 언제나 내적 자유(內的自由)와 평화와 만족이 있을 수 없는 것이다. 그것은, 사람은 누구에게나 가지려는 욕심은 끝이 없기 때문에 사랑을 받고 또 받아도 만족하지 못하고 늘 불만한 것이며, 불만하다는 것은 곧 거기에 평화와 기쁨과 자유가 없다는 증좌인 것이다.

그러므로 사람은 누구나 주려는 참된 사랑을 소유하는 때에 비로소 행복을 누리게 되는 것이다. (…) 사랑과 진실과 신의와 존경과 봉사 등의 진리가 그 생활에서 마이너스되었을 때 거기엔 가정 불화와 싸움이 있고, 배신이 있고, 위선이 있고, 모해가 있는 것이다.'

― 명희의 아버지 윤 목사의 설교

벗이여! 사랑을 예찬함은 무리가 아닙니다. 하나님이 세상을 지으셨고(창1:1), 심히 좋게 보셨으며(창1:31), 하나님이 사랑이시라면(요일4:16), 또한 우리를 향한 그분의 첫째요 전부가 되는 뜻이 '믿음 안에서 서로 사랑'이라면(요일3:23), 성경의 골자가 '하나님과 이웃 사랑'이라면(마22:37~40), 사랑은 마땅히 찬탄 받을 자격이 있나이다.

미래에 있을 육체의 부활을 고대하며 오늘 하루를 거룩하게 보내듯이 미래에 있을 새 하늘과 새 땅을 고대하며 우리네 세상을 소중히 여기고, 또한 미래에 있을 천국의 새 날을 고대하며 오늘 하루를 천국에 합당하게 살아가기 원하는 형매님들은 주의 은총과 축복을 날마다 누리소서. 아멘.

2016년 3월 2일 새벽

연길, 벗의 방에서

시우

【추신】그리스도를 주님으로 모시는 이들은 위에 열거한 명구들보다 더 좋은 도움을 얻을 수 있는 곳이 있습니다. 구약성경 창세기 2장과 아가서입니다.

6 아가서와 창세기 : 동산의 입구에서

〈아가〉는 서로 사랑하는 두 사람이 숱한 시문으로, 또 잘못된 부끄러움 없이, 자기들의 감정을 표현하는 사랑의 노래 모음집이다. 이런 책이 성경 중간에 들어 있다는 사실은 이미 오래 전부터 거듭하여 사람들을 놀라게 해왔고, 오늘도 많은 독자들은 이것이 신기하다고 느낀다. 그러나 남녀의 사랑은 하나님의 선물이고, 따라서 성경 가운데도 그런 사랑을 표현할 자리가 있는 것이다. 〈아가〉에는 창조 기사 끝 부분인 창2:23~25를 놀라워하는 마음이 메아리치고 있다.[3]

아가서가 어떤 책이기에 경건한 이들을 적이 당황시켰던 것인지?

> 그리워라 임의 입술,
> 임의 입술로 나에게 입 맞춰 주세요.
> 임의 사랑은 포도주보다도 더 달콤하여라.
>
> 임이여, 나를 데려가 주세요, 어서요.
> 나를 서둘러 데려가 주세요.
> 오 나의 임금님, 어서 나를
> 임의 침실로 이끌어주세요.

---

[3] 독일성서공회 해설, 『관주 · 해설 성경전서』(서울: 대한성서공회, 2004), 구약 961.

오, 임께서 나를 품어 주시네요.
임의 왼팔로 팔베개 하여 내 머리를 곱게 뉘시고,
임의 오른팔로 나를 포근히 감싸 안아 주시네요.

제발 우리의 사랑을 방해하지 말아 다오.
우리가 마음껏 사랑한 후에 스스로 일어나기 전까지는,
절대로 우리를 흔들어 깨우지 말아 다오.

오, 내 사랑 그대여!
바위틈에 숨은 비둘기여,
산기슭 은밀한 곳에 숨어 있는 내 비둘기여!
내 앞에서 몸을 숨기지 말아요.
그대의 사랑스런 얼굴을 어서 보여 주오.
그대의 감미로운 그 목소리가 듣고 싶고,
그대의 어여쁜 그 얼굴이 보고 싶구려.

바울 사도께서는 다음과 같은 편지를 쓰셨지요.

참으로 성경은 그리스도 예수 안에 있는 믿음으로 말미암아 구원에 이르는 지혜를 그대에게 줍니다. 성경의 모든 책들은 하나님의 영감을 받아 기록된 것으로, 참된 진리가 무엇인지 가르치고 … 하나님의 사람으로 하여금 세상에서 모든 선한 일을 할 수 있도록 온전히 준비시켜 줍니다(딤후3:15~17, 쉬운말성경).

사람을 하나님의 형상으로 지으시되 남자와 여자로 지으신(창1:27) 하나님께서는 아가서를 통해 "구원에 이르는 지혜"를 주시고, "참된 진리가 무엇인지 가르[쳐주시고]", "세상에서 모든 선한 일을 할 수 있도록 온전히", 즉 어느 한 곳 부족함 없이 준비시켜주신다는 말씀! 님의 입술을 갈망하고, 님의 침실을 사모하고, 님의 품을 연모하고, 님의 얼굴과 님의 목소리를 애타하는 내용들이 하나님의 영감으로 기록되었다니! 그것이 우리의 구원과 진리와 온갖 선행에의 준비요, 온전케 함이라니!

성경에 '하나님'이란 낱말이 나오지 않는 책들이 있으니 의외의 일입니다. 전체 66권 가운데 3권이 그러한데 오바댜서와 에스더서, 아가서입니다. 먼저 오바댜서는 번역에 따라 1장 1절이 "주 여호와"(개역개정판) 또는 "주 하나님"(한글흠정역, 새번역, NASB, NET)이 됩니다. 또한 이 책은 에돔을 향한 주의 심판을 선포하는 분명 종교성 짙은 책이지요.

아가서에는 그나마 8장 6절에 "여호와의 불" 정도가 나오는데, 이것도 사랑의 질투가 여호와의 불처럼 무시무시하다며 사랑이 어떠함을 보여주기 위해 불러온 경우지 여호와를 설명하려는 대목은 아닙니다. 또한 많은 번역본들이 이를 '거센 불길'로 번역하기도 하는데 이 경우 아가서에 하나님의 성호(聖呼)는 안 나오는 것이 됩니다.

에스더서에는 '하나님'은 안 나오지만 금식과 기도가 있습니다. 하나님의 섭리와 신실하심, 인간의 신앙심 등이 중요한 주제이지요. 그러나 아가서에는 금식이나 기도는 물론, 무릇 종교 예식 자체가 없습니다. 에스더는 "죽으면 죽으리라"의 용맹한 믿음을 보여주니 성경 독자들을 섭섭지는 않게 하는데, 아가서에는 "사랑은 죽음 같이 강하다"(아8:6)는 사랑의 결사적 고백이 있을 따름입니다. 아가서에서 그나마 가장 종교적인 용어라면 1장 4절에 나오는 "포도주보다 더 진한 임의 사랑을 기리렵니다"(새번역)의 '기리다'(praise)인데, 이는 하나님이 아니라 여자가 남자의 사랑을 칭송하는 경우입니다. 도대체 어쩌다가 이런 책이 성경의 자리에 들어온 것인지?

유대 랍비나 교부들이 당혹스러웠을 만도 했지요. 예배도 없고, 사회적 관심도 없고, 신앙고백도 없고, '하나님'이란 단어도 없고! 그러면서 남녀 간의 사랑과 정열, 육체적 아름다움과 즐거움을 전면에, 그것도 숨김없이 그것도 숨 막히게 내세우니 '이런 책이 왜 성경으로 받아들여져야 했느냐?'는 불만이 나올 법도 하지 않습니까. 그때만 아니라 지금도? 그럼에도 아가서가 유대교와 기독교의 성경 모두에 당당히 자리 잡고 있는 것은 불만이 쓸데없는 역사적 사실입니다.

이쯤에서 하나님께서 천지를 창조하시는 이야기로 가보십시다. 창조기사 마지막 부분인 창세기 2장 23~25절에 나오는 남자의 경탄! 그 놀라움과 환희는 아가서의 동산 구석구석으로 울려 퍼집니다.

창세기 1, 2장은 각각 천지창조와 에덴동산에 관한 이야기입니다. 그리고 2장 23절은 아담의 첫 대사죠. 이전까지 아담의 목소리는 나오지 않다가, 최후의 피조물인 여자를 보면서 침묵이 끝나고 마침내 입이 열립니다. 여자는 남자의 침묵에 마침표를 찍고 새 문단을 열어주는 존재라!

  (마침내!) 이는 내 뼈 중의 뼈요 살 중의 살이라
  이것을 남자에게서 취하였은즉 여자라 부르리라(창2:23).

절로 나온 탄성! 손으로 막아도 막지 못하는, 고개를 돌려도 감추지 못하는! 사랑에 빠진 자 그 표정 감추지 못한다더니 아담 당신도….

남녀의 사랑에서 서로의 아름다움과 멋짐을 찬양하지 않는 사람이 있습니까? 내 눈에는 당신이 최고고, 내 마음은 당신이어서 감사하고, 내 소원은 당신이어서 내가 죽어도 좋다 – 그런 유치하고 뻔한, 그러나 하게 되는, 그 기분 좋은 고백 말입니다. 타락 전의 아담, 죄와 흠이 없던 아담도 여인을 노래했습니다. 그것도 가장 빼어나게 노래했습니다. 남자의 여인예찬은 모세 율법보다 오래 되고, 단군의 홍익인간보다 만고(萬古)적인 것입니다. 이는 인간의 뿌리적 면모요, 남자의 남자 됨이며, '하나님 보시기에 심히 좋음'의 일부였나니(창1:31), 그것은 하나님의 형상으로서의 자연스러운 표현이었던 것입니다(아가서는 창세기 2장보다 진일보하여 일방적이 아니라 쌍방적으로 남녀가 서로를 칭송하니, '여인예찬'은 '연인예찬'으로 'ㄴ'을 얻은 것입니다).

창세기 2장 23절의 특별함은, 아담 최초의 대사일 뿐만 아니라 성경 최초의 시라는 사실입니다. 창세기 4장에 나오는 유발이 수금과 퉁소 잡는 자의 조상이 되었다고 하지만(4:21), 그보다 앞서 인간의 타락 전에 이미 최초의 시가 등장하였습니다. 또한 그것의 주제가 '창조주를 찬양함'이 아니라 '여인을 찬양함'이었다는 점은 더욱 흥미롭습니다. 가슴이 두근거리고 머리가 빙빙 돕니다. 다른 것도 많은데 왜 하필 연가였던가? 왜 그의 첫 대사는 밭을 일구며 외치는 "어기야 영차 어기야 영차"가 아니라 혹은 짐승의 이름을 붙여주며 읊는 "코가 길고 끼리끼리 다니니까 너는 코끼리"가 아니라, 여자를 향한 "이는 내 뼈 중의 뼈요 살 중의 살이라"였던 걸까. 그것은 다 알지 못하오나, 성경 최초의 시가 연인의 사랑노래로 쓰이도록 하나님께서 허락하셨다면, 하나님은 시인이시라는 사실만 아니라 남녀의 사랑은 하나님께서 승인하신 것이요 또한 선물하신 것이며, 그런고로 거기에 하나님은 깊은 관심을 두고 계시다고 말할 수 있는 것입니다. 아니, '말할 수 있다' 정도가 아니라, 천지창조의 완성을 위한 절정에 남녀의 결혼식을 두신 하나님이시라면 하나님께서는 남녀 관계에 절정적 관심을 가지고 계시다는 것이 아닐는지.

노동, 과학, 철학 그러나 사랑

창세기 1~2장의 상태는 아무것도 하지 않고 고요히 명상하는 정적인 상태가 아니라, 땀 흘려 밭을 일구는 노동의 상태였습니다(창2:15). 각 짐승들의 특징을 관찰하고 이름을 붙여주는 과학적 관찰의 상태요 직관적 창조 행위의 때였습니다(창2:19). 궁극에는 자기와 어울리는 배필을 만나게 됨으로 사랑의 노래를 지어 감탄하며 즐거워하는 행복과 신비의 충만함과 경이의 상태였습니다(창2:23, 25). 노동도, 과학도, 철학도 다 그 나름의 의미가 있지만, 남녀 간의 사랑처럼 사람의 인생에 의미를 전폭적으로 부여해주는 것은 없는 듯합니다.

사랑이 없으면 노동도, 과학도, 철학도, 종교도 다 무엇을 위한 것이란 말인지요. 사랑 없이 월 500만원 받아보세요. 무엇에 쓸 것이고, 무슨 즐거움으로 쓰겠습니까. 사랑을 저버리고 박사학위를 사랑해보세요. 쑥쑥 머리카락만 빠집니다. 그러나 월 150만원 받고 대학 안 나왔어도 사랑의 고수들은 벌써 인생의 거부요 거인이라지 않습니까. 감격과 희열을 느낄 줄 아니까 말입니다.

닮음의 희열

"나와 같이 생긴 나의 짝 나의 반쪽 나의 배필이여! 저 날짐승과 들짐승들이 나의 '도움'은 될 수 있을지언정 어찌 나의 '배필'이 되겠습니까? 그러나 여기 나와 같은 이 존재는 나의 도움이요 나의 노래 나의 살 나의 뼈 나를 온전케 하는 반쪽이로군요."

동산에 서서 "남자"라고 외치니까 저쪽에서 "여자"라고 산울림되어 돌아옵니다. 모래사장에 손가락으로 "남자"라고 썼는데 파도가 그 위를 덮고 지나가니 "여자"라고 되어있습니다. 아담 가지가 하와 가지를 만나니 연리지(連理枝)가 되었습니다.

모든 것이 완전했던 에덴 동산에서 좋지 않게 나오는 유일한 하나는 남자에게 여자가 없는 경우였습니다. 여자에게 남자가 없었더라도 마찬가지였겠지요. 고로 남녀는 서로를 얼마나 귀한 존재로 여기며 창조주께 감사해야 하는지 재차 생각하지 않을 수 없습니다.

  사랑의 신비에 감격하는 아담은 산을 보아도 하와요, 바다를 보아도 하와요, 밭을 일구어도 하와, 꿈에도 하와, 생시에도 하와라.
  창조주께서 금하신 것은 '선악을 알게 하는 나무의 열매'였노라. '사랑을 알게 하는 배필인 하와'가 아니었노라.
  반대로 하와는 아담에게 '좋지 못함'(창2:18)을 '좋음'으로 바꾸어주기 위한 하나님의 '필수'(必需)였노라.
  어디 이뿐이런가.
  하와는 하나님께도 '좋음'(창1:25)을 '심히 좋음'(창1:31)으로 바꾸어드리기 위해 있어야 했던 존재였으니.

몸으로서의 인간

 사랑의 신비를 옷장 구석에 밀어두고 살지는 않겠노라던 나의 벗이여, 아담의 사랑이었던 하와는 아담과 같은, 육체와 영혼을 가진 인간이었습니다. 만약 하와가 육체 없는 영혼 혹은 유령이었다면 아담은 그녀를 두고 "내 뼈 중의 뼈, 살 중의 살"이라고 못했겠지요. 그랬다면 "내 영 중의 영, 혼 중의 혼"이라고 했을까요?

 아담은 몸을 가진 하와라는 존재를 기뻐하였고, 하나님은 이 모든 짜임과 움직임을 조망하시며 "보시기에 심히 좋았더라"고 하시니, 더 좋을 수 없을 만큼의 좋음입니다. 아담도, 하와도, '영'이 아니라 '몸'이었습니다. '사람'이었습니다. 그것이 '하나님 보시기에 심히 좋음'이었습니다.

 교회사를 내려다보면 영과 육을 둘로 쪼개어 영은 선하고 육은 악하다고 여기는 인식이 열두 제자들의 때 이후인 교부(敎父; the Church Fathers) 시대 이래로 교회 안에 자리를 차지해왔습니다. 이는 영이 육을 떠나는 것을 해방으로 여기던 어느 그리스 철학적 세계관의 영향을 받았던 결과입니다. 이후로 영적인 것과 육적인 것을 대립적으로 양분하는 전통이 기독교회 안에 수용되었는데(성서적 '영육 구분'은 사도 바울이 말하는 경우로, 여기서 '육'은 몸 자체가 아니라 '타락한 본성'을 말합니다), 창세기 2장과 아가서에서는 결코 그렇지 않았습니다. 만약 "오래된 것이 더 좋은 것이다"라고 말한다면, 또는 "오래된 것이 더 권위 있는 것이다"라고 믿기를 좋아한다면, 종교개혁 전 중세 가톨릭 전통이나 초대 교부들보다 구약의 아가서가 더욱 오래된 것이고, 창세기 2장은 가장 오래된 것입니다.

 창세기에서 인간은 '하나님이 불어넣으신 생기를 가진 몸'이고,

그러한 인간이 창조주 보시기에 심히 좋은 것이었습니다. 또한 남자가 볼 때 여자는 뼈 중의 뼈, 살 중의 살이며, 둘이 한 '몸' – 한 '영'이나 한 '혼'이 아니라 한 '몸'을 이루는 것이 창세기 2장의 정점에 나타납니다.

중요한 것은 하나님의 설계, 즉 천지창조의 하이라이트가 여자의 탄생을 통한 아담의 찬가에 나타나고, 그것을 이루신 분, 곧 아담을 재우시고 아담의 갈빗대에서 하와를 지으신 분, 둘이 하나를 이루도록 주선하신 분이 바로 창조주 하나님 자신이셨다는 사실입니다.

결혼을 하느냐 마느냐로 하루에 열두 번씩 고뇌의 언덕을 오르락내리락 하는 형제자매시여, 여기까지 미루어볼 때 남녀 간의 사랑은 하나님 보시기에 의미 없는 것이라거나 신앙의 장애물이라고 과감히 단정할 수 있겠습니까? 성경이 성경으로 인정되는 한, 창세기를 성경에서 뜯어내지 않는 한, 그렇게 생각하기는 실로 어렵지 않겠습니까? 오히려 하나님은 거룩한 창조 질서 안에서 남녀 간의 사랑을 '하나님 보시기에 심히 좋기 위하여 필요한 것'으로 삼으셨습니다.

아담에게 각종 짐승들을 데리고 가시어 아담이 무어라 부르나 유심히 보셨던 하나님께서는 아담에게 돕는 배필, 곧 '그것이 아니면 충족될 수 없는 나머지 반쪽'을 지으셔서 아담에게로 데리고 가셨지요. 아담이 짐승들의 이름 짓는 것도 주의 깊게 바라보신 하나님은 마지막 창조물인 여자에게 아담이 어떻게 반응할지는 얼마나 호기심 있게 보셨을까요. 이때 아담은 성경 최초의 시를 노래하였으니 바로 여자에 대한 사랑의 찬가였지요. 아아, 이것이 하나님 앞에서 죄가 되며 허물이 되며 불신앙이 되며 불경함이 되며 이기심이 되며 육신의 정욕이 되며 관능적 퇴폐가 되겠습니까? 사랑이 죄가 아니라, 사랑 아닌 것이 사랑이 됨이 죄입니다. 그리고 사랑을 사랑이 아니라 함도 죄입니다.

하나님은 아담의 반응에 깊은 관심을 기울이셨습니다. 사랑하는 남녀 간 서로에 대한 기쁨과 감탄과 찬사를 신경질적으로 꼬집어보시는 히스테릭한 노처녀 사감이 아니십니다. 오히려, 서로 어떻게 사랑하는지에 관심의 눈으로 지켜보시는 분이시고, 서로에 대한 즐거움과 찬탄에 시비와 제동을 거시는 분이 아니라, 그것을 창조의 섭리와 계획의 절정으로 남겨두시었던 분이십니다. 엄숙한 얼굴로 아담의 시가를 꾸짖는 것이 하나님의 뜻에 가까운지, 그 시가에 동참하는 것이 가까운지는 스스로 판단할 것입니다.

사랑을 만난 아담의 경탄! 그것은 무의미하고 악한 것이 아니었습니다. 하나님 안에서 이루어지는 사랑의 경탄은 하나님이 누구신지, 하나님이 무엇을 하셨는지, 하나님 안에서 어떻게 살아야 하는지를 비추어주는 등불입니다. 아담에게 수많은 짐승들이 있었어도 그런 감탄은 없었듯이, 인간에게도 수많은 애완견이 있고 수많은 사업체도 있고 수많은 친구들에 수많은 통장, 수많은 학위까지 있어도, 한 남자가 한 여인을, 한 여인이 한 남자를 사랑할 때에 느끼는 기쁨만큼의 경탄은 이루어지지 못하는 가 봅니다. 그리고 이러한 남녀 간의 감탄과 기쁨은 사랑의 하나님께서 폄하하시는 것이 아니라 '심히' 관심을 갖고 지켜보시는 것이기에, 하나님을 등지고서 하는 사랑은 하나님 보시기에 좋을 수가 없는 것이로되 하나님 안에서 이루어지는 것일 때에는 하나님께서 그 사랑의 찬가를 즐거이 감상, 화답하십니다(이런 하나님을 생각할 때에는 아가서를 성경에서 빼어낼 수 없게 만들고 오히려 성경의 빼어난 책들 중 하나로 자리 잡게 하는 바가 있지 않습니까?).

고로 남녀 간의 사랑을 극도로 망쳐놓은 현 문화는 하나님 보시기에 좋을 수가 없는 것이며, 이러한 혼탁함 가운데 넘어질 때가 있는 오늘 우리들은 하나님의 도우심과 가르침을 받아 어떠한 사랑을 해야 하는지 주의와 경계를 얻어야 할 것입니다.

이러한 시대일수록 올바른 사랑의 모범들이 많이 필요합니다. 지구적인 노골적 성 타락의 시대에서 아담처럼 하와를 보며, "이는 내 뼈 중의 뼈요 살 중의 살이라"고 외칠 수 있는 기쁨 뜀의 순애는 이 시대를 책망하는 막대기요, 나아갈 길을 밝혀주는 시대의 스승이 되리이다.

해가 되지 않으리니 의미를 약간만 더 늘려봅시다. 하나님께 순종하는 남녀 커플, 결혼 안에서 서로 신실하게 사랑하는 남녀 커플은 세상의 빛과 소금이요, 불륜세상에서의 순결한 전도자며, 망가진 사회에서의 고침의 비결을 가진, 그 존재만으로의 선교사입니다. 다시 말하노니, 세상적 기준의 사랑(아닌 사랑)이 아닌 십자가적 사랑, 창세기 2장적 사랑을 하는 이는 전도자요 선교사 그리고 위대한 설교자입니다.

참된 사랑이 자취를 감춘 오늘날인지라 사랑다운 사랑을 하는 자는 시대의 예언자가 되는 때가 마침내 도래했습니다. 시대마다 부르는 목소리가 있나니 이 시대는 가히 사랑의 사도들의 등장을 기다리고 있는 것입니다. 남녀 간 육체적으로 범죄토록 꾀는 문화가 침을 흘리며 우리 주변을 맴돌고 있지 않습니까. 이런 때에 에덴 동산의 사랑, 아가서적 사랑은 망가진 사랑들을 회복하는 사랑의 복음으로 봉사하리이다.

주님! 인생은 놀랍고도 놀라운 것입니다. 하나님이 놀랍고도 놀라운 분이시니, 하나님의 '계심' 속에 살아가는 우리는 놀라고 놀라지 않을 수 없나이다. 사랑의 신비를 인간에게 선물하신 주님은 그 사랑을 통하여 우리가 주님의 마음을 배워가는 길도 마련해주셨나이다. 하나님을 닮은 사랑으로 이 세상을 부끄럽게 하는 거룩한 사랑의 남녀 용사들이 처처에 등장케 합소서. 아멘.

2016년 3월 2일, 눈 내리는 오후 4시
연길 E카페
시우

7 아가서 : 가장 인간적임의 가장 영적임

연길은 다시 폭설이 내렸습니다. 한국은 어떤지? 눈은 겨울이면 으레 찾아옵니다. 하지만 우리의 하루는 지나가면 다시 오지 않는군요. 눈보다 귀한 것 – 하나님이 오늘에만 주시는 오늘인가 봅니다.

주 안에서의 모든 활동은 우리가 어떤 중심을 가지고 있느냐에 따라 우주에서 가장 밝게 빛나는 사건이 될 수도 있는 것입니다. 하물며, 그 중심이 사랑으로 끓고 있다면 그 빛이 얼마나 더하겠습니까. 이 사랑을 이야기해봅시다.

1.

사랑하는 사람이 지나간 자리는 괜스레 그 자리도 소중하게 보이지요. 그리운 사람이 한번 쥐었던 연필이 내 손에 있을 적에는 그 연필이 보통 연필이 아니라 그이를 내 맘에 호출하는 연필이 되고요. 그래서 그 연필을 그이인 양 각별하게 여기는 심정의 손길로 쓰다듬으며 아끼지요. 사랑하는 사람의 흔적이 남아 있는 것에는 내 마음도 가는 법. 마찬가지입니다. 사랑하는 주님께서 지으신 모든 세계와 사람 – 거기에 마음이 가는 것이지요. 사랑하는 분의 흔적이 있으니까. 그런데 인간은 '하나님의 흔적'(롬1:20)만 아니라 그 이상의 '하나님의 형상'(창1:26)까지 지니고 있습니다. 그럼 이것이 어찌 귀하지 않을 수 있고, 그 귀함을 어떻게 말로 다 하겠습니까. 가장 인간적임은 가장 영적임('하나님의 형상'적임)에 다름 아니었습니다.

2.

감정이 없는 사랑이란 없습니다. 감정이 없는 인간이란 이미 인간이 아니듯, 감정이 없는 사랑이란 이미 사랑이 아닙니다. 아가서는 사랑의 기쁨을 동기로 삼아 움직일 것을 보여줍니다. 사랑을 배우기 위해 우리는 아가서로 가십시다. 가장 인간적이면서도 가장 거룩한 사랑이 여기 있습니다.

아가서는 알레고리(allegory)로 접근해야 한다고 주장하는 이들도 있습니다. 알레고리란 본문의 문자가 그 문자와는 다른 어떤 의미를 감추고 있다고 가정하고 그 의미를 상상해내는 방법입니다. 이러한 해석법은 그리스 신화의 남녀 신들의 이야기가 하도 부도덕하여 그 긴장을 조화시키려던 몇 스토아철학자들과 플라톤주의자들로부터 시작되었다고 합니다. 그들은 글자의 의미를 상징적 의미로 바꾸어서 읽었습니다. 가령, 아폴론과 헤라와 포세이돈의 이야기는 태양, 공기, 물의 상호작용을 보여주는 것으로 이해하려 한 것이지요. 이런 방법은 유대인 필론에게 이어졌고 기독교 교부들에게도 영향을 끼쳤습니다.[4]

물론 알레고리도 방법이겠지요. '하나의' 방법 말입니다. 알레고리의 상징적, 비유적 풀이가 어느 구절에서는 신앙에 유익이 될지 몰라도, 그러나 아가서 전체를 이렇게 접근한다면 누구도 서로 동의치 못할 자의적 해석의 진흙탕에서 자부심 높은 표정을 지으며 고고한 부채질을 하고 있게 됩니다.[5]

---

[4] 싱클레어 퍼거슨, 데이비드 라이트 편집, 이상길 외 3인 옮김, A. C. 씨셀턴, "해석학", 『아가페신학사전』(서울: 아가페출판사, 2001), 1129~30.

[5] 『관주·해설 성경전서』, 구약 961.

그럼 알레고리적 해석의 예를 감상해보십시다.

내 누이, 내 신부는 잠근 동산이요 덮은 우물이요 봉한 샘이로구나 (4:12).

여기서 "덮은 우물이요 봉한 샘"은 처녀 마리아를 말하고,

우리를 위하여 여우 곧 포도원을 허는 작은 여우를 잡으라 우리의 포도원에 꽃이 피었음이라(2:15).

"포도원을 허는 작은 여우"는 교회를 더럽히는 작은 죄들을 의미하고,

귀한 자의 딸아 … 배꼽은 섞은 포도주를 가득히 부은 둥근 잔 같고 허리는 백합화로 두른 밀단 같구나(7:1~2).

상상도 못했겠지만 여기서 "배꼽"은 실제 여인의 배꼽이 아니라 세례잔으로 해석이 가능합니다.[6] 참으로 기발하지요. 기가 찰 정도로 말입니다.

두 유방은 암사슴의 쌍태 새끼 같고(7:3)

---

[6] 데스몬드 알렉산더, 브라이언 로즈너 편집, 권연경 외 5인 옮김, 토마스 글레드 힐, "아가", 『IVP 성경신학사전』(서울: 한국기독학생회출판부, 2004), 319.

여기서 "두 유방"은 모세와 아론을 말할 수 있습니다. 또는 신약 성경과 구약 성경, 세례와 성찬이 될 수도 있고, 그리스도의 인성과 신성, 혹은 이스라엘과 교회, 그리스도의 죽음과 부활, 바울과 베드로 등등 그럴싸하면 뭐든 가능합니다.

이러한 '암호화' 해석의 문제점은 그러한 근거 자체가 본문에 없다는 것이 첫째요, 최소 두 사람이 동의하는 하나의 해석도 존재할 수 없다는 것이 둘째며, 모든 사람이 자기만의 해석을 내세우기에 결국 아무 해석도 타당하지 않게 되는 대혼란에 빠진다는 것이 셋째요, 이는 다시 말해 성경 본문 자체가 쓸데없어지고 자기가 영적으로 느낀 것을 말하면 그것이 그 해석이 되는, 즉 하나님의 말씀인 성경이 더 이상 하나님의 말씀이 아니라 인간의 노리개로 전락한다는 것이 넷째입니다.

그럼 어쩌다가 교부들과 이후 중세 교회는 아가서를 알레고리로 해석해왔을까요?

왜 구애, 입맞춤, 아름다움, 가슴, 열정 등을 직접 언급하는 아가서의 구절을 재해석해야 한다고 생각했을까? 서구 교회는 그리스 철학의 세계관에서 깊은 영향을 받았다. 이 세계관에 따르면, 영적 세계가 영원하고 본질적이며, 한 차원 높은 도덕적 지평에 토대를 두는 반면에, 창조 세계는 일시적이고, 점점 쇠락하며, 심판 아래 있는 한 차원 낮은 지평에 토대를 둔다. 대중적인 종교에서 몸의 기능은 이차적인 것이며, 몸은 영혼의 감옥으로 간주된다. 따라서 영혼은 몸에서 해방되어 하나님의 직접적인 임재 속으로 자유롭게 솟구쳐 올라야 한다. 그러나 이런 식의 이원론은 성경적이지 않다. 이러

한 이원론 때문에 어떤 그리스도인은 창조론을 희생시키고 구원론을 격상시켰다.[7]

사람은 시대의 산물입니다. 속한 시대를 벗어날 수는 없습니다. 저 위대한 교부들이라지만, 그들도 당시의 신플라톤주적 세계관의 영향 아래에서 사고했던 것입니다.

아, 성경이라는 텍스트는 그리스 철학이라는 안경 밑에 놓였습니다. 그 안경으로 볼 때 영은 중하고 몸은 경한 것이었습니다. 눈에 보이는 이 세상, 손에 잡히는 이 세상은 눈에 보이지 않고 손에 잡히지 않는 그 무엇 앞에 굴복되어야 했습니다.

그와 달리 히브리적 세계관은 "심히 좋았더라"(창1:31)고 하신 하나님의 창조세계를 긍정하였습니다. 이 세상은 하나님이 지으신 곳이요 또 다스리는 곳입니다. 이차적이고 부차적이거나 종속적인 곳이 아니었습니다. "고대 히브리인들은 온 마음으로 인생을 대했고, 창조 질서가 제공하는 모든 것을 열정적으로 받아들였으며, 잘못된 이데올로기적 전제(영의 긍정 몸의 부정)에 속박당하지 않았"습니다.[8]

'지금 이곳'보다는 '나중 저곳'을 강조하는 접근이 아니라, '지금 이곳'이 강조됩니다. 오늘이라 하는 지금과 내가 살고 있는 터전이라는 이곳이 소중해집니다.

그런 세계관이라면 아가서가 그리 이상할 것도 없겠습니다. 하나님이 창조하신 세계가 선하고 하나님께서 그곳을 다스리신다면, 그 안에서 이루어지는 최상의 피조물인 남녀의 사랑은 얼마나 즐겁고

---

[7] 같은 쪽.
[8] 같은 쪽.

누릴 만한 것이 되겠습니까?

  아가서는 한때 히브리인들의 결혼식에서 낭송되었다는데, 그렇다면 아가서가 히브리인들의 성경에 포함된 것은 이 책이 공동체적 삶의 측면에 긴밀히 연결되어 있기 때문은 아닐까 생각하게 됩니다. 그러나 이 책이 정경(canon)에 포함된 가장 가능성 있는 이유는, 아가서가 이방 다산 종교에 대한 논박으로서 읽혔다는 설명으로 보입니다.

    고대 이스라엘에서는 야훼와 함께 다양한 여신들 숭배가 만연했다. 솔로몬은 야훼의 성전에 아세라의 형상을 세웠다. 경배에 대한 야훼의 독점적 요구와 가나안 신들을 숭배하는 것 사이의 갈등 중 한 면은, 성(sexuality)에 대한 이해에 있었다. 고대 근동지방의 사상에 의하면, 성교(sex)는 여신들과 연결되어 있는 예식과 같은 것이었고, 마술적인 성질을 가진 것으로 이해되었다.[9]

  여호와(야훼) 하나님은 "나 외에는 다른 신들을 네게 두지 말지니라"(신5:7; 참조, 고전8:4)고 하셨습니다. 인간에게 순종의 의무가 주어졌습니다. 이에 반해 가나안 신들은 다양했고, 다양했기에 자유로워 보였습니다. 여기에다가 성교 속에 담긴 관능과 여신 속에 담긴 신비성이 더해집니다. 한쪽에서는 여신들 떼거리에 성교를 묶어서 판매하고 다른 쪽에서는 유일신이 율법 순종을 요구하였습니다. 그 신은 아브라함과 언약을 맺으셨던 분이시오 출애굽 사건을 통해 구

---

[9] Geroge M. Schwab, *Song of Songs* (The Expositor's Bible Commentary, Grand Rapids: Zondervan, 2008), 375. 이후 EBC로 줄여 씀.

원의 권능을 생생하게 보여주셨던 분이었습니다. 이제 이스라엘은 누구를 택할 것인가?

이방 민족들은 여신들을 택했습니다. 그런 이들에게 남녀의 성행위는 남녀 사랑의 표현이나 육체적 차원의 의미가 아니라, 대지와 농작물에 신적인 능력을 내리게 하는 종교적 제사 행위로 인식 되었습니다. 그들에게 성교란 인간의 사랑 고백이 아닌 신에게 드리는 예배였던 것입니다!

> 성교는 신의 힘을 세상에 방출하여 자연계에 번식의 기운을 북돋우고, 왕의 능력을 새롭게 하며, 가축들과 여인들이 다산할 수 있도록 고무하는 행위였다. 사적으로 또는 순간적으로 이루어지는 성교 역시 이러한 종교적 원형을 불러일으키는 것이었으니 그 결과로, 여신이 다스리는 곳에서는 성행위의 개인적 차원은 온전히 이해되지 못하였다.[10]

가나안 종교 문화에서 성교는 일대일 남녀의 육체적 차원이 아닌, 하늘 자연 왕 여인들 짐승들에까지 영향을 미치는 신비적이면서도 철학적이고 우주적인 행위로 인식되었나 봅니다. 창조주 하나님께서 지어주신 '인간들의' 행위, 한 남편과 한 아내의 '즐거운' 행위와는 다른 차원이었습니다. 그것은 하나님이 쾌락하게 하신 남녀 부부의 사랑이 아닌, 다수의 여신들과 연결되는 영적 행음이었습니다. 거기에는 하나님께 대한 마음과 몸의 배신이 담겨 있었습니다.

---

[10] Connie Whitesell, "Behold, Thou Art Fair, My Beloved," *Parabola* 20 (1995): 93~94; George M. Schwab, *Song of Songs* (EBC), 375에서 재인용.

아가서는 노래하기를, 신비적 여신들이 아니라 평범한 한 여자라는 겁니다. 나의 사랑의 대상이요, 나의 사랑의 목적지가 말입니다. 여신이 아니라 하와였다네! 여신들 아니라 한 여자였고! 아가서는 여신숭배를 저격하는 레지스탕스의 서정시입니다. 창세기 2장에 나타났던 에덴 남녀의 사랑은 아가서를 통해 그 씨앗을 보존하였던 것입니다.

그러나 창세기 3장 이래로 타락한 인간네는 남녀간의 성행위를 '있지도 않은 풍요의 여신'을 움직이는 의식처럼 착각하였습니다. 이는 여호와 하나님만 섬기라는 제1계명을 깨뜨리는 우상숭배로의 육욕적 부채질이었습니다. 그러니 아가서가 인간 남녀의 감정적, 육체적 사랑을 – 알레고리가 아닌 – 문자적으로 찬미했을 때에는 주변 민족들의 문화적, 사상적, 종교적 놀이터를 향해 폭탄을 던진 것이었습니다. 즉, 아가서는 복음이었습니다. 사랑의 복음! 창조주께서 거룩하게 만드신 부부의 복음! 미신적 성을 타파하는 복음! 그 매혹적인 여신숭배로의 유혹에 뺨을 후리는 복음! 남녀 간 사랑과 친밀함을 통하여 그들을 지으시고 그들에게 즐거움을 주시는 선하신 창조주 하나님을 떠올리게 하고, 그분께 감사의 찬미를 올리게 만드는 맛있는 복음!

아가서는 조금도 망설임 없이 성적이고, 아무리 보아도 종교적이지가 않다. 이스라엘 주변 나라들의 다산 종교와 관련이 있는 특징들도 별로 나타나지 않는다. 이교적 또는 신화적 특징이 보이지 않기에, 인간의 성에 대한 아가서의 자유롭고도 열린 태도는 가나안 다산 종교의 성적인 종교 예식들과 대립적 위치에 있음을 인정해야 할 것이다. 아마도 아가서가 정경에 포함된 것은, 그것이 비신화적, 비이교적, 비우상숭배적이며, 또한 하나님이 주신 성적 사랑이라는 선물을 노골적이고도 열린 모습으로 받아 기뻐하고 있기 때문일 것이다.[11]

성에 대한 미신적 견해! 우상 숭배적 연결고리! 히브리인들은 아가서를 보존함으로써 주변 이방 민족들의 이러한 사상과 행위들로부터 자신을 보호하고자 했을 것입니다. 아가서를 영적으로만 보았다면 아가서에 깔린 하나님의 창조에 대한 찬미 및 인간의 몸에 대한 긍정은 사라졌을 것입니다.

오늘날 누가 '영성'이라 하면 더 경건하고 거룩하게 들릴지 모르나 아가서는 창조주 하나님께로 인도하는 '몸성'으로 우리를 지켜주고 있습니다. '영성'과 '몸성'은 동전의 앞뒷면과 같아서 하나만 있으면 그것은 길거리에 던져져 사람들의 발에 밝힐 뿐입니다.

고대에 있어 성이라는 것은 그 자체로 종교적인 것이었다. 그러나 아가서에 그려진 이 사랑의 그림을 감상함으로써 그의 보는 눈은 고침을 받고, 그 결과로 자연히 창조주 하나님께 눈을 향하게 만드는 것이다.[12]

성을 여신에게 연결함은 신화적 행음입니다. 그렇다고 성을 그 자체로 죄악시하는 것도 하나의 신화적 사고입니다. 그러나 성에

---

[11] John Snaith, *Song of Songs* (New Century Bible Commentary, Grand Rapids: Eerdmans, 1993), 5; George M. Schwab, *Song of Songs* (EBC), 376에서 재인용.
[12] Geroge M. Schwab, *Song of Songs* (EBC), 376.

대한 성경적 사고는, 성은 창조주의 선물로 일부일처 안에서 누리며 이는 우리의 시선을 창조주께로 향하게 하는 '즐거운 그림'이라는 것입니다. 이 그림은 신약에 가서 그 감추어져 있던 의미를 활짝 드러냅니다. "사람이 부모를 떠나 그 아내와 합하여 그 둘이 한 육체가 될지니 이 비밀이 크도다. 나는 그리스도와 교회에 대하여 말하노라"(엡5:31~32).

하나님이 주신 몸의 아름다움과 즐거움을 노래하는 아가서가 이스라엘 주변 이방 민족들의 '영을 강조하여 육을 행음시키는 우상적 종교'로부터 고대 이스라엘에게 면역체계를 주었다면, 신약을 소유한 오늘 우리에게는 더욱 놀라운 소망과 기대를 안겨주는 바가 있습니다. 다음의 설명이 이를 밝히 드러내어줄 것입니다.

'높으신 왕'과의 결혼은 모든 사랑들에 대한 모범이요, 이는 궁극적으로 교회를 향한 그리스도의 사랑을 가리킨다. 그리스도의 사랑! 죽음도 끄지 못하는 그 사랑! 그것은 모든 사랑의 배후에 서 있다. 그리고 이 사랑은 모든 그리스도인들이 소망하고 또한 연인들마다 미리 시식해보는 것이다. 이러한 이유로, 현재의 사랑은 궁극적인 만족을 주는 것은 아니고, 영원한 사랑에 대한 갈망의 공간을 늘 남겨두는 것이다. 그러므로 아가서는 하나님의 [선하신] 창조의 한 부분을 보여주니, 이는 손가락을 뻗어 저 온전한 만족을 주는 사랑을 가리키는 것이다.[13]

---

[13] 같은 쪽.

옛 이스라엘인들에게 '육적인' 아가서가 주변 민족들의 '영적인' 여신 숭배와 거기에 수반되는 '육적인' 음행에 대한 저항의 선언서였다면, 오늘날 우리에게 아가서란 남녀 간의 사랑을 통하여 그리스도의 사랑을 맛보는 책이요, 이 땅에서는 허락되지 않고 하늘에서 주어질 사랑의 영원하고도 궁극적인 기쁨을 사모하게 하여 그 심정이 더욱 주를 바라고 사랑하게 하는 책이며, 이는 다시 연인에게 좀 더 하늘 닮은 사랑을 주도록 격려하여 그 사랑의 기쁨으로 다시 하나님께로 나아가게 하는, 그러한 사랑의 행복한 순환의 책인 것입니다.

결혼으로 완성되는 남녀의 사랑을 누가 죄악이나 정욕으로 치부한단 말입니까? 먼저 아가서를 성경에서 찢어버리고서 그런 말을 해야 할 것입니다. 아니면 그리스 철학의 하수가 되어 아가서를 알레고리의 미궁으로 던져 넣어 누구도 거기서부터 빠져나올 수 없게 만들고 대신 자기 혼자 자기를 정답으로 여기고 있든지.

그러나 나는 아가서가 하나님의 선하신 창조와 이 세상에 주어진 것들에 대한 긍정을 격려함을 잊지 않을 것입니다. 또한 남녀의 사랑이 궁극적인 만족은 줄 수 없기에(이 땅에서 '궁극적 무엇'은 불가능합니다. '궁극적'은 '하늘의' 언어입니다), 사랑의 기쁨에 따라붙는 아쉬움과 모자람으로 말미암아 서로로 하여금 더욱 하나님을 갈망하게 하고, 사랑의 궁극적 완성을 고대케 하는 심정을 나 누리기 원합니다. 그렇다면 사랑은 다시 더욱 값비싼 것이 되나니, 인간의 이 불완전한 사랑이 결국 우리를 그리스도의 온전한 사랑으로 이끌어줌이 되기 때문입니다.

고대 이스라엘에서 '인간적인 것' 또는 '인간됨'의 찬양을 통해 이방 종교의 우상숭배적 다산 의식에 대한 면연력을 기를 수 있었듯이, 아가서에 담긴 '인간적 차원의 가치'는 사랑이 값싸고 이기적인 것이 되었으며 육체를 쾌락의 도구로만 보는 현 시대의 '하나님의 의도 파괴'적 풍조에의 저항을 격려합니다.

하나님이 인간을 몸으로 지으셨음은 우리의 몸이 하나님의 선물이요 하나님의 지문을 간직하고 있으며 또한 하나님의 영원하신 능력과 신성을 비추어주는 신성한 거울임을 생각하게 합니다(롬1:20). 아가서는 고대 이스라엘인에게 폭탄이었고 오늘 우리들에게는 핵폭탄입니다. 아가서는 창조주 하나님이 주신 '몸의 복음'입니다.

인간을 가장 잘 아시는 창조주를 찬양하십시다. 인간을 가장 잘 아시기에, 인간에게 마음과 사상과 몸의 삼위일체적 사랑을 주신 하나님을 찬송하십시다. 모든 사랑의 근원이시오 궁극적 사랑이 되시는 우리 주 하나님을 찬송하십시다. 아멘.

시우

8 아가서와 조선 시조

1.

*아가서

나는 내 사랑하는 자에게 속하였고
내 사랑하는 자는 내게 속하였으며 (2:16)

*조선 시조

내 사랑 남 주지 말고 남의 사랑 탐치 마소
우리의 두 사랑에 잡사랑 행여 섞일쎄라
평생에 이 사랑 가지고 백년동락 하리라 (작자미상)

"알뜰한 우리 둘만의 순수한 사랑에 절대로 잡사랑이 섞여서는 안 된다. 이 순수성을 잃지 않고 백년해로 하겠다는 욕망이 진실되게 표현되었다. 내 사랑을 남에게 빼앗기지도 않겠지만, 남의 사랑을 결코 넘보지도 않겠다는 결백성과 그 의리와 의지가 또한 장하다."[14]

하나님과 우리의 사랑에 무슨 잡사랑이 끼어들지 말아야 합니다. 이 사랑은 다시, 이웃과의 사랑에서도 신의와 충정 지킬 것을 우리에게 가르쳐줍니다. 사랑은 믿는 자의 으뜸스승입니다.

---

14 김종오 편저, 『옛시조감상』(서울: 정신세계사, 단기 4323), 82.

*아가서 강해

이제야 남편은 아내의 것이 되고 아내는 남편의 것이 되어 마침내 생명으로 관계를 맺게 된다. 우리는 전에 마귀와 죄악의 노예가 되어 그리스도와 아무 관계가 없었고 사망이 우리의 상속품이 되었었지만 그리스도께서 우리를 당신의 물건 즉 자기에게 속한 자가 되게 하신다. "이 교회는 자기의 피로 값주고 사신 것이니"(행20:28, 성경전서). 우리를 우리의 것으로 생각하지 말고 우리의 육체, 생명, 가족, 재산, 사업, 시간을 다 그리스도의 것으로 생각할 것이다.

아! 우리는 지금부터 영원까지 주에게 속한 자이니 우리의 위에는 사랑의 [깃발이] 있다. 그뿐만 아니라 그리스도는 우리에게 속하였나니 그는 하나님께서 값없이 주신 [선물]이다(요3:16). "우리의 지혜와 의와 거룩함과 속죄로 주신 것이니라"(고전1:30, 성경전서). 그는 우리의 기업이요 그는 우리의 생명이며 그는 우리에게 속하였으니 이에서 더 만족한 것은 없다. 이 그리스도를 우리의 것으로 삼게 한 것은 신앙이다. 우리가 과연 그리스도에게 속하고 그리스도가 우리에게 속하시게 되었으면 행복이다.15

믿는 자인 우리는 그리스도께 속하고 그리스도께서도 우리에게 속하십니다. 우리는 그리스도의 소유이지만 그리스도께서도 우리의 소유가 되어주십니다! 아, 그분이 우리에게 속하신다면, 우리가 그분을 소유한다면, 더 이상 바랄 것이 무엇입니까?

---

15 이명직, "아가서", 『이명직 목사 전집 8권』(부천: 서울신학대학교 출판부, 2012), 701.

종교개혁자 마르틴 루터(1483~1546)는 믿음을 통해 신자의 가슴속은 그리스도와의 신방이 된다고 하였습니다.

> 신랑 예수는 신부에게 자신이 가지고 있는 모든 것을 아낌없이 다 베풀어 준다. 거기에는 죄인이 구원받는 데 필요한 그리스도의 의를 비롯하여, 하나님의 자녀가 되는 권리, 생명, 자유, 평안 등이 포함되어 있다. 또 신랑 예수는 신부에게 가지고 있는 모든 것을 부끄러워하지 말고 그에게 줄 것을 요청한다. 신부는 자신의 불의, 죄, 하나님과의 깨어졌던 관계, 저주, 죽음, 속박된 양심, 불안 등, 이 모든 것들을 신랑에게 다 내어준다.[16]

신방에서 남편과 아내는 서로가 서로에게 속한다는, 평생의 책임감이 요구되는 가장 친밀한 행위를 나눕니다. 신방은 누구도 침범하지 못한다는 점과 평생을 책임지기로 서약한 이들 사이에만 허락되었다는 점에서는 엄숙한 곳이기도 합니다. 또한 신방의 일은 신방에서만 알 수 있으니 그것은 수줍은 신비입니다. 그러나 신방의 가장 큰 특징은 달콤함과 쾌락함이겠지요. 참된 믿음은 우리 맘에 차려진 은은한 붉은 빛의 신방입니다. 우리는 거기서 그리스도께 속하고 그리스도는 우리에게 속하십니다. 그 방은 신비롭고 은밀하며 엄숙하기도 하지만, 무엇보다도 즐겁고 쾌락한 것이 그 근본특성입니다.

---

[16] 김선영, "16세기 종교개혁가들과 수도원 개혁", 「기독교사상」, 2015년 10월호(통권 제682호), 33~34.

2.

*아가서

네 이는 목욕하고 나오는 암양 떼 같으니

쌍태를 가졌으며 새끼 없는 것은 하나도 없구나

내 비둘기, 내 완전한 자는 하나뿐이로구나

그는 그의 어머니의 외딸이요

그 낳은 자가 귀중하게 여기는 자로구나 (6:6, 9)

*조선 시조

눈썹은 수나비 앉은 듯 닛바디는(이빨은) 박씨 까 세운 듯

날 보고 당신 웃는 양은 삼색도화 미개봉이(모양은 채 피지 못한 세 가지 색 복숭아꽃이) 하룻밤 빗기운에 반만

절로 핀 형상이로다

네 부모 너 삼겨 낼 적에(만들어 낼 적에) 날만 괴라(사랑하라) 삼기도다 (작자미상)

"너야 말로 절대의 미인이로구나. 눈썹은 수나비가 사뿐히 내려앉은 듯, 금방이라도 날아 올라갈 것만 같구나. 그리고 하이얀 이빨은 박씨를 금방 까서 세워 놓은 듯하고 더욱이 나를 보고 방싯 웃는 그 모습은, 아리따운 삼색도화의 필 듯 말 듯한 봉오리가 어제 밤에 내린 빗기운에 반쯤 절로 핀 모습, 바로 그것이로구나! 그런 너는 오로지 나만을 사랑하라고 너의 부모가 너를 낳은 것이니, 나는 천지의 행운아요, 내 가슴은 황홀 속에서 솜방망이질을 한다."[17]

---

[17] 김종오, 『옛시조감상』, 84.

3.

*아가서

내가 잘지라도 마음은 깨었는데

나의 사랑하는 자의 소리가 들리는구나

문을 두드려 이르기를

나의 누이, 나의 사랑,

나의 비둘기, 나의 완전한 자야

문을 열어 다오 (5:2)

*조선 시조

님 그린 상사몽이 실솔의 넋이 되어
　　　　꿈이　　　　　귀뚜라미의

추야장 깊은 밤에 님의 방에 들었다가
긴 가을밤

날 잊고 깊이 든 잠을 깨워 볼까 하노라 (박효관)

"애타게 그리운 님을 어떻게 하면 만나볼 수가 있을까. 가을밤, 긴 긴 밤을 잠 못 이루고 님 생각에 엎치락뒤치락 하는 내 신세…. 그러나 님께서는 나를 잊고 단잠을 자고 있을텐데, 그 님을 깨워서 나를 생각하게 하는 방법은 없을까. 님 그리워 꾸는 나의 사랑의 꿈이, 저렇게 밤을 지새워 우는 저 귀뚜라미의 넋이 된다면, 님이 자고 있는 방에도 마음대로 들어갈 수가 있지 않을까."[18]

---

[18] 같은 책, 85.

4.

*아가서

북풍아 일어나라 남풍아 오라

나의 동산에 불어서 향기를 날리라 (5:1)

내 사랑하는 자의 목소리로구나

보라 그가 산에서 달리고

작은 산을 빨리 넘어오는구나 (2:8)

*조선 시조

어리석어진 뒤이니　　　　어리석다
마음이 어린 후이니 하는 일이 다 어리다
늘 구름이 낀 깊은 산에
만중 운산에 어느 님 오리요마는
　　　　　　　　　　그이인가
지는 잎 부는 바람에 행여 긔인가 하노라 (서경덕)

"마음이 어리석다 보니 하는 일이 모두 어리석기만 하다. 이 깊은 산속까지 어느 님이 찾아오랴마는, 흩날리는 나뭇잎과 바람 소리에 행여 님이 아닌가 하고 가슴이 설레이구는구나!"[19]

*조선 시조

바람도 쉬어 넘는 고개 구름이라도 쉬어 넘는 고개
산에서 자란 매　　송골매　　　　　　　　고개 이름
산지니 수지니 해동청 보라매라도 다 쉬어 넘는 고봉 장성령 고개
그 너머 님이 왔다 하면 나는 한번도 아니 쉬어 넘으리라 (작자미상)

---

[19] 같은 책, 90.

"하도 높아서 바람도 쉬어서야 넘어가는 고개, 구름까지도 쉬어서 넘는 그렇게 높고 험한 고개 … 날쌘 매들까지도 단숨에는 못 넘고, 몇 번씩 쉬어서야 넘는 그런 높디높은 봉우리. 그 장성령 고개 너머에 만일 님이 와 있다면, 나는 한 번도 쉬지 않고 단숨에 넘어가서 님을 만날 것이다."[20]

5.

*아가서

그가 왼팔로 내 머리를 고이고

오른팔로 나를 안는구나

예루살렘 딸들아

내 사랑이 원하기 전에는

흔들지 말고 깨우지 말지니라 (2:6~7)

*조선 시조

동짓달 기나긴 밤을 한 허리를 베어 내어
봄바람 이불
춘풍 이불 안에 서리서리 넣었다가
어른님 또는 얼은 님
어론 님 오신 날 밤이어든 굽이굽이 펴리라 (황진이)

"1년 중 밤이 가장 긴 동짓달 기나긴 밤의 그 긴 허리를 잘라 내어, 봄바람처럼 따스한 이불 속에 잘 설어 넣어 두었다가, 정든 님께서 오신 날 밤에 그것을 굽이굽이 펴서 짧은 봄 밤을 길게 지내 보리라."[21]

---

[20] 같은 책, 93~94.
[21] 같은 책, 356~57.

바람 불으소서 비올 바람 불으소서

가랑비 그치고 굵은 비 내리소서

한길이 바다가 되어 님 못 가게 하소서 (작자미상)

"바람아 불어라, 비야 오너라. 가랑비가 억수 장마로 변하여 있는 대로 퍼부어라. 그래서 큰길이 바다가 되면 님을 언제나 내 곁에 붙잡아 둘 수 있지 않겠는가 … 온 님, 와서 내 품에 안긴 님을 가지 못하게 하기 위하여 바람 불고 비 내리고, 한길이 바다가 되게 하라."[22]

바람아 부지 마라 비올 바람 부지 마라

가뜩이나 차변된 님 길 질다고 아니올쎄라 (마음 변한)

저 님이 내 집에 온 후에 구년수를 지소서 (작자미상) (9년 홍수를 내리소서)

"온다고 한 님이 아니 올세라 바람이 불지 말며, 비야 오지 마라. 그러다가 님이 내 집에 온 뒤에는 막 퍼부어서 가지 못하게 하라는 것이다."[23]

바람과 비를 주관하시는 천지의 주님이시여

광풍 고해 잠잠케 하셨던 예수시여

그녀가 내 배에 타거들랑

그때에는 거센 물결 보내주소서

죽지 않을 만큼만 보내사

---

[22] 같은 책, 95.
[23] 같은 쪽.

내 품에 님 잠든 채로

영원의 뭍에 닿게 하소서

아, 무인도였구나 (시우)

6.

*아가서

예루살렘 딸들아 너희에게 내가 부탁한다

너희가 내 사랑하는 자를 만나거든

내가 사랑하므로 병이 났다고 하려무나 (5:8)

*조선 시조

바람 불어 쓰러진 나모가 비온다고 싹이 나며

님 그려 든 병이 약 먹다 하릴소냐 (병이 나을소냐)

저 님아 널로 든 병이니 네 고칠까 하노라 (작자미상)

  돌풍에 허리 꺾인 나무가 비를 맞는다고 되살아나지 못하듯 사랑에 빠진 자 무슨 약을 먹어도 소용없습니다, 다만 사랑 외에는.

  사랑은 아프게 합니다. 아픈 것은 병입니다. 사랑은 병자 됨의 환영함입니다. 사랑하기에 아프고, 아픔에서 벗어나고자 사랑을 찾으면서 다시 아픕니다.

  님으로 인한 이 병은 님만 고치지만 사실 님도 외롭고 아픈 존재였습니다. 사랑은 님도 병을 지닌 존재였음을 알려줍니다. 그렇게 하여 모든 사랑은 나도 님도 너도 그도 병자임을 깨닫게 해주나니,

사랑편 *065*

이는 인류의 대의원이신 예수께로 만인을 인도하여 고침을 받게 하려는 것입니다(눅5:31~32). 그리스도는 어떤 병자도 만나주시는 겸손한 의사시요, 어떤 병도 못 고치심이 없는 명의(名醫)이십니다.

*아가서 강해

"그의 사랑을 사모하는 중 신경쇠약증에 들어간 듯하니 시편 119편 20절을 보라. '주의 법을 사모함으로 나의 마음이 상하나이다' 하였으니 이 사람의 경험도 이와 같다. 가령 가방에다 물건을 과도히 담으면 찢어질 수밖에 없는 것과 같이 사모하는 마음이 극도에 달하면 병도 될 수 있다. 우리가 진실로 이와 같은 경우에 들어가게 되면 행복일 것이다. 맑은 물가에든지 깊은 산골짜기에든지 조용하고 사람이 없는 한밤중이든지 주와 교통하는 자의 행복이 클 것이다. 우리는 어느 정도에까지 주를 사랑하고 사모하는가?"[24]

7.

*아가서

가슴에 달고 있는 인장처럼
팔에 매고 다니는 인장처럼
이 몸 달고 다녀 다오 (8:6, 공동번역)

*아가서 강해

"인이라 함은 개인의 권리를 유력하게 증거하는 것이니 즉 그리스

---

[24] 이명직, 『이명직 목사 전집 8권』, 690.

도의 마음과 팔에 인침으로 말미암아 신부는 그리스도에게 속함과 그리스도는 신부에게 속함을 나타낸다. 과연 하나님께서는 우리의 이름을 그 손 가운데 새기셨으니(사49:16) 주 예수의 손 가운데 못 자국은 우리를 사랑하는 인이다. 그러나 하나님의 인이 또한 우리에게 있음을 주의할 것이니 … 하나님께서 우리에게 치신 인이니 그 인이 우리에게 있음으로 우리는 그리스도의 전권대사가 되었다(엡6:20). 또 한 인이 있으니 이는 구원 얻은 증거로 우리에게 치신 인인데 즉 성령의 인이다(엡1:13).[25]

*조선 시조

묏버들 가려 꺾어 보내노라 님의손대 (산버들) (님에게)
자시는 창밖에 심어 두고 보소서 (주무시는)
밤비에 새잎 곧 나거든 날인가도 여기소서 (홍낭) (나인 줄로)

"묏버들을 싱싱하고 좋은 것으로 골라 꺾어서 그리운 님께 보내드립니다. 주무시는 창 밖에 고이고이 심어 두시고 늘 보소서. 그리고 그 버들가지에서 밤비에 새잎이 나거들랑, 그것이 나인줄로 생각하시고 날 본 듯이 반겨 보아 주소서."[26]

십자가를 보십시다. 세상에 산다 함은 두려움과 불안과 걱정을 만난다는 것인데, 그때마다 십자가를 보십시다. 십자가는 하나님의 사랑과 승리의 확신을 우리에게 주도록 세워진 기념비입니다.

---

[25] 같은 책, 765.
[26] 김종오, 『옛시조감상』, 353.

사랑편 *067*

8.

*아가서

사랑은 죽음 같이 강하고

투기는 음부 같이 잔혹하며 불 같이 일어나니

그 기세가 여호와의 불과 같으니라 (8:6, 개역한글판)

*아가서 주석

6절 상반절 – 성경에서 나오는 도장 또는 인장은, 조약이나 계약을 지키기로 한다는 공적 서약을 나타낸다. 유다가 다말을 임신시켰을 때, 그녀는 유다의 도장을 담보물로 요구하였다(창38:18). 도장은 신분이나 정체성과도 연관이 깊었다(출28:11). 어느 사람에게 도장처럼 찍혔다는 말은 그 사람으로부터 떨어질 수 없게 되었다는 의미다. 아가서의 소녀는 "너는 나를 도장 같이 마음에 품고"라고 하는데, 그의 인생이 그녀의 것이 되기를 원한다는 것이다. 아가서에서 '질투'는 사랑의 유의어(synonym)다. 여호와는 "소멸하는 불이시오 질투하시는 하나님"이시다(신4:24). 질투는 스올처럼 사납게 추격한다. 사랑/질투는 죽음과 같고 또한 무덤과 같으니, 그 강력함과 맘대로 다룰 수 없음 때문이다. 스올의 식욕은 만족할 줄을 모르고, 그것의 입은 끝이 없으며, 그것은 세상을 다 먹어버리고도 다 찰 줄을 모른다(시27:20; 사5:14; 합2:4). 스올은 아이 배지 못하는 태와 같이 "충분하다"고 말할 줄을 모른다(잠30:16). 사랑/질투는 어떠한 수그러듦을 허락하지 않는 도장으로 찍힌 열정이다. 그것에 사로잡힌 사람은 저항을 하지 못한다.[27]

---

[27] Geroge M. Schwab, *Song of Songs* (EBC), 426.

아가서는 먼저 사랑을 죽음의 '굴복될 수 없음'과 비교한다. 그 다음 충격적인 과장법을 통해, 음부(스올)의 이미지를 동원하여 그 무엇도 사랑을 다 채울 수 없음을 나타낸다. 이러한 사랑, 즉 영원한 사랑에 대한 연인의 갈망을 통해 그려지는 사랑은 필연적으로 여호와의 도움을 필요로 한다. 진정으로 죽음을 초월하고 무엇에도 소멸되지 않는 유일한 사랑이란 바로 그리스도 안에 나타난 하나님의 사랑이다. 예수님은 죽음에서 다시 사시었고 그의 백성들을 위하여 다시 오실 것이다. 모든 그리스도인들은 아가서에서 찬양하는 사랑 뒤에 놓인 사랑의 실질이신 그리스도를 소유하고 있다.

이는 아가서가 '만족'이라는 용어를 사용하지 않는 이유와도 관련이 있다. 궁극적인 만족의 사랑은 영원히 변치 않는 사랑, 죽음을 초월하는 사랑, 신자의 몸과 영혼에 영원히 도장 찍혀 있는 그리스도의 사랑이다. 궁극적 만족의 사랑이란, 죽음과 무덤이 결코 정복하지 못했던 '사랑이신 분'이었다. 그분의 무덤은 비어 있었다. '사랑이신 그분'은 독자들의 무덤도 그렇게 비어 있게 하실 것이다.[28]

사랑은 이렇게, 십자가를 통해 죽음처럼 강할 뿐 아니라 부활을 통해 죽음보다 강한 것이 되니, 그리스도 안에 드러난 하나님의 사랑은 모든 사랑들의 승리하는 토대입니다.

사랑으로 울다가 사랑으로 웃고 또 사랑으로 하늘까지 뛰다가 사랑으로 땅속까지 한숨을 쏟고 있는 벗이여, 하나님은 사랑이십니다. 사랑의 모든 과정 중에 사랑의 왕을 의지하십시다. 하나님의 사랑 안

---

[28] 같은 책, 427.

에 거하십시다. 어떻게? 내가 외롭든지 괴롭든지 망하든지 상하든지 행복하든지 불행하든지, 하나님의 사랑이신 그리스도와 그분의 십자가 고난을 생각하는 것입니다. 그리고 그분이 오늘도 살아계시어 내 인생을 인도하신다고 믿되, 눈에 보이는 상황이나 마음의 의심과 상관없이 그분의 신실하심을 끝까지 믿는 것입니다. 그럼 우리는 부활, 그 영원한 행복의 시작을 얻으리니 그날에는 더 이상 눈물도 한숨도 떨림도 없을 것입니다. 부활은 최대의 궁극적 위로였습니다.

*조선 시조
사람이 죽어지면 어디메로 보내는고
저생도 이생같이 님한테로 보내는가
진실로 그러할작시면 이제 죽어 가리라 (작자 미상)

죽음도 갈라놓지 못할 사랑이 세상에 있는가? 그런 사랑을 보았는가? 그런 사랑을 해보았는가? 그런 사랑을 찾아보았는가? 부활! 과연 죽음도 떼어놓지 못할 사랑이 세상에 있다. 그리스도의 부활과 믿는 자에게 약속된 부활에서 우리는 그런 사랑을 보고, 듣고, 해보고, 발견하기 때문이다 (시우).

세상 모든 사랑은 창조주 하나님의 사랑에 대한 비유요 이미지입니다. 이렇게 생각하면 시조를 '조선의 아가서'로 읽을 수 있습니다. 사실 시조만 아니라 우리가 보고 듣는 모든 것에서 하나님의 사랑을 보고 또한 그분을 향한 찬양을 들을 수 있는 것입니다. 우리의 모든 우리 됨으로 그분의 선하심을 힘껏 노래하십시다. 아멘.

9 사랑과 죽음의 닮은꼴

임이여, 도장 새기듯 임의 마음에 나를 새겨 주세요.
도장처럼, 임의 팔에 나를 새겨 두세요.
사랑은 죽음처럼 강한 것,
사랑의 시샘은 무덤처럼 잔인하여
맹렬한 불길마냥 거세게 활활 타오르죠.

이 거센 사랑의 불길은
세상의 그 무엇으로도 끌 수 없답니다.
많은 물로도 끌 수 없고, 홍수가 나더라도
이 사랑의 불길을 도무지 덮어 끌 수 없답니다.
누군가 자신의 전 재산을 몽땅 주고서라도 이 사랑과
감히 바꾸려 한다면 그는
도리어 비웃음만 당하고 말겠지요 (아8:6~7, 쉬운말성경).

1.
　벗이여, 나는 이 구절에서 눈을 뗄 수 없습니다. 이보다 더한 체험적 진리가 무엇입니까? 이보다 아름다운 일상적 진리가 무엇입니까? 진리가 현실에서 체험될 수 있다면, 이 진술처럼 만인에게 호소하는 진리는 무엇일는지?

사랑은 어떤 장벽도 허뭅니다. 사랑에 덤비는 것은 어리석은 일입
니다. 규정과 철학과 논리와 이성과 전통과 관습과 제약과 압력과
반대 등에 아무 아랑곳함 없는 것, 사랑! 아니 오히려 반대해줄수록
더욱 열렬해지는 것이 사랑입니다. 옆에서 끄려할수록 더 활활 타
오르는 것입니다. 그리고 그 불길은 모든 반대세력들을 삼키어버리
는 무서운 불입니다. 여호와의 불, 거센 불길입니다. 그러니 사랑에
도전하는 자는 어리석습니다. 이기지 못할 싸움입니다. 사랑에 빠
진 이들로 하여금 바르게 사랑할 수 있게 도울 것이지, 그들을 막아
서서는 이길 장수가 없는 법입니다.

사랑만 해도 모자란 것이 인생이요, 사랑만 해도 충분한 것이 사
랑으로 사는 인생입니다. 사랑의 불길에 휩싸여 자기를 불태우는
자는 행복합니다. 하나님의 심장 가까이에 있는 때문입니다.

2.

사랑은 승리합니다. 지옥의 형벌도 대신 받고자 하는 사랑이니,
천국의 상급도 대신 주고 싶은 사랑이니!

사랑은 무엇도 막지 못합니다. 주변 사람들은 물론이거니와 제 자
신도 못 막습니다. 자기도 막아보려 했으나 실패라면 사랑의 기운
이 그만큼 강력하다는 반증입니다. 신분, 상황, 사람들, 물질, 조건
에 스스로의 부인과 절제와 망설임까지. 그런데 그런 반대세력들은
사랑의 불길에 기름만 끼얹을 뿐이외다. 물탱크의 저장수, 아니 게
걸스런 쓰나미나 대홍수도 사랑을 끄지도, 삼키지도 못하며 오히려
사랑의 입에 삼키울 따름입니다.

사랑이 괜히 죽음처럼 강한 것이 아닙니다. 세상 무엇이 죽음을

이긴단 말입니까? 죽음 앞에서는 무슨 말도, 불평도, 반항도 있을 수 없습니다. 죽음과 같이 사랑 앞에서도 무슨 말, 불평, 반항이 있을 수 없는 것입니다. 사랑을 향해 던지는 돌팔매는 곧 부메랑처럼 자기에게로 돌아오되 그 세력은 배나 더할 것이외다. 사랑하는 남녀를 주 안에서 사랑하게 도울 뿐, 사랑이 행차하시니 나머지는 잠잠할 것이외다. 사랑에 빠지고 또 주님께 빠지는 자가 복이 있나니 그가 사랑의 주를 알 것임이라.

3.
외부의 경쟁대상들에 대하여만 사랑이 강한 것이 아닙니다. 사랑은 내적으로도 그러합니다. 사랑은 그 사람으로만 만족되게 합니다. 이전에 나를 중심으로 돌아가던 세계는 이제 그녀를 중심으로 돌아가게 됩니다. 전에 나에게 의미 있던 모든 관계들이 그녀와의 관계 아래로 굴복되게 하는 것, 그것이 사랑입니다. 가장 친한 친구나 부모님까지도 남녀의 사랑 앞에 맥을 못 춥니다. 내 안의 세계가 급속히 재구성 된 까닭입니다. 사랑으로 인하여 이전과는 다른 새로운 사람이 창조된 것입니다.

이는 그리스도 안에서 새로운 피조물로 거듭나는 것과도 유사합니다(고후5:17). 그리스도의 십자가를 통해 나타난 하나님의 사랑으로 죄인은 전과는 다른 새로운 사람으로 중행(重生)하는 것과 참으로 비슷하지 않습니까? 그렇습니다. 사랑은 신학의 식사입니다. 사랑은 성경의 실기(實技)입니다. 머리로 알던 것을 가슴과 몸으로 알게 하는 것, 바로 사랑입니다. 그러니 어찌 이것이 강하고 위대하다 하지 않으리이까.

4.

죽음이 절대적이듯 사랑은 절대적입니다. 거기에는 경쟁대상이 있지 못합니다. 죽은 사람에 대해 떠든다고 그를 죽음에서 건지지 못하듯 사랑하는 이들에 대해 떠든다고 그들의 사랑을 없애지 못합니다. 아픈 자에게는 아픔에서 벗어나는 것만 보이듯 사랑에 빠진 자에게는 사랑에 빠져드는 것만 보입니다.

시우

10 국어문법과 사랑노래

1.

나는 그대의 사이시옷이 되고 싶습니다. 그대가 무슨 일을 하시든지 그대가 부드럽고 만족스럽게 해내실 수 있도록 그대와 그 일 사이에서 일하며 행복을 느끼는 사이시옷이 되고 싶습니다.

사이시옷으로 그대를 받들기 원합니다. 혹 그대가 넘어져도 ㅅ은 ㅣ처럼 낭떠러지가 아니라 재미난 미끄럼틀이지요. 그러니 아무런 두려움도 갖지 마세요. 엉덩방아를 찧지 않으시리니.

사이시옷은 ㅅ으로 생겼지만 ㄴ으로 소리 날 때가 많습니다. 뒷말의 첫소리가 된소리가 아닌 이상에야 말입니다. 사이시옷이 ㄴ으로 소리 나는 것은 본디 ㅅ으로 그대를 기다리다가 그대가 오면 그대의 등의자 되어주기 위하여 ㄴ으로 멈추어버린 까닭입니다. 그러니 빨리 오소서. 나의 이 빈 의자는 그대가 와 등을 대고 편히 쉬시기만을 기다립니다.

2.

두 낱말을 이어 주는 연결 단어들 – 겸, 및, 등, 내지, 또는 … –은 두 단어 사이에서 한 쪽으로 치우치지 않고 반드시 띄어 써야합니다. 그런데 왜 나의 마음은 한 쪽으로 치우쳐 그대에게로 그대에게로 흐르는지. 나를 어디에 놓든지 나는 그 문법의 족쇄를 헤치고 그대 있는 쪽으로 기울어집니다. 내 마음은 연결 단어가 될 수 없는 가

봅니다. 이것저것 사이에서 그대를 만나고 싶지 않고 직접 그대에게로 가서 그대를 만나고 싶으니까요.

3.

님이시여, 차라리 나를 그대의 보조용언으로 삼아주소서, 나 그대의 보조용언 되어 그대에게 꼭 붙어 있고 싶으니. 그러나 보조용언도 그 앞에 조사가 붙거나 합성동사가 나온다면, 보조용언은 띄어 써야 합니다. 때로는 그대 곁에 있겠지만 때로는 떨어져있어야 하는 건가요.

그럼 나 무엇이 되어야 할까? 아, 조사가 좋겠습니다. 조사가 되어 그대 곁을 영영 떠나지 않고 그대가 어디로 가시든 함께 가려 합니다. 조사가 되면 나는 문법과 충돌하지 않으면서도, 띄어쓰기 규정을 정확히 지키면서도 - 오히려 규정의 지지를 받으면서! - 늘 그대 곁을 지키며 그대를 섬길 수 있습니다. 이보다 더한 기쁨 내게 무엇일까요. 나를 조사로 불러주시겠습니까. 그러나 그대만의 조사이지 다른 이의 조사는 되고 싶지 않습니다. 다른 사람의 조사가 되라고 말하지 마옵소서. 그럴 바엔 차라리, 쉼표 밖으로 나가겠나이다.

11 열병환자의 사랑노래

A : 나는 사랑의 열병에 걸렸어요. 입원하지 않으면 안 될 병이에요. 병원에 가야겠어요. 그대의 사랑이란 병원에요.

B: 여인이여, 그 병원에 입원하는 것은 좋습니다. 그런데 그 병원에는 퇴원이 없답니다.

A : 그런가요. 그럼 더 좋네요. 평생 님의 병원에서 치료받을 수 있다니까. 나는 지금 입원할래요.

B: 사실을 말씀드리자면, 나도 그곳에 입원한 환자랍니다. 그렇다면 좋은 생각이 있습니다. 우리는 같은 병실을 쓰십시다. 거기서 같이 기도하고, 말씀 보고, 대화 나누고, 어려운 때에는 서로 돕고 말입니다. 그 병원의 원장님은 예수님이시오 우리는 같은 병실의 환자들입니다.

A : 아, 그럼 더더욱 좋아요. 사랑은 서로를 바라보는 것, 그리고 같은 곳을 바라보는 것! 방에서는 서로를 바라보고, 방을 나와서는 함께 주님 계신 곳을 바라보아요. 그러면 우리의 열병이 차차로 나아질 거예요.

B : 아니요, 차차로 나아지는 것이 아니라 차차로 더하여 가리이다. 날마다 그대를 보고 또 그대와 함께 주님을 뵈올 때 우리의 사랑은 점차 식어가는 것이 아니라 반대로 더욱 뜨겁고 깊어질 것이니. 그럼 이 노래를 부르며 사랑의 병동으로 나아가십시다.

사랑의 열병에 걸린 자, 복이 있나니
사람은 사랑으로 살고
사랑 덕에 살며
사랑을 위해 살지니,
사람이 사람일 수 있는 것은 사랑이요
사람이 사람될 수 있는 것도 사랑이라

사랑이 있어 너는 살고
사랑이 없어 너는 살 수 없으리니
하나님이 허락하신 한 번의 인생에
사랑을 스승 삼고 사랑을 벗 삼으면
거기에 사랑의 주 계시느니라

12 강한 끌림에 대하여

아우님,

그런 경험이 있으신지? 그녀를 보는 순간 세상이 다르게 보이는 경험이?

그런데 인간의 감정은 변덕스럽지요. 특히 기독교적 인간이해의 기초인 우리네 타락한 본성을 떠올릴 때 '운명과 같은' 사랑이란 실상 영화나 드라마에 의해 증폭된 나의 내밀한 욕망의 포장일 지도 모르는 것입니다. '하나님의 뜻'을 들먹이며 자기의 낭만적 감성을 보호하고 또 충족시키려는 이들은 '느낌' 또는 '우연' 또는 '신기함' 또는 '이상함'을 강조하는 경향이 있는 듯합니다. 묘한 기분을 느끼면 그것을 하나님의 뜻이라고 해석해버립니다. 자기들의 원하는 대로 신의 이름을 사용한다는 점에서는 우상적 해석입니다. 입술은 떨며 '믿음의 가정을 세우기 위해서'라고 하나 실상 욕심의 불길이 눈에서 이글거리고 있습니다.

인간은 환상을 가진 존재입니다. 남자는 남자대로 여자는 여자대로 말입니다. 여자는 소설적, 드라마적 환상을 가진 듯합니다. 거기에 나오는 여주인공은 어느새 자기로 대체되어 있습니다. 그리고 상상의 세계 안에서 남자 배우와 함께 낭만을 즐깁니다. 이런 성향은 남자와 교제할 때에 그이가 자기를 그렇게 대우해줄 것을 은연중에 요구하는 식으로 드러납니다. 남자친구에게 관심이 있다기보다는, '남자친구가 나에게 관심해주는 것'에 관심이 있습니다! 결국 그런 여인에게 연인이란, '나와 그이'가 아니라 '나와 그이가 좋아해주는 나' – 즉, '그녀만 둘'인 것입니다!! 이러한 함정에서 자신을 보호할 수 있는 여인은 아예 '나'라는 것을 잊을 정도로 자기희생의 지경으로 들어가는 것인데, 그러한 여인은 또한 남성에게 가장 오랜 시간을 두고서 가장 아름답게 보이기 마련인 것이 사실입니다.

이와 비교하여 남자는 드라마의 주인공이 되어 환상의 환각제를 맞는다기보다는 미모의 여인을 바라보며 환상 속으로 들어가는 것 같습니다. 여자는 '스토리'가 있고 남자는 '외모'가 있다고 할까요? 이걸로만 보면 여성이 남성보다 좀 더 의미중심적이라 해야 하는지? 그런데 남성이 끌림을 받는 '외모'라는 것은 '접근의 재촉' 정도라서, 일단 외모에 반하여 접근한 뒤 사귐이 이루어지고 나면 그때부터는 외면보다는 더욱 내면에 의해 느끼는 매력으로 이동하게 되니, 남성이 외모의 노예가 결코 아님은 남성들의 경험이 명증해주고 있는 것입니다.

남녀 모두가 가진 환상이란, 얻을 수 없는 비현실적 욕망을 충족시키고자 다시 비현실의 세계로 도피하는 사이비 세계입니다. 환상 속에 살고 있는 인간은 그가 아무리 겉으로 무엇을 가진 것 같아도 실제로는 그의 근본적인 차원에서 공허함을 느끼고 있습니다. 미혼자가 결혼이라는 환상을 가지면 결혼이 그의 삶을 송두리째 바꾸어줄, 거의 '구원'해줄 것이라고 생각하는데, 이것은 비현실적 기대요 개인적 욕망을 추구하려는 것입니다. 미혼자가 독신으로 지내면서 완벽한(혹은 자기의 욕망을 그대로 채워주는) 애인과 사귀는 기대를 품는 것도 환상입니다. 세상에 그런 사람이란, 그런 애인이란, 그런 커플이란 없습니다. 왜 사람들이 자고로 우상을 만들어 숭배해왔는지 이제 알만하지 않습니까?

그래서 '너무 강한 끌림'이란, 혹 내 안에 채워지지 않는 무엇이 있기 때문이 아닌가 하는 생각도 드는 바 없지 않군요. 내 안에 주님이든지 아니면 사명이든지 분명히 채워져 있다면 내 존재의 뿌리가 통째로 뽑혀나갈 정도로 끌려가는 일은 없지 않을까 합니다. 그렇다고 결혼을 추구하는 이들마다 냉혈한 연애를 해야 한다고 말하려는 것은 아니고요. 결혼에 있어서도 주님으로 먼저 내 마음이 충분히 차 있지 않으면 마음에 허함이 있게 되고 그것을 채우기 위해 거짓된 환상으로 도피할 수 있는 소지가 인간에게 있음을 기억하자는 것입니다.

곁에 있으면 거부할 수 없이 마음이 가는 대상과 반드시 교제를 추구해야 하는지 아닌지에 대해서는 저는 잘 모르겠습니다. 다만 그런 존재를 일생에 만나본다는 것은 특별한 경험이겠지요. 그만큼 이를 소중히 여기며 조심히 아끼어야 할 것입니다. 또한 그렇게 '저절로' 소중하게 느껴지는 사람만 소중하게 여김은 불신자라도 할 수 있는 것이기에, 나에게 그리 달갑지 않은 사람에게까지 마치 '내가 끌리는 그녀'에게처럼 대해주고자 노력하는 것은 유의미한 일이라 할 것입니다. 그렇게 할 때에 지극히 작은 자 하나가 온 우주보다 귀하다는 것을 깨닫는 축복의 순간을 맞이하지 않을까 합니다.

그런데 '강한 끌림'을 스스로 제어하고 있다는 것은 마치 당기는 힘이 어마어마한 활을 간신히 붙잡고 있는 상태와도 같습니다. 그 활시위는 해방을 몹시 갈망하고 있습니다. 팽팽히 긴장된 시위를 놓는 순간, 그때까지 참아왔던 장력은 엄청난 세기로 허리를 폅니다. 남녀의 마음이란 이런 것입니다. 여러 가지 삶의 장치들이나 명분들로 서로를 제어하고 구속하여도, 서로 간에 당기는 힘이 존재한다면 어떤 계기가 주어질 때 강력한 자기력에 의해 둘은 한 곳으로 붙게 됩니다. 자석을 보아도 이를 능히 알 수 있는 것이 아닙니까? 활시위가 풀어지는 것은 많은 말이 아니어도 충분한 일입니다. 평소 압축되어 있던 그 힘은 속마음이 드러나는 '찰나의 산들바람' 정도 세기로도 충분히 활을 튕기게 할 것입니다. 그 활이 오래 묵혀 있었을수록, 활대는 휘어지거나 부러지기는커녕 더 큰 한 맺힘으로 그 활을 저 광대한 창공의 머리끝까지로 날려 보내는 것입니다. 그러니 끌림을 마구 억누르면 그것도 부자연스러워 오히려 마그마가 어디로 터질지 모르는 더 큰 위험을 가지고 오는 게 아닌가 합니다. 환상은 버리되, 대신 끌림에 있어서는 자기와 상대에 대한 책임감을 보이는 것이 성숙함 아닐까 합니다. 물론 끌린다고 다 결혼에 이르는 것은 아니지만. 여기에 대해 생각이 더 생기면 다시 쓰기로 하고 이만 줄입니다. 주님의 평강만 빕니다.

시우

【추신】결혼 전에는 끌림이 작동하지만 결혼 후에는 섬김이 작동합니다. 사랑의 진정 완숙한 표현은 결혼 후에나 오는 것이라고 생각합니다.

끌림의 역할은 둘을 끌어당기는 것입니다. 그 다음부터는 '만듦'이 순서입니다. 둘이 정성과 지혜로 만들어가는 지가 중요해지는 것입니다. 뿌린 만큼, 그리고 뿌린 대로, 거둘 것입니다.

너무 장력이 세면 활이 부러지지 않을까? 그런데 사랑에 있어서 장력이 거세질수록 애절함이 커집니다. 애절함은 부러짐이 아니라 붙여짐이요, 그렇게 불려짐입니다. 애절함의 특성이란 부러짐을 모른다는 것입니다. 애절함은 '반대'를 우걱우걱 씹어먹으며 더욱 커지는 무시무시한 힘입니다.

끌림은 사랑을 시작하게 해주는 데는 선수이지만, 사랑을 유지시켜주는 데는 약합니다. 순발력은 있으나 지구력은 약한 것입니다. 지구력은 관계 가꿈입니다.

존 반 엡 박사는 '도취시키는 매력'이라 하면서 끌림에 대하여 4가지를 주의시켰습니다.[29]

1) 끌림이 항상 인격 판단의 좋은 척도는 아니다.
2) 끌림은 자기가 보고 싶은 것을 보게 해준다.
3) 끌림은 관계가 가장 좋을 때에도 일정치 않다.
4) 끌림이 관계보다 앞설 때 서둘러 불완전한 성적 관계를 맺도록 자극한다.

끌림 그것 하나만으로 결혼할 수도 없지만 끌림이 전혀 없이 결혼하는 것도 좋은 방법은 아닐 것입니다. 그럼 무엇이 좋은가? 어느 정도의 끌림을 두고, 그 뒤로는 부지런히 인격적인 관계를 가꾸어가는 것이지요. 인격적인 관계가 두터워지면 끌림이 소생되거나 강화되기도 합니다.

---

[29] John Van Epp, *How to Avoid Marrying a Jerk* (New York: McGraw-Hill, 2006), 77; Robin Maxon, *Singleness, Marriage, and the Will of God* (Andhra Pradesh: Authentic Books, 2013), 279에서 재인용.

13 카톡(KakaoTalk)과 사랑

아침에 눈뜨자마자 카톡을 확인하는 사람은 속에 외로움이 든 이입니다. 무슨 중요한 문자가 오기로 된 것도 아닌데 혹시나 하는 마음으로. '혹시나'는 '역시나'로 이어지니 하루를 실망으로 시작할 것을 알면서도 다시 그렇게. 아, 외로움이란 친밀함에 대한 솔직한 목마름입니다. 사람 살지 않는 집을 아시지요? 빈 집도 사람이 안 살면 외로워 몸이 저리는 법인데 하물며 사람은 얼마나 더할까요.

그러나 친구여, 그리운 이의 소식을 기다리는 심정으로 카톡을 기웃대듯이 우리는 사랑하는 주님의 음성을 듣고자 성경을 기웃대야 할 것입니다. 카톡을 켜고 또 켜고, 알림음도 없었는데 다시 켜보듯, 성경을 펴고 또 펴고, 특별한 기분 없어도 다시 펴는 것은 주님이 그립고 주님이 보고프고 주님이 아니고서는 우리가 참으로 쓸쓸해지는 까닭입니다.

이 외로운 세상에서 우리는 더욱 주를 가까이하고 또한 주를 사랑하는 친구들을 곁에 두어야 할 것입니다. 남녀의 만남도 그러한 친구들 간에 이루어져야, 하나님의 뜻이 하늘에서 이루어진 것 같이 그 둘 사이에서도 이루어질 것입니다. 그러니 믿는 자가 연애를 하기 위한 필수조건이란, 하나님을 사랑하는 것입니다. 그래야 그러한 상대에게 발견되고 또한 그러한 상대를 알아보기도 하겠지요.

'오늘은 카톡이 올까?'

그렇게 기다리지만 말고 먼저 보내는 것이 중요하듯, '오늘은 은혜가 올까?' 그렇게 기다리지만 말고 먼저 말씀을 펼치십시다. 여러 번역본을 비교해보고, 묵상해보고, 성경사전을 두드려보고, 관주와 주석을 쓰다듬어보고, 깨달음을 노트에다 펼치어보고. 그리고 기도로 그 위에 인을 쳐서 그것을 나의 살로 삼고.

거기 모든 외로운 영혼들이여! 홀로 눈 뜨는 아침이 버겁다는 벗들이여! 1인의 자유보다 2인의 속박이 차라리 자유롭지 않겠는가, 하며 몸서리치는 그대여! 새벽에 주를 갈망하소서. 이 길 아니고서 우리가 살 길이 없습니다. 주님은 생명의 카톡을 아끼시지 않습니다. 주님은 두려움도, 자기숨김도, 자기포장도 없으신 솔직 그 자체이시며 또한 사랑의 충만이십니다.

사랑하는 이에게서 카톡이 오지 않으면 애달파 죽겠다는 마음이 있다면 한번 그런 심정으로 주님을 사모하여 보십시다. "주님 없으면 죽겠다"고 해보십시다. 걱정마옵소서. 주님은 없으실 수 없으니 그대 죽지 않으리이다.

하나님은 사람 안에 주님으로 채워지는 부분만 아니라 '한 사람'으로만 채워질 수 있는 외로움의 부분을 남겨두셨습니다. 그런 주님은 우리가 어떠한 존재이고 무엇이 필요한지를 다 아십니다.

"그러므로 내가 너희에게 이르노니 결혼을 위하여 누구를 언제 어떻게 만날까 염려하지 말라. 공중의 새를 보라. 괜한 고뇌에 빠져 인상 쓰지도 아니하고 날로 가중되는 불안 속에서 머리를 쥐어뜯으며 쏘아보지도 아니하되 너희 하늘 아버지께서 기르시나니 너희는 이것들보다 귀하지 아니하냐. 너희가 염려한다고 무슨 연인이 떡하니 나타나겠느냐. 그러므로 염려하여 이르기를 언제 결혼할까, 누구랑 결혼할까, 도대체 어떻게 결혼할까…. 아아, 가여운지고, 가여운지고. 그래, 심히 걱정스럽겠지만, 문 없는 독방에 갇힌 것 같겠지만, 그래도 절망치는 말라. 너희 하늘 아버지께서는 이 모든 것이 너희에게 있어야 할 줄을 아시느니라. 그런즉 너희는 부디 오늘도 용기를 내어 먼저 주님과 그의 사랑을 구하여라. 그리하면 나머지 사랑들은 다 더하시리라. 그러므로 내일 혹은 먼 내일 혹은 까마득한 내일의 결혼을 위하여 염려하지 말라. 내일 사랑은 내일이 사랑할 것이요, 지금 이런 때에는 이런 때대로 '오늘'이란 무대 위에서 주와 이웃을 사랑함으로써 최상의 하루를 너희 것으로 삼을지니라."

주님은 새벽에 나의 벗을 축복하옵소서. 고달픈 삶으로 새벽을 빼앗긴 인생이라면 점심에 축복하시고, 점심도 잃어버린 인생이라면 저녁에 축복하옵소서. 저녁도 틈을 내지 못할 인생이라면 긍휼을 베푸시사 잠자리에서라도 축복하옵소서. 그렇게 우리를 불쌍히 여겨주시고, 그래서 우리가 불쌍히 여기게 하옵소서.

또한 우리 주님은 그리운 이의 카톡을 기다리며 목을 빼놓고 있는 우리에게 힘을 주시사 번쩍 정신을 차리어 우리 주님께 받은 천명을 떠올리며 그것에 다시 매진케 도와주옵소서. 그리고 사랑의 주님께 사랑의 카톡을 하루라도 보내지 않음이 없도록, 나의 기도를 도우소서. 아멘.

시우

14 남자와 여자가 있음에 대하여

사람을 창조하시되 남자와 여자를 창조하시고(창1:27)

하나님께서는 사람을 남자와 여자로 창조하셨습니다. 그리고 둘이 하나가 되게 하셨으니 하나님의 이러한 정하심에는 그 정하신 분의 성품과 뜻이 반영되기 마련입니다. 무엇보다 하나님의 선하심과 신실하심, 한량없는 사랑, 위대하심 등이 하나 된 남녀 안에 있어야 겠습니다. 또한 남녀가 하나 되게 하셨다고 할 때에는, 남자에게 여자란 그리고 여자에게 남자란 보통 존재가 아님을 생각하게 합니다.

남자가 여자를, 여자가 남자를 안다는 것은, 점차로 깊이 알며 결혼에 이른다는 것은, 하나의 장엄한 신비체입니다. 남녀 관계의 집 안에는 감동과 감격의 방이 있습니다. 아픔과 슬픔의 방도 있지만 그 방은 다시 감격의 방으로 연결됩니다. 인격과 신앙의 여하에 따라 그 집은 무궁무진한 저택이나 거룩한 성전으로 자라가기도 하고, 아니면 와르르 무너져 폐허가 될 수도 있습니다. 그러나 주님을 의식하며 점차로 알아가는 두 사람은 이성에 대한 즐거움과 놀라움으로 그 지으신 이를 찬양하지 않을 수 없을 것입니다.

'주여, 어떻게 이런 피조물을 만드셨나이까?'

여자로부터 얻는 남자의 충족과 남자로부터 얻는 여자의 충족. 여자에게서만 얻을 수 있는 남자의 충족과 남자에게서만 얻을 수 있는 여자의 충족. 그런 것은 하나님께서 '영적'으로 대신하시지 않고,

그렇다고 세상의 '물질'로도 대신하지 못하고, 오직 같은 사람과 사람을 통해 '전인격적'으로 충족되게 하신 것입니다. 그러한 하나님의 손길과 창조의 경이로움에 접할 때에 하나님은 더욱 살아계신 분으로 우리에게 다가옵니다. 그러면 우리의 관계를 그분께 더욱 의탁하게 되고, 서로를 위하여 더욱 온전한 사랑을 하기에 이르는 것입니다. 그렇다면 이보다 더 '영적'인 것이 무엇이겠습니까?

그러나 오늘날 창조주의 뜻을 저버리고 사회적 성공과 외적 성장과 대의명분을 좇으면서 남녀는, 서로가 그 창조의 순간부터 하나님에게서 부여받았던 남자로서의 의미와 여자로서의 의미, 가치, 그 맛과 멋 등등은 내팽개쳐졌던 것입니다. 창조주의 '분명한 뜻'을 뒤로하고 타락한 인간세계의 '공허한 뜻'에 인생을 걸었다니, 어리석은 일이지요. 그러니 사람들이 죽을 때에 더욱 사랑하지 못했던 것을 후회한다고 하지 않습니까. 죽기 전에 후회한다면 죽은 뒤에는 그 영혼이 얼마나 더 후회하겠습니까.

남자는 남자라는 그 사실만으로, 여자는 여자라는 그 사실만으로, 상대에 대하여 무궁한 신비를 그 안에 장착하고 있고, 또한 남자만이 여자만이 다른 쪽에게 채워줄 수 있는 것들을 하나님으로부터 부여받고 있으니 사랑하는 남녀는 서로를 지극히 존귀하게 여기고 소중하게 바라보되 신비를 마구 파헤치려 말고 다만 신비를 신비로서 감상하고, 또한 자기만이 채워줄 수 있음을 기억하여 그런 부분을 흡족히 상대방에게 채워줌으로써 상대를 기쁘게 하여 상대로 하여금 인생의 환희와 창조주의 존재하심 그리고 그 선하신 섭리를 찬송토록 할 것입니다. 그러면서 우리는 점점 그 창조주를 닮아가게 되나니, 창조주는 피조물이 잘나서 사랑하시는 것이 아니라 피조물의 선을 구하는 분이시기에 사랑하시듯 우리도 상대방이 나에게 잘해 주어서가 아니라 우리를 지으신 이를 닮아 상대방을 상대방이기에 사랑하는 지경으로 점차 깊이 들어가는 것입니다.

 남자여, 여자여, 서로를 지배하려 말고 대신 경이의 눈으로 바라보십시다. 또한 스스로 더 성숙한 사람이 되기를 날마다 경주해야 할 것입니다. 그래서 서로가 서로에게 창조주를 찬송케 하는 존재가 되어야 할 것입니다. 남자가 있고 여자가 있음이 감사한 일입니다. 남자가 있고 여자가 있음은 창조주의 뜻입니다. 창조주 하나님은 무한히 선하시고 위대하신 분이십니다. 오늘도 그분을 노래하십시다.

시우

【추신】여자가 여자인 것으로 남자는 평생에 다 알지 못할 신비를 곁에 둔 것이요, 죽는 날까지 이 신비 안에서 교류하며 남자는 그의 인간됨이 자라갑니다. 하나님이 창조하신 모든 것이 선하고(딤전4:4) 또한 적절하며 아름다우니(전3:11), 그렇다면 천지창조의 정점이었던 남자와 여자라면? 남자의 남자됨과 여자의 여자됨에는 우주의 오묘와 무한지경보다 더욱 깊은 세계를 심어두지 않으셨을는지? 에베레스트의 만년설을 녹여버릴 사랑의 열렬함, 은하수의 신비보다 미지(未知)적인 인간의 몸, 태평양의 넓음과 깊음이 담지 못하는 관계의 무한한 넓어짐과 깊어짐! 여자와 남자는 놀랍도록 존귀한 피조물이요, 그리스도의 죽으심으로서 하나님의 사랑이 확증되고 확정된(롬5:8) 하나님의 형상들입니다.

15 사랑의 신비성과 일상성

가장 멀리 계시고 가장 가까이 계시는 신비와 일상의 하나님께서 벗의 가시는 길 위에 사랑의 등불 비추어주시기를 원하나이다. 아멘.

신비와 일상! 생각만 해도 가슴 두근거리게 만드는 바가 있습니다. 서로 어울리지 않는 것 같은 두 가지를 하나로 묶어 두었는데 그게 왠지 더 그럴싸해 보인다 할까.

신비성이란 '다 알지 못하는 무엇'입니다. 신비는 멀리 있고 예측할 수 없으며 놀라게 합니다. 일상성이란 '익숙하게 아는 무엇'입니다. 일상성은 평범함인데, 편안함과 친밀함을 쌓아가는 것입니다.

남녀의 친해짐에도 신비성과 일상성이 있음을 생각합니다. 우선 그녀의 존재는 신비입니다. 알 것 같아도 다 알 수 없어 괴로울 때가 있으나 다 알지 못하도록 남녀를 지으신 것은 창조주의 선하신 뜻입니다. 다 알려 하면 다칩니다. 망칩니다. 모름은 축복입니다. '앞으로 알 수 있음'입니다. 모름을 천천히 걷어내는 자가 복이 있습니다.

그런데 신비는 경외케 하고 감탄케 하지만 그것이 친밀함과 편안함은 아닙니다. 친밀함은 알아감으로, 이는 일상 속에 있습니다. 알아감은 일상을 공유함으로 이루어집니다. 공유하기에 더욱 친밀해집니다. 오래 입어온 옷처럼 편안하고 익숙해집니다. '모름의 차원'인 신비와 달리 '앎의 차원'입니다.

남녀 관계에 신비(특별함, 새로움)만 있다면 그 관계에 영감은 넘치겠지만 예측불허요 불안정하며 편안하지는 않고 상대방이 어떤 사람인지 갈피를 잡지 못할 것입니다, 손에 안 잡히는 안개와 같이. 반대로 일상(편안함, 익숙함)만 있고 신비가 없다면 지루하고 뻔하며 생기와 영감이 돌지 않겠지요, 사계절을 옷 한 벌로 나는 것 같이. 신비와 일상은 하나님께서 인간의 관계에 풀어주신 두 선물입니다.

이제 신비성과 일상성을 하나님과의 관계로 가져가 생각해보십시다. 하나님은 가장 신비하신 분이시면서도 우리의 평범한 모든 일상 속에 깊숙이 계신 분이십니다. 하나님을 다 알 수 없음은 크나큰 신비이면서도, 하나님은 가장 가까이 계시어 우리의 모든 것을 아신다 하니 이는 가장 깊은 일상적 친밀함입니다. 남녀 관계는 하나님과 우리의 관계를 보여주는 그림입니다.

신비와 일상은 그 고유의 영역이 있지만 때로는 둘이 한 울 안에서 만나는 경우도 있습니다. 평범함 속에서 특별함을 발견하는 경우입니다. 일상 속에서 신비를 마주하는 경우입니다. 그럴 때 우리의 평범함은 비범함이 되고 우리의 일상은 신비가 됩니다. 그럴 때 하나님은 '알지 못함의 앎'이 되시고, '가장 멂의 가장 가까이 오심'이 됩니다. 남녀 관계도 '멂의 경외감'과 '가까움의 친밀함', '모름의 경외감'과 '앎의 즐거움'을 드나들며 더욱 깊고 풍성해집니다. 안다는 것에는 기쁨과 친밀함이 있고, 알 수 없다는 혹은 모른다는 것에는 신비와 경이가 있으니, 둘 다 우리의 친구입니다.

남녀 관계는 신비에서 출발하여 일상으로 옮겨가는 것이 일반적입니다. 신비감은 둘을 뽑아서 둘만의 장소에서 특별한 기분을 느끼며 만나게 해주지만 두 사람이 끈끈해지는 것은 일상 위에 펼쳐지는 친밀감에 달려 있습니다.

한 남자와 오랫동안 사귀다가 헤어진 여인이 있었습니다. 그녀는 이후 새로운 사람을 만났지요. 그녀의 눈에 그는 전 남자친구보다 조건도 좋고 성격도 그만하면 훌륭했습니다. 30이 넘은 그녀는 서둘러 결혼식을 올렸습니다. 그런데 그녀의 마음은 이전 남자친구에게 더 맞추어져 있는 것 같았습니다. 그만큼 긴 시간을 함께했었으니까. '일상과 친밀함'부분에서 현 남편이 아직 전 남자친구를 극복하지 못하고 있는 상태입니다.

결혼하기 전에 사귀었던 사람이 편하게 느껴져 이따금 전화를 걸어 '친구로서' 솔직한 대화를 나누는 때가 있다고 합니다. 좋은 현상은 아닌 듯합니다. 친함의 물결을 따라 마음자리가 맞추어 이동하기 때문입니다. 결혼한 사람은 배우자가 나의 가장 좋은 친구 되도록 힘써야 할 것입니다. 이를 위해 날마다 정성껏 대화하고, 산책, 둘만의 여행 등을 활용하면 좋겠습니다. 가장 편안하면서도 가장 소중한, 가장 가까우면서도 가장 신비로운, 그런 관계를 이룩해 감은 부부의 본분 아닐는지.

남녀 관계 안에 있는 신비감과 친밀감을 통하여 서로가 서로에게 영감과 기쁨이 되어주고, 또한 그 관계를 통해 하나님과의 관계에 대한 지식과 이해에 있어 더욱 깊어짐과 견고해짐이 있기를 바라나이다. 아멘.

2016년 3월 3일 이른 아침

시우

16 보아줌으로서의 사랑

벗이여,

사람은 보아주는 존재가 있을 때 삶의 의미를 느낍니다. 사람은 서로 보아주도록 창조되었습니다. 사랑 안에 '보아줌'이 있습니다.

그런데 사랑의 보아줌은 단순히 '상대를 바라보아주는 존재'로서의 의미에서 그치지 않습니다. 보아줌에도 여러 종류가 있는데, 그중 가장 황홀하고 달콤한 것이 사랑의 보아줌입니다. 이러한 보아줌은 나를 매우 존귀한 자로 보아줌입니다. 또 자꾸 그렇게 보아주니까, 나는 실제로 그러한 사람이 되어갑니다.

사랑은 상대를 존귀하게 보아주는 행복을 가져다줍니다. 나는 나의 이것저것을 대수롭지 않게 생각하고 있었는데, 저이는 대체 어떤 눈으로 보시는지 그게 그리도 좋다는 겁니다. 자기를 존귀하게 보아주는 사람이 있다면, 또한 자기의 '없는 진가'를 '있는 진가'로 보아주는 사람이 있다면, '없는 진가'는 '있는 진가'가 됩니다(그러나 '있는 진가'도 '없는 진가'로 보는 분위기에서는 '있는 진가'도 '없는 진가' 될 수 있습니다. 한국이여, 없는 것도 있는 것으로 보아주는 평화스런 놀람 흐르는 땅이어라).

사랑에너지는 가공(可恐)할만한 '변화에너지'입니다. 아무리 혼자 바뀌어야지 바뀌어야지 다짐을 해도 작심삼일의 쓴 잔을 넘기던 때가 셀 수 없었는데, 사랑하고 존경하는 이로부터 사랑과 존경을 받게 될 때, 그 기쁨과 감격, 경이, 신비 등으로 인하여 그렇게도 바뀌지 않던 나는 바뀌게 되는 것이었으니 이를 사랑의 힘이라고 하는 가요.

내가 그의 이름을 불러주기 전에는
그는 다만
하나의 몸짓에 지나지 않았다.

내가 그의 이름을 불러주었을 때
그는 나에게로 와서
꽃이 되었다.

내가 그의 이름을 불러준 것처럼
나의 이 빛깔과 향기에 알맞은
누가 나의 이름을 불러다오
그에게로 가서 나도
그의 꽃이 되고 싶다.

– '꽃'의 1~3연, 김춘수

　사랑은 상대를 꽃으로 보아줍니다. 꽃이 좀 시들었어도 사랑의 눈은 그 꽃을 가장 아름다운 꽃으로 여겨줍니다. 그랬더니 시들하던 그 꽃이 얼굴을 피며 노래하기 시작합니다. 인간은 사랑 받기 위해 창조되었습니다. 그리고 사랑하기 위해 세상에 보냄 받았습니다. 나의 사랑은 시들어 있는 상대의 마음에 생기와 화기를 가져다줍니다. 우리는 서로를 존귀한 존재로 보아주어야 할 의무, 아니 사명이 있습니다. 이는 하나님께서 기뻐하시는 일입니다. 이것이 하나님께서 그리스도 안에서 세상을 바라보시는 눈길이기 때문입니다.

하나님께서 그리스도 안에 있는 자들을 의롭게 여겨주신다는 칭의(justification) 교리! 다른 말로 하면 '보아줌' 교리입니다. 하나님은 그리스도 안에 있는 우리를 '꽃'으로 보아주십니다. 시들어 비틀어지고 그 뿌리부터 부패한 우리인데도 말입니다. 그런데 더 놀라운 것은, 상대를 존귀하게 바라보아주다 보니 상대가 정말 그렇게 존귀한 사람이 되듯이, 하나님께서 우리를 의롭고 거룩하게 보아주시는 동안 우리는 의롭고 거룩한 자로 자라간다는 것입니다. 하나님께서 꽃으로 보아주시니 잡초도 꽃이 됨 – 사랑입니다! 상대를 꽃으로 보아줌 – 사랑입니다! 고로 사랑은 "모든 것을 소망하며"(고전13), 다시 말하면 좋게 생각하여 주며, 소중하게 여겨주며! 사랑은 시선이어라! 바라봄이어라!

> 그리스도 안에서 이 죄인을
> 의인으로 보아주시는 하나님
> 당신의 사랑의 눈길로 말미암아
> 무성한 잡초 같던 내 마음에는
> 봄날이 오고 의의 싹이 자랍니다
>
> 당신의 시선을 닮게 하소서
> 서로가 서로를 꽃으로 보아주니
> 꽃이 만발하는 천국이 되나이다
> 주님은 우리에게 꽃을 기르는
> 거름 주셨으니 사랑 사랑 사랑

남녀의 사랑은 아니지만 지금 제가 있는 곳의 이야기를 조금 하고자 합니다. 이곳 연길에는 외로운 친구들이 많습니다. 부모를 한국으로 떠나보낸, 고아 아닌 고아처럼 된 어린 친구들이 그들입니다. 그들의 친구가 되기 위해 이곳에 온 한국인들이 있는데, 연길 성도님들로부터 사랑을 많이 받고 있습니다.

"멀리 여기까지 왔는데…."

　한국에서 연길이 먼 거리는 아니지만, 기회 주어지면 연길에서 한국으로 가려 하는 마당에 거꾸로 한국에서 연길로 왔다니. 대가가 있어서가 아니라 자기 비용과 시간을 드려서. 그러면서 감격의 표정을 보여주십니다.

　부드러운 보아줌의 사랑은 무쇠도 녹이는 용광로입니다. 그 시선 속에서 모든 적대감과 어색함, 긴장감은 삼키어집니다. 한국과 연길의 외로운 영혼들 속에 있는 상처는 '사랑의 보아줌'으로 치유될 것입니다. 연길의 봄바람은 거세지만 어린 꽃들과의 사랑은 사나운 바람에도 굴함 없이 피어납니다.

시우

17 알아봄으로서의 사랑

하나님의 의롭게 여겨주심 가운데 날로 의로움이 자라가기를 비옵니다.

선비는 자기를 알아주는 사람을 위하여 죽는다지요. 비방과 곡해가 판치며 사람들을 물어뜯는, 진저리나는 이 세상에서 나를 알아봐주는 사람처럼 반가운 사람이 또 있을까요? 그런 동지 하나 있다면 무슨 미련이 남아 이 세상에서 아쉬운 표정 지을까요.

사랑이란! 사랑은 상대를 알아보아 줍니다. 아담은 하와를 알아보았지요. "드디어! 내 뼈 중의 뼈요 내 살 중의 살!" 하며 찬가의 폭죽을 터뜨렸습니다. 알아본 것만 아니라 노래까지 한 게지요. 아담이 짐승들을 보던 때와 달리 또는 짐승들이 하와를 보아주던 것과는 전혀 다르게 노래하였습니다. 자기와 동등한 인격적 존재만이 줄 수 있는 기쁨이 있고, 기쁨은 노래하게 합니다.

아담은 하와를 꽃으로 보았고 하와는 꽃이 되었습니다. 사랑은 '알아봄'이로되 '귀한 존재로 알아봄'입니다. 그래서 사랑하는 남녀는 (세상의 목소리가 아닌 주님의 목소리를 따르는 이상) 서로를 귀한 존재로 알아보아주는 행복과 활기를 서로가 서로에게 선물함으로써 서로가 서로를 복되게 합니다. 둘 사이에 엮인 무한한 가능성의 발전기는 그렇게 운동하고 있습니다. 상대의 시선을 통해 나는 더 복된 지경으로 들어가고, 스스로는 바꾸지 못했을 변화들을 얻습니다. 상대방 덕분에. 그러니 어찌 고맙지 않을 수 있겠습니까. 고마우면 상대를 더욱 잘 모시지 않겠습니까. 내가 잘 모시면 상대는 고마워하지 않겠습니까. 그럼 나는 그 모습에 기뻐 더더욱 상대에게 헌신하지 않겠습니까. 아, 사랑은 행복의 뫼비우스 띠! 사랑은 <u>흐르고 흐르</u>되 소멸되는 법은 없습니다. 서로를 거룩하고 아름답게 하는 행복의 경주는 시작되었습니다.

주여, 믿음과 사랑의 경주에서 지침이 없이 완주하게 하소서. 죄악의 시궁창 가운데 있던 인간이 아닙니까. 그러나 하나님의 사랑의 눈은 우리를 알아보아주셨습니다. 우리가 거룩하고 훌륭해서 알아보신 것이 아니라, 하나님의 은혜로 말미암을 때에는 우리가 거룩하고 의롭게 될 것임을 알아보신 것이며, 또한 주의 사랑의 눈으로 인하여 주께서 좋게 보아주신 것입니다. 그런 하나님을 찬양치 않을 자 누구입니까? 그런 하나님께 인생을 내어드리지 않을 자 누구입니까? 지극히 작고 보잘 것 없는 저는 주님 안에서만 평안과 만족을 얻나이다. 구주 예수를 우리 생의 마지막 페이지까지 온몸 짜내어 사랑하게 하소서. 아멘.

2016년 3월 3일 늦저녁에

시우

18 대해줌으로서의 사랑

볼 것 없는 자를 보아주시고 알 것 없는 자를 알아주시는 주님께, 마음과 인생을 몽땅 바치는 매일의 예배 올리는 자에게 복이 있을지어다. 아멘.

나의 누이, 나의 아우님이여, 보아줌과 알아줌은 대해줌으로 이어집니다. 대해줌은 만들어줌입니다. 인간이란, 대해줌의 산물입니다. 대해줌은 빚음틀입니다. 사람은 대해준 대로 빚어집니다. 우리는 누구를 어떻게 대합니까?
그런데 먼저 생각할 진실이 있으니, 하나님은 우리를 어떻게 대하십니까? 가장 정성스러운 사랑과 질긴 인내로 대하심으로써 기어코 우리를 죄악에서 건지시고 행복의 거룩한 노래 부르게 하시는 대해줌이시지요. 가히 대해줌의 극치라 할 것입니다. 그리고 하나님의 백성들은 하나님을 닮을 것입니다.
아이들은 어른들과 친구들이 그들을 어떻게 대해주느냐에 따라 전혀 다르게 빚어집니다. 그런고로 어떠하게 대해줌은 사랑의 가장 노골적 표현이었습니다. 하나님은 우리를 사랑과 용서로 대하시고, 우리에게 이웃을 사랑과 용서로 대할 것을 요구하십니다. 하나님과 나의 관계는 내가 이웃과 어떤 관계인가에 달려 있다고까지 말씀하셨습니다. 신앙이란, '대해줌의 사랑'입니다. '남을 어떻게 대하는 나' – 그것이 바로 '하나님이 보시는 나'인 것입니다.

남녀 간의 사랑에 있어서도 하나님은 이 '대해줌'을 통한 놀라운 세계를 허락하셨습니다. 어떻게 그러한지?

사람은 상대의 외모나 조건보다 '전인적으로 하나 되는 사랑의 관계'를 원합니다. 이때 백마 탄 왕자나 가마 탄 공주가 아니라, 마음과 생각과 뜻이 통하는 이성을 만났다고 해보십시다. 그럼 남자든 여자든 그는 자기에 대한 새로운 자각을 하기 시작합니다. 평소 옷 모르고 살던 그의 복장이 달라집니다. 흐리멍덩하던 눈빛이 달라집니다. 굼뜨던 행동이 달라집니다. 맥없던 목소리도 달라집니다. 삶을 대하는 자세와 선택도 달라집니다. 차갑던 인간성에 훈훈한 봄바람이 밀려옵니다. 그러면서 그는 날들이 유한하기에 더욱 소중히 살아가야할 것임을 느낍니다. 더욱 예수 닮은 제자 되어야 함을 가장 깊은 속에서부터 자각합니다. 왜 그렇게 됩니까? 대체 무슨 일이 일어났기에 그런 다른 사람이 되는 겁니까? '너무도 존귀한 상대방에게 더 좋은 사람 되어주기 위해서', '상대방을 더 잘 섬길 수 있는 사람 되기 위해서' – 이 대답만이 있을 따름입니다.

여기서 사랑의 위대한 '대해줌'을 생각합니다. 사랑을 느끼는 이는 상대방에게 더 잘 대해주고자 애쓰지요. 이때 일어나는 좋은 두 작용은 각각 자기 자신과 상대방에게 관련됩니다. 자기와 관련해서는, 자기관리에 더 철저해지고 더 진실하고 매력적인 자기를 만들어 가려고 노력하게 되는 것입니다. 이는 스펙 건축가들의 자기중심적 동기와는 달리 상대를 위해 그렇게 되고자 하는 것이니 바람직한 동기로부터의 열정표출입니다.

상대방과 관련해서는, 그에게 더욱 잘 해주고자 최대의 정성과 주의를 기울이게 되니 상대방은 황송한 대해줌을 받게 됩니다. 어느 사람도 자기에게 그런 대해줌을 준 적 없었는데, 그런데 여기 한 사람이 나타나 놀라운 대해줌으로 내게 옵니다. 그의 이러한 대해줌 가운데 나는 살아있음의 깊은 차원을 느낍니다. 이런 기쁨이 이 땅에도 있음에 대한 신비로움과 경이감을 갖게 됩니다. 이는 내가 잘나서 되는 것이 아니라, 내 마음에 기쁨을 주는 어느 존재 즉 상대방으로 말미암음입니다. 그의 대해줌 덕분입니다. 나와 상대는 가장 정성스러운 존경과 사랑으로 이루어진 대해줌을 주고받습니다. 계산적으로 주고받음이 아니라 자발적으로 주고 싶어 줍니다. 그러자 둘 사이에 천국빛은 더 강하고 찬란해집니다. 대해줌은 더욱 견고해지고 성숙해지며, 두 사람 안에는 깊숙한 곳에서부터 변화가 일어납니다. 세상을 보는 눈, 사람을 보는 눈, 인생을 보는 눈이 바뀝니다. 지금까지 겪었던 고난과 슬픔, 어리석음과 실수 등으로 인해 황폐화된 내 마음이 다시 태어나는 듯한, 새살이 돋는 듯한 경험을 합니다.

대해줌 중에는 신앙과 진리가 중요합니다. 모든 신비와 경외와 기쁨은 그 근원이신 주님을 가리키고 있는 손가락입니다. 그리고 진리는 두 사람이 더 오래 더 깊게 더 안전히 들어가 그곳을 누리도록 하는 착한 가이드입니다.

'사랑의 대해줌'은 먼저 자기 자신 안에 선과 거룩과 의를 빚어주고 나아가 그 대해줌의 대상이 되는 상대방 안에다가도 거룩과 의를 빚어내는 틀입니다. 교제 중에 있는 남녀나 결혼한 커플은 서로가 서로를 예수닮음으로 빚어주어야 할 것입니다. 먼저 자기가 빚어지고 동시에 상대를 빚어줍니다. 아름다운 시간입니다. 맛이 좋은 풍경입니다. 콧노래 절로 나오는 자리입니다. 주의 선하심을 찬송하십시다. 그리고 주께서 우리에게 허락하신 이 '대해줌'을 잘 살려써서 상대를 섬기십시다. 그렇게 하는 동안 나의 내면은 그리스도의 마음으로 교환되고 그 대해줌을 받는 상대도 유익을 얻습니다. 서로가 서로의 거룩을 위해 섬기는 행복한 장면 – 참된 기독교입니다.

하나님의 대해주심을 이야기하고 마치렵니다. 하나님은 우리를 불쌍히 여기시고 자녀처럼 아끼시고 놀라운 사랑으로 대하십니다. 이는 우리가 더 온전한 대해줌을 배우고 익혀 사용케 만드는 영감이요 모델이며 능력입니다. 하나님의 '대해주심' 덕에 우리의 '대해줌'이 있고, 거기에는 뿌듯함과 감동이 있으니, 누가 이를 돈으로 사고자 하면 멸시를 당할 것입니다. 우리는 사랑의 대해줌으로 각자의 마음과 상대방의 심정 그리고 세상을, 하나님의 나라로 바꾸어갈 수 있습니다.

시우

19 실망과 사랑

먹는 것도 빨리빨리, 사랑도 빨리빨리, 이별도 빨리빨리, 실망도 빨리빨리의 세상에서 사시느라 얼마나 고생이 많으십니까.

산다는 것은 실망에의 익숙해짐이 아닐는지? 친밀함으로 꼭꼭 문을 걸어 잠근 남녀의 방에도 그것은 침투합니다. 가장 사랑한다는 사람이라 하여 실망이 봐주는 법은 없습니다. 오히려 '가장'이라는 높은 값의 수식어 때문에 그만큼 실망의 낙차도 클 수 있습니다.

"도저히 이해를 못하겠다"는 마음이 든다 하여도, 한 번의 사건을 가지고서 가혹한 판단을 내리지 않으려는 노력이 우리에게 필요합니다. 그러한 판단은 실망을 당연하게 여기고 있습니다. 그러나 한 번 혹은 몇 번 실망스러운 일이 있었다 하여 그걸로 상대방의 전체를 단정 짓고 관계를 끝내버리려 하는 자세는 '성급한 것'만도 못한 것입니다. 그렇게 나약하고 변덕스러운 것을 두고 '사랑'이라 함은 차라리 모독이 아닐는지?

사랑이란 상대의 연약한 점도 받아들이는 것이지요. '그럴 수도 있지', '이유가 있겠지' 하며 단정을 미루는 것이지요. 분명히 알게 될 때까지 판단을 거절하는 것이요, 혹 그리 알게 된다 해도 사정이 있을 것이라고 헤아려주는 것이며, 실제로 실수가 있었어도 그런 것과 상관없이 상대가 잘 되기를 기뻐하며 응원하되, 심각한 대가가 요구된다면 오히려 나를 희생에 바치기 원하는 순교적 뚝심입니다.

고로 상대와의 작은 사건이나 상대의 작은 행동에 너무 큰 의미를 부여하여 내 안에 실망의 싹을 허용하거나 스스로 상처 입을 것이 아닙니다. 상대를 의심하고 단정하는 것은 누구보다 나의 목을 조르는 일입니다. 그런 심정이 일어날 때에는 기도하며 받은 천명에 더욱 힘을 기울이십시다. 부정적인 생각으로 자기를 어둡게 만들지 않도록 주의하는 자는 복이 있습니다.

이해할 수 없는 행동을 하는 존재, 그것이 인간 아닙니까. 우리의 이러한 특성은 주님을 향해서도 작동하고 있습니다. 주님의 제자라면서 주님을 당혹스럽게 할 때가 얼마나 많은 '나'입니까? 그럼에도 주님께서 우리를 매치시는 일이 있습니까? 그 사랑의 시선을 철회하시는 때가 있습니까? 우리는 이러한 사랑을 배우는 중에 있습니다. 이는 저절로 되지 않고 삶의 기쁨과 고통과 기대와 실망과 의욕과 좌절과 성공과 실패 등을 통해서 됩니다. 그런고로 상대가 나를 실망시켰다고 화를 품지 말고 도리어 감사함으로 전환시켜야 할 것입니다. 이렇게 함으로 얻는 장점은 적어도 두 가지니, 첫째로 상대를 미워하는 마음을 갖지 않게 되어 그 관계가 불필요한 시점에서 파괴되는 일을 막고 오히려 더 깊은 관계로 나아가게 됩니다. 둘째로, 분노를 감사거리로 '돌려막는' 그 사람은 마음에 평화를 얻습니다.

실망하셨다고요. 설마 그럴 줄은 몰랐다고요. 작은 것인데, 어떻게 그랬느냐고요. 이제는 다 끝난 것 같다고요. 그이는 도저히 몰라준다고요. 맘대로 하게 해드릴 테니 나는 내 갈 길 가겠다고요.

그래도, 한 번 더 기다려보면 어떨까요. 사정이 있었을 거라고, 다 알지 못하는 부분이 있다고, 그의 중심은 그렇지 않을 것이라고. 이렇게 이해하며 기다리다보면 대화할 시간이 있지 않겠습니까? 대화하면 얽힌 실타래가 풀리지 않겠습니까? 풀리면 그 안에서 애정과 사랑을 재발견 못하겠습니까? 실망과 오해는 과장이요 허상이었음이 드러나지 않겠습니까?

실망하지 않는 것은 사랑이요, 오해를 굳혀줄 단정을 질기게 미루는 것도 사랑입니다. 진취적으로 말하면, 상대를 믿어주는 것이요 또 좋게 생각해주는 것입니다. 쿵짝이 잘 맞을 때 그리하는 거야 쉽지요. 그러나 하나님께서 원하시는 것은 우리가 '그럴만하지 못한 때에도 그렇게 하는 사랑'입니다(마5:46~48).

편지 마치기 전에 한 계단만 더 내려가보십시다. '상대가 나를 실망시켜도 믿어주자'는 인식보다 더 깊은 차원의 헤아림입니다. '혹시 상대가 그렇게 행동하도록 내가 어떤 계기를 제공하지 않았는가?'하며 자기를 돌이켜보고, 자기가 볼 때에는 그런 문제가 없다면 상대에게 부드럽고도 진솔하게 물어보는 것입니다. "혹시 나 때문에 마음 상한 일이 있었는지요?"

이 차원은, '마음이 상한 내가 상대를 인내한다'는 인식이 아니라, 나의 무심함으로 인해 상대의 마음이 상했을지 모르기에 그것을 알고자 하는 세심함입니다. 우리는 늘 두 차원을 드나들어야 합니다. 내 안의 의심과 실망을 잠재우기 위해서는 상대를 굳게 믿어주어야 하고, 관계의 실제적 발전을 위해서는 혹 상대를 그렇게 만든 원인을 내가 제공한 것인지 생각해보고 필요하면 예의를 갖추어 물어보는 것입니다. 이 정도 사람이라면 함께함의 관계가 상당히 재미날 것 같습니다. 그런 사람을 만나려 하되 먼저 그런 사람이 되십시다.

시우

20 미움과 사랑

사랑과 미움의 경계를 하루에도 몇 번씩 드나들며 스스로도 당혹감을 느꼈다는 벗이여,

인생에 기쁨과 감사만 아니라 두려움과 미움이 있듯, 사랑에도 낭만과 환희만 아니라 질투와 미움의 상태도 있나봅니다.

사랑은 모든 것을 견디지만(고전13:7), 또한 섬유처럼 섬세한 것이기도 합니다. 가장 부드럽고 자상하지 않습니까. 그런데 그 지극히 섬세함 때문에, 질투와 미움의 기회들이 도처에 매복하게 되는 것인지도 모릅니다. 그러다보니 사랑처럼 달콤한 것이 없다면서도 사랑처럼 어렵고 괴로운 것이 없다는 말도 나오나 봅니다. 사랑을 좀 더 알기 위해서는 미움을 관람해봄이 유익할 듯합니다.[30]

　　이성 없이 사랑할 때처럼 미움에도 이성이 통하지 않는다. - 리그나드

　　증오도 사랑처럼 눈을 멀게 하는 것이다. - 훌러

　　증오란, 쥐를 잡으려고 집을 태우는 것과 같다. - 휘스딕

---

[30] 톨스토이, 『자유여, 부활의 꽃이여(톨스토이 명언집)』; 박윤의, 『기독명언집 5000선』에서 발췌.

증오의 길에 들어서면 모든 가치를 잃게 된다. - 가셋

불이 물로 다스려지듯 화는 순한 말로 다스려진다. - 캐무스

화살은 심장을 관통하고 매정한 말은 영혼을 관통한다. - 스페인 격언

추락할 준비가 되어있지 않으면 격분 속으로 뛰어들지 말라. - 스페인 격언

타격을 주는 말을 되침으로 대답하는 것은 먼지를 씻으려고 진흙물을 사용하는 것과 같다. - 돕슨

누군가를 미워하고 있다면, 그 사람의 모습 속에 보이는 자신의 일부분을 미워하는 것이다. 나의 일부가 아닌 것은 거슬리지 않는다. - 헤르만 헤세

인간은 자주 인간의 결점을 캐내는 것에 의해 자신의 존재를 부각시키려고 생각한다. 그러나 그는 그것에 의해서 자신의 결점을 속속들이 드러내 보이고 있는 것이다. 인간은 총명하고 선량하면 할수록 타인의 장점을 인정한다. 그러나 어리석고 심술궂으면 궂을수록 남의 결점을 찾는다. - 〈인생의 길〉, 톨스토이

어떤 사람이 당신에게 무례를 범했다. 당신은 그 사람에게 화를 냈다. 일은 그것으로 끝난다. 그러나 당신의 마음에는 그 사람에 대한 적의가 뿌리를 내려버렸다. 그러나 그 사람의 일을 생각하면 당신은 안절부절 못하게 된다. 그것은 마치 당신 마음의 문에 항상 서 있던 악마가 그 사람에게 당신이 증오를 느낀 순간부터 즉각 문을 열고 당신의 마음에 파고들어가 주인 행세를 하며 거기에 정착해 버리는 것과 같다. 그 악마를 쫓아내라. 그리고 앞으론 더욱 주의해서 악마가 들어오려고 노리고 있는 마음의 문을 열지 않도록 해라. - 〈인생의 길〉, 톨스토이

  미움은 실로 강적입니다. 볼을 기분 좋게 간질이는 바람 솔솔 불던 봄에 순식간 – 살을 에는 바람과 눈보라를 몰고 옵니다. 아담의 범죄 이래로 인간의 마음속 전셋방에는 칼바람과 눈바람이 들어와 살고 있습니다. 가장 달콤한 말로 사랑을 속삭이던 따사한 그의 입술에서 가슴을 도려내는 얼음 칼이 나와 머리채를 흩날리며 광녀의 춤을 춰댑니다. 이 정도에 이르면 결별이 입꼬리를 올린 채 애정의 성문 밖에서 두 사람을 포획코자 짝다리로 서 있습니다.
  두 연인은 미움을 위한 명분을 찾기 위해 상대의 과거 위에다가 현미경을 들이댑니다. 상대의 약점, 그 짓무른 상처 위에다가 뜨겁게 데운 식초를 붓습니다. 슬프다! 사랑하던 연인이 미움에 빠지는 순간 둘은 세상 최대의 원수역을 자처하고 있음을 발견할 것이라니! 이 어찌된 일인가? 미움은 한 쪽이 빠지면 상대방도 덩달아 빠지는 물귀신이니, 한 사람이 나를 죽이는 사랑으로 끝까지 미움을 이겨내지 않는 이상에야 둘 다 빠짐이 예삿일입니다.

미움이라는 날렵한 대적은 우리들의 사랑동산을 망치는 뱀입니다. 설득력이 뛰어난 그 녀석과 손을 잡는 순간 연인과는 손을 떼어야 하는 상황이 옵니다. 한 손은 이쪽에 다른 손은 저쪽에 줄 수 없습니다. 두 손은 두 손으로 잡아야 하리니. 미움은 아주 능숙합니다. 가장 값싼 일을 가지고도 가장 비싼 관계를 파괴하는 능수가 있으니 왜 안 그렇겠습니까.

미움이 이러한 녀석일진대, 미움이 우리 마음에 똬리 틀지 못하도록 정신을 차릴 것입니다. 어떤 상황이 지속되어 내 안에 미움이 자리 잡게 될 것 같다면 지혜롭게 그런 상황을 피하거나 전환함이 좋겠습니다. 이때, 상대를 성급히 공박치 말아야 합니다. 미움이 내 안에 들어옴으로 속에서 고통을 받고 또 미움으로 인하여 상대로부터 공격을 받는 것보다는, 차라리 받아치지 않는 게 건강에 도움 되지 않을는지.

동시에 행여 나는 누구에게 미움의 촉발점이 되어주고 있지 않은지 돌아볼 일입니다. 나의 부주의함과 무신경함 또는 이기적 행동이나 불친절함, 무의미한 언행들로 누구를 미움으로 이끌어 들이고 있지는 않은지, 시험의 장애물이 되어주고 있지는 않은지 말입니다.

아, 미움은 유명한 관광국입니다. 국가마다 입국이 까다롭고 출국은 수월한 것이 보통인데, 이 나라는 입국심사가 매우 수월하고 출국심사가 여간 까다로운 이상한 곳입니다. 날로 팽창하는 그 나라는 한 사람이라도 더 인력을 확보하기 위하여 외국인이라도 상관하지 않고 잡아두려 한다는군요. 거기서 탈출하려면 자기를 온통 사랑으로 색칠하여서 미움의 나라 세관원들과 공안 당국자들이 사랑의 향기로부터 역겨움을 느끼게 해야 한다고 하고요.

형제자매시여! 우리는 속히 그 나라를 빠져나오십시다. 거기에서 우리는 하루 네 끼를 먹어도 살이 빠지고 머리에 풀을 발라도 머리가 빠집니다. 가장 따뜻한 옷을 입어도 마음은 쌀쌀하고 가장 좋은 음식을 먹어도 배가 아픕니다. 길거리 사람들의 얼굴은 무표정이거나 뾰로통합니다. 그들은 맛있는 걸 먹어도 아름다운 걸 보아도 마음에는 한 가지 느낌만 남는데 기분이 나쁘다는 것이라고요. 우리는 속히 탈출해야 합니다. 사랑으로 자기를 죽이면 저이들은 나를 나라 밖으로 내던질 것입니다. 죽었다고 걱정하지 마십시오. 사랑은, 미움의 나라 밖에서는 부활의 씨앗이 되니 말입니다.

미움과 사랑의 닮은꼴

미움도 사랑처럼 맹목적이거나 이성의 통제 우위에 서는 특성이 있음은 앞서 확인하였습니다. 저는 여기에 덧붙이고 싶습니다.

"사랑이 나를 상대의 종으로 묶듯이, 미움도 나를 상대의 종으로 묶는다."

사랑은 상대를 보면 그를 섬기고 그를 기쁘게 하기 원하는 욕구가 들기에 상대에게 매인 바가 됩니다. 이는 흐뭇한 매인 바요 자발적 매인 바이며 원하는 매인 바입니다. 미움도 이와 같이 매인 바가 되는데, 단 사랑과는 반대로 상대를 보면 그가 싫고 그가 없으면 좋겠고 그를 반대하기 원하는 욕구가 듦으로써 상대의 종이 되는 것입니다. 아아, 두렵습니다. 인간 마음속에 숨어사는 미움은 사랑을 흉내 내되 그 동기와 목적과 방법과 효과에 있어서는 정반대라니! 우리의 타락은 얼마나 뿌리 깊은 것인지요.

그러나 기억하십시다. "너희는 값으로 사신 것이니 사람들의 종이 되지 말라"(고전7:23). 그리스도께서 핏값으로 우리를 사심으로 죄의 사슬과 사망의 권세로부터 해방되어 마음과 삶에 하늘의 영역이 옮겨진 자유인 된 우리인데, 누구에 대한 미움으로 인하여 그 사람의 종이 되어버리는 이런 억울하고도 당혹스런 일을 허용해서는 아니 될 것입니다. 차라리 손해를 당하는 편이, 그래도 미움을 품음으로 마음의 수족이 묶이는 그 무시무시한 종살이보다는 낫겠습니다.

사랑과 미움의 또 다른 공통점은 둘 다 실체를 그대로 인식하지 못한다는 점입니다. 그러나 이 공통점의 심대한 차이는, 사랑은 없는 진가도 있는 진가로 보아줌으로 상대에게 정말 있는 진가가 생기게 하는데 반해 미움은 있는 진가도 없는 진가로 보아줌으로 상대에게 있는 진가까지 망쳐놓는다는 것이죠. 또한 사랑은 상대의 작은 진가도 애정을 가지고 보아줌으로 크고 높게 평가해주어 상대가 정말 그렇게 큰 사람이 되게 만드는데 비해 미움은 상대의 작은 실수도 현미경을 들이대고 보아줌으로 그 잘못을 돋보이도록 하여 상대가를 황폐하게 만든다는 점입니다.

미움과 사랑의 대결

이 막강한 미움을 어떻게 이길 수 있을까요? 미움이라는 어둠의 적수를 이기는 것은 사랑이라는 맞수밖에 없습니다. 다시 말해, 나에게 미움의 창을 쥐고 달려드는 이를 향한 최대의 승리는 용서의 오른손과 축복의 왼손으로 두 팔을 활짝 벌리는 것입니다. 원한의 창이 나의 심장을 관통할 때에 용서와 축복을 구하면 스데반 집사와 같이 사랑의 승리를 얻을 것입니다. 이는 영원한 승리리니, 그에게 영광의 부활이 약속되는 때문입니다.

미움을 이기는 좋은 방법이 또 있습니다. 상대가 싫어지려 할 때에는 그의 아픔, 고통, 상처 등을 헤아려 그 속으로 나를 집어넣는 것입니다. 그의 어려움이 나의 어려움이 될 때에 공감이 일어나고, 공감은 기어이 긍휼을 불러옵니다. 아, 사랑은 상대의 아픔을 생각 속에 우리고, 미움은 나의 아픔을 생각 속에 우립니다. 상대의 아픔 속으로 진입하는 눈물의 사랑이렷다!

링컨의 위대한 통찰로 마칩니다.

"타인의 단점을 찾으려고 한다면, 분명히 찾을 것이다."

주님, 이웃의 단점을 찾기 위해 눈을 굴렸던 저를 용서해주소서. 만약 주께서 저를 그렇게 보셨다면 저는 실 한 오라기도 남지 않고 벌거벗겨져서 수치와 창피를 당한지가 오래였을 것입니다. 그러나 주님은 모든 것을 감찰하시고 사물을 꿰뚫는 눈을 가지셨음에도 자비와 긍휼의 안경을 그 앞에 쓰시어 나의 단점을 폭로하고 고발하는 데서 쾌감을 느끼시는 것이 아니라 오히려 무수한 허물들을 덮어주시고 죄악에서 나오도록 건져주시는 분이시매 모든 감사와 찬송을 올려드리지 않을 수 없나이다. 이제 그 은혜에 감격하는 자답게 저도 마땅히 이웃의 단점을 찾고자 하는 것이 아니라 장점을 발견하고자 애쓰기를 원합니다. 이렇게 고백하여도 이 죄인 안에는 선한 것이 하나도 없사오니 주님이 아니고서는 죄악으로 빨리 흐를 뿐입니다. 주님의 한량없는 자비를 본받기를 원합니다. 칭찬과 격려와 위로와 수용의 언어를 사용하기 원합니다. 주여, 이 일을 도우소서. 아멘.

시우

21 두려움과 사랑

주의 사랑으로 나의 벗은 오늘도 복을 받으옵소서.

요한 사도께서는 "사랑에는 두려움이 없다"고, "온전한 사랑이 두려움을 내어쫓는다"고 하셨습니다. 그런데 우리의 사랑에는 두려움이 많은 듯합니다.

상처받을까 하는, 거절당할까 하는, 부담스럽게 생각하면 어쩌나 하는, 너무 친해지면 내 민낯을 보고 실망하지 않을까 하는 두려움들. 혹은 나를 이용하지는 않을까, 배신하지는 않을까, 외모와 조건을 두고 자판 두드리고 있지는 않을까 등등. 남녀 관계란 이런 두려움과 날마다 마주하는 것인가요.

두려워서 망설이고, 두려워서 싸우고, 두려워서 도망치고. 그러면서도 뒤를 힐끗힐끗. 결국 돌아와 얼굴을 맞대어 비비다가도 다시 두려움이 떠오르면 전보다 더욱 소스라치며 깊은 상처를 받아 울고. 그러면 이제 아무에게도 나를 보여주지 않겠다면서 두꺼운 가면을 쓰나, 자기는 가면을 쓰고 있다는 것도 모르고! 아, 딱한 사람이어라. 그것이 우리네 사는 길이란 말이런가.

예수님의 말씀이 떠오르는군요.

"새 계명을 너희에게 주노니 서로 사랑하라. 내가 너희를 사랑한 것 같이 너희도 서로 사랑하라"(요13:34).

"내 계명은 곧 내가 너희를 사랑한 것 같이 너희도 서로 사랑하라 하는 이것이니라"(요15:12).

주님이 주신 "내 계명", "새 계명"은 주께서 우리를 사랑하셨듯 우리도 서로 사랑하는 것입니다. 주님은 우리를 사랑하시되 아픔을 두려워하며 사랑하신 것이 아니라 십자가의 아픔을 온 몸으로 받아내며 사랑하셨습니다. 사람이 목숨을 잃는 것보다 두려운 일은 없습니다. 그러나 주님은 과연 목숨을 내어주기까지 사랑하시었으니 온전한 사랑이 두려움을 이기었던 것입니다.

연인 간 사랑이든 다른 어떤 사랑이든 상대방의 유익을 구하다가 아픔을 겪거나 아플까봐 두려울 때에는 혹은 내가 주는 것에 비해 상대는 너무 적게 주는 것은 아닌가 하는 불안감이 들 때에는 십자가를 바라봄이 우리를 힘 있게 할 것입니다. 성경이 우리더러 두려워하라고 하는 대상은 오직 하나님이시지 상처나 계산을 두려워하라 한 적은 나 기억하지 못합니다.

사랑하다 아프게 되는 것이 내 어리석음과 죄악 때문이 아닌 이상에는 주님의 아프심을 배울 수 있는 값진 스승이 되리이다. 맘짓, 몸짓으로 사랑하려다가 맘에 몸에 박히는 가시로 말미암아 나오는 피는 헛되이 떨어지지 않으리이다. 그리스도의 향기를 전하는 그 피는 땅을 축복하리니, 우리 더욱 힘써 그 피를 흘리기로 하십시다. 마지막 한 방울까지도 모두 짜내어 쏟아 드리십시다. 두려움은 우리를 더욱 진정성 있게 해주는 교관입니다. 그것이 없이는 우리의 사랑이 부담 없는 가벼움일 수 있으나, 두려움이나 아픔에도 불구하고 하는 사랑이야말로 참되다 하지 않겠습니까.

시우

22 의심과 사랑

상대를 믿지 못하고 의심하는 우리의 기질은 타락한 본성에 기인하고 그것은 타락한 사회 안에서 심화되는 것입니다. 사람 사이마다 의심의 침투 가능성이 있다면 연인의 경우에도 의심이 일어날 수 없다고 할 수 없습니다. 또한 그 관계의 촘촘함과 독점성 때문에 의심이 끼어들기 시작하면 그 파괴력은 더없이 무시무시할 것입니다.

그런고로 사랑하는 연인들은 둘만의 동산을 망치며 뛰어다니는 의심의 여우를 잡아야겠습니다. 그 여우는 두 마리입니다. 하나는 남자의 얼굴을 하고 있고 다른 하나는 여자의 얼굴입니다. 남자는 자기의 여우를 잡고 여자는 자기 것을 잡아야 합니다. 이를 위해 두 가지 사냥도구가 필요하니 하나는 자기 안의 의심을 잡는 사냥총이고 다른 하나는 애정적 대화의 그물망입니다. 이 사냥총과 그물망으로 여우 떼를 모조리 포획하되 날마다 포획하여 동산의 향기가 멀리멀리 퍼질 때 동산은 더욱 거닐기 좋은 곳이 될 것입니다.

사랑과 의심이 함께 갖는 공통적 특징은 모두 상상의 지배를 받는다는 점입니다. 사랑은 행복한 상상을 하고 자기를 내어주는 상상을 하며 상대가 잘 되는 상상을 합니다. 상상력은 현실을 이룩하는 힘입니다. 마찬가지로 의심도 상상에 의하여 증폭되고 다양화됩니다. 상상력은 현실을 이룩하는 힘입니다. 고로 우리에게는 사랑으로의 상상이 필요하고, 의심으로의 상상은 거절해야겠습니다. 이만 줄입니다.

23 버림받음과 사랑

세상에 버림받는 일이 없을 수 없습니다. 누가 그 주인공이 될지 모릅니다. 하지만 주님은 누구를 버리시는 일이 없으십니다. 그러니 내가 세상에서 버림을 받아도 나를 버리시지 않는 주님으로는 늘, 위로와 용기를 얻을 것입니다.

벗이여,

가장 부드럽고 달콤한 사랑은 때로 가장 아프고 끔찍할 수 있습니다. 어느 형제님은 1년간 사귄 여인을 가장 친하다는 형님에게 소개시키며 자랑하였습니다. 얼마 후에 들으니 그 형님이 자기 애인과 사귄다고. 허, 너무 기가 막히니 화도 나지 않았다죠.

때로 이러한 버림받음이 일어납니다. 상대를 깊이 믿었던 만큼이나 버림받음으로 인한 아픔과 충격은 이루 말할 수 없습니다. 말이 되지 않는 일들! 내가 그 주인공이 될 때 '왜 나에게?'라는 탄식이 쏟아집니다. 날 버린 이가 몹시 미워질 수도 있고 내 자신이 그렇게 싫어질 수도 있습니다. 아, 실족케 하는 일들이 일어나지 않을 수 없는 것이 우리 사는 세상입니다! 타락한 세상에서는 그런 일들이 언제 어떻게든 일어납니다!

예수님은 동포들로부터 마땅한 영접도 받지 못하셨습니다. 더욱 아픈 것은 3년간 동숙동행했던 제자들의 대접이었죠. 가장 고뇌하시던 때에, 재정 관리를 맡겼던 제자는 돈 몇 푼에 자기를 팔아넘기고, 특별히 가까이서 지내던 한 제자는 아예 주님을 모른다며 꽁무니를 빼지 않았습니까. 얼마 전까지만 해도 연거푸 "호산나"를 외치던 동포들은 이제 "십자가에 못 박으라"를 외쳤습니다. 가족들마저도 예수님을 이해하지 못하였지요. 그리고 최후로 십자가에서는 하늘을 향해 "엘리 엘리 라마 사박다니"를 외치셔야 했습니다.

아, 예수님처럼 버림받으신 분이 누구입니까? 받으실 수 있는 모든 버림을 한 몸에다가 받으셨습니다. 세상에서 배신의 경험을 말할 수 있는 그 어느 사람보다도 예수님께서는 더 많이 그런 이야기를 하실 수 있습니다.

또한 어찌하여 예수님께서 버림을 받으셔야 했습니까? 세상이 선한 사람에게 선한 결말을 가져다주고 악한 사람에게 악한 결국을 가져다준다면 예수님의 생애는 어떻게 설명해야 한단 말입니까? 세상의 불의함을 논한다면 예수께서 받으신 불의함 이상의 불의함을 어디서 발견하겠습니까?

진실로 우리 주께서 그러하신 분이실진대 믿었던 형님에게 애인을 빼앗긴 그 형제가 당한 불의함을 이해 못하심이 있겠습니까? 배반당함과 버림받음의 고통과 슬픔을 아시는 대제사장 예수께서는 형제의 신음을 자기의 일로 여기십니다.

"우리에게 있는 대제사장은 우리의 연약함을 동정하지 못하실 이가 아니요"(히4:15).

"예수께서는 몸소 시험을 받으시고 또 고난을 겪으셨기 때문에, 시험당하는 사람들을 넉넉히 도우실 수 있게 되었습니다"(히2:18, 쉬운말성경).

예수님의 버림받으심은, "자기 형제인 우리 인간들의 죄를 대속"

하시기 위함이었습니다(히2:17). 불의한 채찍들의 춤으로 물리고 뜯긴 의로우신 분의 살점은 불의한 우리들에게는 새 삶의 피와 살이 되었던 것입니다.

"그가 찔린 것은 우리의 허물 때문이었고, 그가 상처를 입은 것은 우리의 죄악 때문이었다. 그처럼 우리 대신 그가 벌을 받음으로 인해 우리가 평화를 누리고, 우리 대신 그가 매를 맞음으로 인해 우리가 고침을 받은 것이다"(사53:5, 쉬운말성경).

우리 구주께서도 그런 아픔을 당하셨다면! 죽기까지 당하셨다면! 그것이 우리를 살리시기 위함이었다면! 그렇다면 주의 노예인 우리가 버림받는 고통을 겪는 것은 주의 고난에 동참하는 것이 됩니다(벧전2:21).

남녀의 사랑에도 생각지 못한 배신이나 버림받음이 일어납니다. 힐끗 상상하기도 끔찍하지만 한끝 어디선가는 일어납니다. 그런 때에는 주 예수 밖에 바라볼 곳이 없습니다.

"여러분은 죄인들의 숱한 배척과 모진 학대를 견뎌 내신 예수 그리스도를 항상 생각하면서, 믿음의 경주를 달릴 때 낙심하여 지치는 일이 없도록 하십시오"(히12:3, 쉬운말성경).

사람으로부터, 심지어 사랑으로부터, 버림을 받을 때 우리가 피할 수 있는 피난처는 주님의 심정뿐입니다. 그분의 자비의 심장으로 들어가서 거기에 엎드려야 합니다. 그리고 나를 위해 배반당하시고 버림받으신 그분을 눈물로 바라보십시오. 전에 몰랐던 은혜로 주님은 흡족히 위로하시리이다. 주님의 위로만 얻으면 세상이 싫다느니 사람이 밉다느니 등은 다 나중 문제올시다. 예수의 긍휼은 모든 슬픔과 아픔을 뛰어넘는 천국의 충만함일진대.

아픔을 아는 분이 아픔 당한 자의 아픔을 압니다. 아픔의 구주 예수님께 나아가십시다. 그리고 우리도 아픈 자들의 평범한 친구가 되어주십시다. 아프고 외로운 이들은 고마워할 줄 알고 즐거워할 줄 아는 사람다운 사람입니다. 가장 사람다움이 가장 예수닮음이요, 가장 예수닮음이 가장 사람다움입니다.

시우

24 우울함과 사랑

　우울증 때문에 오래 고통 받은 동생과 이야기를 나누었습니다. 처음 만났던 2011년, 그애는 꿈 많은 고3이었는데. 부모님과 떨어져 산다는 것이 점차로 동생을 잿빛 세계로 몰아넣은 듯합니다. 왜 동생은 우울증으로 시달려야 했던가? 사랑, 그것을 먹지 못해서!

　사람아, 사랑에 고픈 것이로구나. 사랑이 있어 너는 사람답고 사랑이 없어 너는 신음하는구나. 하나님 외에 어디서 우리를 사람답게 해줄 사랑을 발견할 수 있으랴? 그분의 사랑은 차별이 없으시고 한계도 없으시니, 사랑의 햇살을 선인과 악인 모두에게 비추어주시느니라. 예수는 우리의 햇살이시라. 그분의 사랑에 우리의 몸을 맡기자. 사랑이 있어 살고 사랑이 없어 살지 못하리니.

　그렇다면 한걸음 나아가 생각하기를, 결혼이란 상대를 위해 자신을 최고의 선물로 가꾸는 것이요 날마다 그것을 선물하는 '하루씩살이'가 아닐까 합니다. 상대를 위한 사랑의 선물로서의 나를 정성스레 가꾸어 상대의 맘 깊은 곳 사랑자리를 채워주어는 것이 사랑이요 그 만개(滿開)는 결혼이 아닐는지. 결혼은 서로가 서로에게 선물이 되도록, 상대를 탓함 없이 상대가 어쩌든지 굴함도 없이, 상대의 생기가 되어주고자 내 편에서 끈질기게 애쓰는 것이 아닐까 합니다.

그러나 이 사랑을 감추거나 빼거나 숨기거나 꺾거나 목 조른다면 상대방은 사랑을 먹지 못해 말라죽게 됩니다. 이는 다시, 상대의 사랑으로 생기를 얻어야 했었던 나도 시들게 만듭니다.

사랑이 없어 시들어 아파하는 친구들을 떠올리려니 나의 마음도 어딘가 울적해짐이 없지 않습니다. 외로운 이들이 외로운 세상에 사는 게지요. 우리는 외로워 사랑을 찾고 찾다가 상처받아 울며 다시 외로워집니다. 이제는 하나님의 품으로 돌아갈 때입니다. 그리고 주변의 외로운 이들의 친구가 되어주십시다. 그럴 때에 나의 외로움도 잠잠해지지 않겠습니까?

세상에 외로운 이들이 있다는 것만으로 세상을 살 이유가 있습니다. 우리의 친구 되어주신 주님을 생각하며 우리도 그들의 친구가 되어준다는 것은 얼마나 가치 있는 일입니까? 나를 정성스레 가꾸어 배우자에게 선물하듯이, 외로운 친구들에게는 가서 친구라는 선물이 되어주어야 할 것입니다. 하늘 사랑을 비추어주는 거울처럼 맑고 깨끗하게.

곧 결혼 신학에 대해 논하는 모임을 인도합니다. 어쩌다 제가 이런 일들을 하고 있는 것인지 저도 잘 알 수가 없습니다. 상당한 재미를 느끼는 것은 사실입니다. 주의 긍휼과 지혜를 구할 뿐입니다.

2016년 4월 7일
연변 대학 앞 카페에서

25 모든 것이 다 나의 것은 아님

돈 주고 제 원하는 물건을 사 쓰는 우리입니다. 스마트폰을 통해 그때그때 욕구를 채워가는 우리입니다. 물건이든 지식이든 갖고픔을 즉각적으로 충족시키는 삶에 길들여진 우리는 사람에 대해서도 그러하기 쉬움을 유의하십시다.

어느 사람을 갈망하는 정도가 강렬할수록 그 소유욕을 주체하기가 어려울 것입니다. 이때 믿음을 가진 우리는 세상 모든 것이 다 나의 것은 아님을 기억해야 합니다. 가질 수 없는 것도 있는 법입니다. 가졌다고 생각해도 가진 것이 아닌 것도 있고요.

"하나님, 다른 것은 다 거두어 가셔도 좋으니 그녀만은 내게 주옵소서"라고 기도한다면, 하나님보다 그녀를 더 원한다는 자기노출이라 할 사람도 있을지 모르겠습니다.

그런데 사랑에 빠지면 그때만큼은 아무래도 그녀를 중심으로 세상을 보게 되지요. 그러는 순간 나의 주체적인 삶과 하나님께서 주신 소명이나 하루하루의 책임 등은 2순위로 내려갈 수도 있습니다. 그녀의 한마디가 나의 존재를 지배하도록 허락한 것이라면, 나의 웃음과 울음이 '하나님 외의 무엇'에 얽매이고 있다면, 이는 각자의 영혼을 위하여 경계해야 할 일입니다 – 말처럼 되지 않는 일이라고 해도.

가장 갈망하는 사람을 내려놓는다는 것! '왜 하나님은 나에게 다른 것은 주셔도 저이는 주시지 않는가?' 하는 질문의 고문을 받는 것! 살고 죽는 전쟁입니다. 몹시도 힘겨운 싸움입니다. 이기려면 마음을 단단히 먹되 또한 그 마음을 비워야 합니다. "예수로 만족하나이다" – 그것만을 남기고.

    자유가 아니면 죽음을 달라고 했던가?
    그렇다면 내게는, 사랑이 아니면 죽음을 달라.
    자유 없는 몸이 되었으니, 수족 묶인 사랑의 포로 되었으니, 자유가 아니면 내게도 죽음을 주시라.
    사랑을 위하여 나의 이 펜을 부러뜨리고, 나의 이빨과 손톱과 발톱도 돌에 부딪쳐 부수어버리고, 오늘도 내일도 던져버리고, 내 자신마저 쏟아버리고,
    그렇게 내게 있는 모든 것을 버리노니, 사랑이 아니라면 나머지 일체는 무거운 짐일 뿐인 까닭이외다.

  절규는 솔직함이고 사랑도 솔직함입니다. 절규는 간절함이고 사랑은 죽음도 이기는 간절함입니다. 사랑에는 간절함과 절규가 범벅되어있습니다. 우리는 하나님 외에는 다른 왕이 없는 사람들이지만 동시에, 하나님은 간절함과 절규를 들으시는 왕이시기도 합니다. 독생자 그리스도께서 십자가에서 절규하실 때 하늘 아버지의 마음은 어떠하셨겠습니까? 그 아버지께서 인간들의 절규를 적대적인 마음으로 대하실지?
  그분은 사랑의 절규를 도우사 주의 사랑을 깨닫게 하는 분이시지, 그것을 질투하여 그 짓밟기에 혈안이 된 폭군이 아닙니다. 이는 최대의 오해이니 그분의 궁휼은 하늘에까지 닿는 것일진대(시36:5).

주님께서 제자들에게 내리셨던 말씀이 생각나는군요.
"무릇 내게 오는 자가 자기 부모와 처자와 형제와 자매와 더욱이 자기 목숨까지 미워하지 아니하면 능히 내 제자가 되지 못하고"(눅 14:26).

여기서 "미워하지 아니하면"은 '덜 사랑하다'를 의미하는 유대인들의 관용적 표현입니다. 주께 드리지 않는 것은 아무리 선하고 귀한 것이라 하여도 주를 따르는 나의 발에 걸림돌이 될 것입니다. 제자들에게 분명한 우선순위를 요구하신 말씀입니다.

그렇다고 주께서 우리더러 "하나님은 온 맘 다해 사랑하되 이웃은 그보다 약간 덜 사랑하라"고 하시는 것은 아닙니다. 진심과 전심을 다하지 않을 때 어찌 그것이 사랑일 수 있겠습니까. 이웃을 사랑하라는 말씀(마22:39)은 적당히 사랑하라는 것이 아니라 역시 힘과 마음의 '전부'로 사랑하라는 말씀이라고 생각합니다.

단, 남녀 간의 독점적 사랑 즉 연애와 결혼이라는 차원에서 생각할 때는 조금 더 세심함이 필요합니다. 위에서 주님께서 제자들에게 하신 말씀을 적용하면 이렇게 결론 내릴 수 있을 듯합니다.

"이성을 사랑하는 것은 자연스러운 일이다. 그런데 이때 제자는 거쳐야 할 마음의 시험이 있다. 그것은 자기에게 소중한 모든 것을, 가장 소중한 것이라면 더더욱, 주님께 내어드리는 것이다."

주님은 내가 너무나 마음을 빼앗기고 있는 대상을 빼앗으실 수 있습니다. 누구보다도 나를 위하여서 말입니다. 만약 내가 주님을 잊을 정도로 어느 사람에게 관심을 빼앗기고 있다면 이는 스스로에게 위험한 상황입니다. 그는 구명조끼를 벗어던지고 태평양 복판으로 뛰어들었습니다. 무겁다며 산소통도 등에서 떼어버렸습니다. 그를 구조하기 위하여 보낸 구명보트도 거절합니다. 어두운 바다의 심연으로 떨어지는 그는 살기 위한 헤엄도 멈춥니다. 주님은 그의 구명조끼, 그의 산소통, 그를 살리기 위해 보냄 받은 구명보트, 그의 헤엄이었는데! 그러나 이 모든 기회를 거절한 그이로다! 만약 주님이 그런 그마저도 살리시고자 한다면 바다를 육지로 만들어버려야 할 것입니다. 바다를 빼앗으셔야 할 것입니다. 이는 하나님께서 욕심이 있으셔서가 아니라 우리를 가장 잘 아시고 또 우리를 살리기 위하여 취하시는 행동입니다.

아브라함이 눈에 넣어도 아프지 않을 아들 이삭을 모리아 산 제단에 올리던 것처럼 너무나 끌리는 상대일지라도 내 마음 제단 위에 올리어 먼저 주님 앞에 드려야겠습니다.

이렇게 함의 유익을 두 차원에서 생각해보십시오. 그는 자기의 마음을 꽉 붙들고 있던 사람을 하나님 앞에 내어놓았기에 마음이 홀가분해집니다. 그녀와 교제하고 결혼할 경우 대단히 마찰이 많았을 사람이었다면 애초 교제를 시작하지 않거나 최종적으로 결혼하지 않음으로써 상당히 피곤할 함정들을 그는 피하게 된 것입니다.

다음 유익으로, 하나님께 순종하고자 했기에 그런 결단과 실천에서 오는 뿌듯함과 자부심을 갖게 되어 건강한 정체성이 확립된 성숙한 사람으로 그는 자라납니다. 불필요한 곳에 집착하지 않고, 하나님이 주신 소명을 누리는 즐거움을 회복합니다. 삶의 기쁨은 이전보다 더욱 깊어집니다. 하나님과의 관계는 더욱 실제적으로 됩니다. 현재 그에게 가장 중하게 느껴지는 부분에서 하나님께 순종하였고 그로 인한 마음의 자유라는 결과를 맛보았으니 하나님을 더 깊이 체험한 것이지요.

때로는 이렇게 한 뒤 교제와 결혼이 성립되는 경우도 있습니다. 할 수 있는 대로는 완전히 하나님께 상대를 내어맡긴 뒤, 바로 그때부터 관계의 길이 열리는 경우입니다.

반대로 상대를 하나님께 내어드린 뒤 이제 그이를 정리하게 되는 경우도 있습니다. 그러면 홀가분함이 올 수도 있고 쓸쓸함과 황량함의 눈보라가 몰아닥칠 수도 있습니다. 그것마저 받아들임이 우리의 할 일입니다. 그이로 인해 채워지지 않음에서 오는 고통이 계속될 때에는 자기에게 신앙이 없다고 괜한 탓을 할 게 아니라, 고통을 인내하는 훈련을 받고 있음을 기억해야 할 것입니다. 하나님을 신뢰하며 고통을 통과해야 하는 시간이 열린 것입니다.

모든 것이 나의 것은 아니지요. 그런데 좋은 소식은, 하늘 아버지는 우리의 필요가 무엇인지 벌써 다 아시는 분이시라고! 그러니 모든 것이 나의 것이 아님은 하나님의 배려요 인간의 다행입니다. 하늘 아버지는 우리에게 꼭 필요한 것을 주시리이다. 그런고로 '모든 것이 나의 것은 아니다'라고 생각한 뒤에는, '하나님이 주시지 않은 것이 무엇이냐?'고 의젓하게 생각함이 합당하겠습니다.

"자기 아들을 아끼지 아니하시고 우리 모든 사람을 위하여 내주신 이가 어찌 그 아들과 함께 모든 것을 우리에게 주시지 아니하겠느냐"(롬8:32).

"하나님 곧 우리 주 예수 그리스도의 아버지께서 그리스도 안에서 하늘에 속한 모든 신령한 복을 우리에게 주시되"(엡1:3).

벗이여, 예수 그리스도보다 큰 것이 무엇입니까? 가장 큰 것을 주셨다면 그 안에 있는 모든 '덜 큰 것들'도 다 주신 셈이 아닙니까? 그렇다면 왜 '없는' 사람처럼 괴로워하고 자학해야겠습니까?

'하나님이 주시지 않은 것이 무엇이더냐?'

없습니다. 전부 주셨습니다. 독생자를 주셨습니다. 그리고 독생자는 자기의 목숨을 주셨습니다. 승천하신 뒤에는 성령까지 주셨습니다. 더 좋을 수 없는, 더 줄 수도 없는 – 가장 높고 좋고 비싼 것들을, 그것도 값없이 주셨습니다.

이미 우리는 많이 받아 누리는 사람들입니다. 그가 꼭 나의 소유 나의 연인이 아니어도 우리는 주 안에서 모든 것을 받은 자요 또한 주께서 친히 나의 소유 나의 연인이 되어주심을 기억하십시오.

이러한 건강한 관계 인식 가운데 우리는 성숙한 사람으로 자라갑니다. 그런 사람은 누구를 당장 만나지 못하고 있어도 조급함에 뿌리까지는 휘둘리지 않고 늘 하나님을 바라보며 하루하루를 충실히 살아갈 것입니다. 그러다가 누구를 만날지 누가 압니까? 우리가 급해하지만 않는다면, 신뢰와 인내로 하루하루 걸으며 충성과 최선으로 하나님과 이웃을 사랑함으로 일관한다면, 그에 걸맞은 사람을 만나는 일이 앞으로 없겠습니까?

30대 중후반이 다가오지만 결혼하지 못했다는 그 불안감을 남자가 느끼듯이 여자도 느낍니다. 세월에 밀려오는 불안함 가운데 더욱 하나님을 신뢰하며 인내하는 법을 배우는 남자들이 있듯 마찬가지로 그렇게 하고 있는 여성들도 있는 것입니다. 그러니 조급함이 느껴질 때는 다시 믿음의 허리를 조일 때입니다. 주님께 나아가 주님만이 나의 전부이심을 기도하십시오. 그리고 그러한 마음으로 활달하게 사명에 매진하며 삶의 재미를 누리십시오. 그럼 이만.

시우

26 이루어지지 않아도 유익이 있음

사랑이 이루어지지 않으므로 상심에 빠진 나의 벗이여!

그대는 말했습니다. 이루어지지 않으니 오히려 저이가 미워진다고. 대체 저이 누구시기에? 그대의 눈에 참으로 아름다운 자, 저이였습니다. 그대와 우정과 교류도 없지 않았다고요. 때로 웃음꽃 대화도 나누었고 신앙이야기도 했다지요. 하지만 거기까지였다는 것이군요. 그대는 관계가 더 진전되어 친밀함의 성소로 동반하기 원했는데 저이는 입구에서 돌아섰다지요.

저이와 관계가 깊어지기 어렵게 되었다는 벗이여! 남녀 관계에서 내가 원하는 자와 사귐이 이루어지지 않을 수 있음이 우리를 겸손케 합니다. 사모하는 사람과 원하는 만큼 가까워지지 못할 때에는 그것이 고통입니다. 그러나 이루어지지 않는 고통은 우리의 이기적 자기중심성을 공격해줍니다. 나를 거절한 저이가 아니었더라면 다른 방식으로는 여간 벗겨지기 힘들었을 터인데, 저이 덕에 내 마음이 아프고 그 아픔은 인내함의 무대 위로 나를 세우기에, 한 층 더 성숙해지는 기회를 제공받게 된 것은 사실인 듯합니다.

20대에는 끓는 열정을 참지 못하여 실탄도 없이 연애 전선에 뛰어들어 불명예의 상처를 입을 수 있지만 30대는 좀 더 신중한 때입니다. 한발 한발 조심스레 내딛으면서, 자기 안에 느껴지는 고통을 인정하고 받아들이면서, 하나님께 순종하겠다는 각오로 상황을 마주하면서, 사람 앞에서 겸손과 온유를 잃지 않는다면, 그는 아름다운 인격의 고지를 점령하고 있는 것입니다. 인품과 신앙이 '30대에서의 단계'를 잘 마치고 나오면 그 향기는 어느 향수도 흉내 내지 못할 것이요, 그 풍채는 어떤 몸매도 만들어줄 수 없는 것이 되리이다.

더 높은 곳에 계신 하나님은 더 멀리 보고 계십니다. 우리는 1층에서 봅니다. 그것도 바득바득 아옹다옹. 그러나 하나님은 꼭대기에서 보십니다. 그것도 인자하심과 성실하심으로, 공의와 공평으로. 그분을 신뢰하십시다. 우리가 망해도 망할 수 없는 사람이 되는 것은 우리의 존재가 그 하나님께 맡긴바 되었기 때문입니다.

나의 벗이여, 그대가 눈물로 하늘을 바라보는 동안 얼마나 아름답고 멋진 사람으로 바뀌어 가는지 놀라울 따름입니다. 이때 하나님의 이름을 찬양치 않을 자 누구이겠습니까? 아픔 속에서 벗께서 보여주는 포기치 않는 인내는 그대의 면류관 그대의 꽃왕관이니이다.

이는 회의적 자세가 아니라 믿음적 자세입니다. 믿음적 자세는 소망적 자세를 가져오고 소망적 자세는 사랑적 자세를 가져오나니, 그리스도 안에 있는 자들에게는 오직 믿음과 소망과 사랑이 그 결론으로 기다리고 있는 것입니다. 벗이여, 고로 우리는 오직 믿음 소망 사랑으로 모든 아쉬움과 아픔을 달래고 나아가 더욱 주를 찬송하며 이웃에게 봉사키로 하십시다.

우리 주는 사랑을 이루지 못했다며 아파하는 나의 친구를 위로하시되, 하나님께서 십자가에서 이루신 사랑을 그의 심령에 쏟으시어, 그가 더욱 형제자매와 외로운 자들을 사랑하고자 함으로써 하나님의 사랑이 그 안에서 완성되게 하옵소서. 아멘.

27 미인을 차지함에 대하여

형님,

용기 있는 남자가 예쁜 여자를 차지한다는 말이 있는데, 기독자는 이렇게 말함이 더 낫겠습니다.

"자기를 잘 준비하는 남자가 그에 어울리는 여자를 만난다."

"조급하지 않으면서 주님을 신뢰하는 남자가 그에 걸맞은 여자를 만난다."

증명할 수는 없지만 제 직감은 그러합니다. '어딘가에 숨어 있는 나의 짝'을 발견해야 한다고 말하려는 것은 아닙니다. 그런 짝이 존재하는지 아닌지 아는 것은 머리카락을 세는 것보다 어렵습니다. 평생 그 답을 알 수 없는 질문, 평생 그 답을 찾을 필요가 없는 질문인 때문입니다. 우리의 삶의 주관자는 느낌도, 운명도 아니라 주님이시라는 믿음 – 그것만이 우리의 영영한 대답입니다. 그런데 여기서 제가 이야기하고픈 것은 다른 부분입니다.

만약 우리가 매일매일 주님을 사랑하려 하고 날마다 그분과 동행하고자 한다면 그리고 사명을 발견하여 그리로 매진하고 있다면, 제 생각에 그런 사람은 형제든 자매든 여러 면에서 매력적일 수밖에 없을 듯합니다. 그의 얼굴은 주님과 동행하는 행복과 사명에의 헌신이 주는 만족감으로 표정이 밝고 눈에서 빛이 납니다. 이는 성형수술로 못 만드는 얼굴입니다. 그의 태도는 주를 닮아 또래들보다 더욱 온유하고 겸손하며 친절하니 그와 함께 있음이 즐겁고 좋다고 느껴집니다. 이는 베스트셀러 처세술 서적으로 못 이룰 태도입니다. 자기 분야에서 최선을 다하기에 하나님 나라 확장의 부분에서도 감탄 나오게 하는 바가 있습니다. 이는 일신의 영달을 위한 스펙 쌓기 또는 워커홀릭 명함으로는 되지 않습니다.

여기까지 그의 인상 그의 인격 그의 사명 – 이런 부분들에서 예수님을 닮아가고 있다면, 정말이지 그에 걸맞은 이성이 그를 외면하기 어려울 듯합니다. 왜냐하면 '그에 걸맞음'이 그를 발견케 하기 때문입니다.

형님께서 합당한 배우자를 신중히 기다리는 것처럼 어느 누님도 형님 같은 사람을 찾거나 기다리고 있지 않겠습니까. 그럼 '왜 세상에 거룩한 여인들이 없느냐?'고 너무 고민하실 필요는 없을 듯합니다. 먼저 내가 어떠한 삶을 살아간다면 그러한 형제를 사모하는 자매가 그러한 형제를 알아볼 것이니까요.

그런고로 30대에 진입하고도 아직 연애를 하지 않고 있으므로 점차 가중되는 불안함 가운데 '아무나 여자이면 만날까?' 하는 생각이 문뜩문뜩 귀를 발길질하는 때에는 고개를 설레설레 저으면서도 때로는 고개가 끄덕끄덕 움직이기도 한다는 형님이시여, 날마다 예수로 전진하십시다. 더 가난한 심령이 되고, 더 겸손한 마음을 갖고. 맡은 바에 더욱 충성하고, 혼신을 다하여 사명을 완수하며, 동시에 사랑의 사람으로 자라가십시다. 형님은 이 일에만 주력하옵소서.

인생은 진실함과 성실함 그리고 사랑을 가지고 살아가는 이들에게 지루하다거나 밍밍할 수는 없는 것이외다. '그런 자매'를 기다리는 형님만큼이나 '그런 형제'를 기다리는 자매가 있으니 어찌 밍밍하리이까. 우리가 할 것은 다만 자기의 전 존재와 소원과 선호 등을 몽땅 주님께 날마다 내어맡김입니다. 그러는 가운데 형님은 누구보다 돋보일 것이요, 그런 모습에서 끌림을 느끼는 사람으로부터 신호가 올 것이외다. 그러니 초조 마소서. 아닌 사람과 급하게 만나 몸을 망치느니 주님의 인도하심을 구하며 조금 천천히 만나는 편이 지혜롭고 복되지 않습니까.

　인생이란 그냥 아무것도 일어나지 않고 끝나지를 도저히 못하는 것이리니. 가장 어려우면서도 불가능한 인생이란 아마 '아무 어려움 없는 인생'이라 할 것입니다. 그보다 어려울 수는 없지요. 여행도 가장 어려운 여행은 '아무 어려움 없는 여행'입니다. 그런 여행은 도무지 배우는 것이 없어 정말 마음이 어렵기 때문이지요. 인생도 그와 같은 면이 있는데 차이점이라면 여행은 혹 '쉬운 여행'이 있을 수 있지만 인생은 '쉬운 인생'이 있을 수 없다는 점입니다.

　잠시 곁길로 나갔습니다만, '30대를 맞이하였으니 진정한 사랑은 불가능할 것이다'는 그 불안함은 이제 저 생각의 소각장에다 버리셔도 좋겠나이다. 오히려 30대는 자기를 더욱 성찰하고 채찍질하는 인격성숙의 때이므로 30대의 연애를 통해 더욱 아름답고 의미 깊은 사랑을 할 수 있을지 모를 일이 아닙니까?

　우리는 감사의 사람이 되십시다. 불평하는 빼끗빼끗한 30대는 참으로 같이 하기가 고되지요. 감격을 아는 사람이 되십시다. 좋은 것도 좋은 줄 모르고 입만 툭 나온 사람과는 같이 있기도 고욕이지요. 작은 것으로 기뻐하는 겸손한 낭만주의자가 되십시다. 소박한 생활을 하고 경제수준을 낮추십시다. 그렇게 할 때에 진심 더욱 교환되리니. 부유하지 않음을 견딜 수 있는 여인, 그런 때에도 웃음을 잃지 않는 여인은 남자에게 가장 아름다운 차림을 하고 있는 것입니다. 그리 부유하지 않아도 대화의 시공간을 마련해놓고 성실하게, 소박하게 사랑을 표현하는 남자에게 마음이 가지 않을 여자 또한 별로 없을 듯합니다. 사랑의 미는 부유의 양보다 더욱 매력적인 것입니다.

하루하루 나를 돌아보고 준비시킨다면 누군가 나를 알아보고 나도 그분을 알아볼 것입니다. 이 얼마나 가슴 설레는 일입니까? 인생은 놀라움으로 가득 찬 상자이외다. 그 안에서 종종 가장 놀라운 일들이 일어나는데, '기쁜 놀라움'이란 하나님께서 주시는 것입니다. 초조함을 버리고 대신 기대함을 간직하십시다. 우리에게 날마다 소망을 주시고 관계를 통하여 기쁨과 배움을 주시는 하나님을 찬양합니다.

시우

28 미래의 만남을 위해 의젓해지기

알아볼만한 사람이 알아볼만한 사람을 알아보는 바, 우리는 알아볼만한 사람이 되어 알아볼만한 사람을 알아보기를 원하나이다.

사랑의 감정이 솟을 때, '그대처럼 존귀한 이가 나에게 관심한다니!' 하면서 큰 기쁨과 경이감을 느끼지요. 그러면서 자기 자신에 대한 인식이 바뀝니다. '아, 어떻게 그가 나를 좋아하는가!' 하면서 말입니다. 그럼 상대방을 위해서 더 좋은 사람이 되어주어야 한다는 열망이 듭니다. 또 그런 마음이 있으면 죄를 멀리하게 됩니다. 어디에 가든지 가슴 쭉 내밀며 '나는 그이의 사람이다' 생각하면서 그런 정체성에 합당하게 행동할 의욕이 돋는 것입니다.

사랑으로 인해 자기 인식이 바뀝니다. 그러면서 자기를 대하는 태도가 바뀝니다. 이웃을 보는 눈과 이웃을 대하는 태도도 바뀝니다.

형님, 언젠가 사랑하는 이를 만나면 '내가 왜 이전에 그렇게 살아왔나' 후회하지 않겠습니까? '더 잘 살아서 이분에게 좀 더 좋은 오늘의 나를 드렸어야 했는데…' 하며 아쉬워하지 않겠습니까? 고로 사랑하는 이를 만나는 미래를 바라보면서 오늘 하루도 그에 합당하게 사십시다. 연애를 할 때에는 '하나님과 우리의 사랑'이라는 주제를 의식하면서 할 때에 얻는 것이 상당히 많으리라 생각합니다.

마지막으로 그럼 우리는 결혼입니까? 독신입니까? 결론이 무엇입니까?

"결혼이냐 독신이냐, 결론이 무엇이더냐? 결론은 섬김이더라. 결혼은 서로를 섬김으로 주님을 섬기는 것이요 독신도 서로를 섬김으로 주님을 섬기는 것이다. 결국 주님을 섬기기에 자기에게 더 맞는 것을 선택하는 것이다. '결혼이냐 독신이냐'가 바른 질문이 아니라 '왜 결혼이냐 왜 독신이냐' 이며, 또한 '어떤 결혼인지 어떤 독신인지' 그게 중요한 것이다. 결혼도 독신도 다 섬김이로다."

연길, 텅 빈 카페

시우

29 성숙한 사랑은 30대에 더욱 가능성 있음

누님,

20대의 문턱을 넘으면서부터 장밋빛 결혼을 꿈꾸셨다는 누님이 아니십니까? 그런데 언제 30대의 문턱을 넘어 깊은 안마당까지 들어오신 겁니까? 누님께서는 지갑에 배우자의 서른여덟가지 조건이 쓰인 종이를 넣고 다니셨는데 서른여덟이 되도록 서른여덟의 조건을 갖춘 사람은 보지 못하신 것이지요. 앞으로는 있을는지. 천국에나 가면 있을는지. 그런데 우리 주님 말씀하시기를, 그날에는 시집도 장가도 없다고(막12:25). 이를 어쩌요. 그래도 마흔여덟 가지 아닌 것만은 다행인 듯해요.

그렇다고 홀로 방 안에서 서러운 눈물 훔치며 "이제 늦었어!" 하지는 마소서. 실패를 몇 번 경험하면서 좀 더 겸손해진 30대야말로 진정 아름답고 성숙한 사랑을 할 수 있는 때가 아닌가요.

불발탄의 연애들로 충분히 상처 난 자매시여, 이제는 바깥조건이 아니라 안쪽조건을 먼저 보아야 한다고 느끼시는 자매시여, 그것은 매우 훌륭한 생각 같습니다. 드디어 더욱 성숙한 사랑을 할 수 있는 마음조건에 계심을 기억하시기 바랍니다. 결혼상담가 홍일권 목사님은 이렇게 말씀하셨습니다.

저는 이런 분들을 알고 있습니다. 다섯 차례, 일곱 차례 실연을 당하고도 이 세상에 아직도 사랑이 남아 있을 것이라며 소망을 품고 나아가다가 정말 멋진 사랑을 경험한 사람 말입니다. 5년 이상 사귀던 이와 헤어지고 새로운 사람을 만나 사랑을 경험한 분도 있습니다. 35세에 사랑을 경험한 사람, 40세에 사랑을 경험한 사람 …31

우리 사회는 20대 중후반부터 30대 초까지를 결혼의 때로 못 박았습니다. 주를 믿는 우리는 그런 기준을 십자가에 못 박아야 합니다. 주의 인도하심은 그런 것과는 상관없이 자유로이 움직이시니까. 고로 누님이시여, 늘 소망을 품으옵소서. 사랑은 당장 누구를 만나는 것만이 사랑이 아니라 날마다 주님을 사랑하고 만나는 이들을 사랑하는 것입니다. 그러다가 연분의 사람도 만나면 만나리이다. 피부가 20대와 같지 않다고 조급해질 것은 없습니다. 누님을 알아볼 그분도 20대는 아니지 않겠습니까? 그분도 눈이 외모만 보지는 않을 겁니다. 성숙한 사람들은 더 중요한 것들을 보기 마련이니깐. 그럼 우리에게 '더 중요한 것들'이란 무엇인가요? 주님을 닮고 주님이 주신 사명에 충성하는 것 외에 무엇인가요?

하나님께서 사랑의 아버지이심을 기억하십시다. 하나님을 묘사하는 여러 호칭들 중에서도, 좋은 것을 거저 주시는 아버지이심을 기억하십시다. 세상을 창조하실 때 하나님께서 무슨 보수를 받으셨습니까? 그리스도께서 범죄한 인간들과 및 피조세계를 위하여 십자가에서 피를 흘리셨을 때 무슨 댓가라도 받으셨습니까? 하나님은 가장 선한 모든 것을 은혜로 주시는 분이시고, 그렇기에 우리는 온 맘과 온 몸으로 그분을 찬송하지 않을 수 없게 되는 것이 아닙니까.

---

31 홍일권, 『데이트와 결혼에 대한 하나님의 뜻』(서울: 겨자씨, 2005), 118.

누님, 나이라는 숫자는 등 뒤로 던져두십시다. 내년의 걱정은 내년에게 맡기고 올해에는 올해만 생각하십시다. 활기차고 명랑한 심정으로 하나님의 사랑을 드러내는 사람이 되고자만 하십시다. 하나님은 숫자를 보지 않으시나니, 숫자는 하나님을 보지 못하나니.

사랑은 20대의 전유물이 아닙니다. 30대의 것이기도 합니다. 그러나 40대에도 계속 해야 하는 것입니다. 그러니 20대니 30대니 40대니, 그런 것은 중요하지 않고 오늘만이 중요하리이다. 아멘.

시우

30 결혼 전 연애와 선데이 크리스천

결혼 전 연애는 선데이 크리스천과 같습니다. 주일만 열심입니다. 구애 대상인 그녀에게만, 그리고 구애 동안만, 잘합니다. 결혼 후에까지 사랑이 계속 되는 것은 어려운 일이라는데 결혼하면 '본래의 인간'이 그대로 드러나기 때문입니다. 이는 주일에 성자였으나 주중에(또는 가정에서) 본래의 인간 즉 '추자'를 고백해주는 어느 종교인과 같습니다.

그리스도인은 1주일에 7일을 그리스도인으로 살아야지요. 우리나라에는 주일은 특별하고 다른 날은 평범하게 여기는 인식이 있습니다. 그러나 6일간 열심히 일하고 7일째는 휴식의 날, 기념의 날입니다. 다른 6일이 이 날보다 덜 가치 있거나 덜 거룩하다고 할 수 있습니까(롬14:5)? 혼인 전 연애에 열심이고 혼인 후 생활에 소홀한 사람은 주중 여섯 날을 불신자로 살고 주일 하루만 신자로 사는 불신자와 같습니다.

아직 평생의 책임이 확정되지 않은 결혼 전 관계는 사랑이란 낱말에 한참 부족해 보입니다. 사랑이란 단어는 희생과 책임이 그 심장인 듯합니다. 하나님께서 우리를 사랑한다고 하실 때에 여기서 사랑은 평생입니다. 아니 차라리, 찰나의 영원입니다. 하나님의 은총(선과 긍휼을 베푸심)과 신실하심(약속을 반드시 지키심)은 하나로서 완전한 사랑입니다.

하나님의 형상인 사람도 사랑을 논할 때는 희생과 책임으로 그 가치와 진정성이 결정됩니다. '얼마나 하나님의 사랑을 닮았는가?'라고 물을 수도 있습니다.

보람되게 살아낸 6일이 주일의 안식과 사귐과 예배를 더욱 뿌듯하게 해주듯이, 결혼 전 사랑을 내세우며 낭만의 그림자에 도취되고 마취되기보다는 희생과 책임을 부지런히 배우고 익히는 편이 진실로 복된 결혼을 맞이하게 해줄 것입니다.

결혼 전에 낭만의 진을 다 빼고 결혼 뒤 희생도 책임도 없는 두 사람의 벌거벗은 인격을 직면하며 경악, 후회하며 땅을 치고 벽을 치기보다는, 결혼 전에는 대화를 하면서 서로를 알아가고 낭만의 진은 결혼 뒤부터 본격적으로 빼고자 하는 것이 오히려 낭만을 오래오래 누리게 하는 길이리니, 희생과 책임이란 두 다리근육을 키워놓았기 때문입니다.

더 쓰지 못하고 붓을 놓습니다.

시우

31 자기 깨트림으로서의 사랑

1.

'나를 사랑'을 깨부수는 것은 '너를 사랑'입니다. '나를 사랑'이 죽을 정도의. '나를 사랑'을 십자가에 매달아버림으로 '너를 사랑'으로 하여금 부활케 하십시다. 인간의 '나를 사랑'은 타락한 마음의 지배 아래 악용됩니다. 그러나 '사랑하는 누군가'를 만나 그를 위해 자기를 주고 싶다는 열의가 솟으면 '나를 사랑'과 '너를 사랑'은 치열한 혈전을 치릅니다. 아, 누가 이길꼬? 하늘의 관객들이 목을 빼꼼 내놓고 내리어봅니다.

사랑의 감정 또는 끌림이 주는, '너'를 위해 '나'를 깨뜨리고 싶은 마음은 지금처럼 계속되지 않을 수도 있습니다. 고로 사랑의 감정이 일 때에 더욱 힘서 '너를 사랑'이라는 행복한 비정상 세계를 침노해야 할 것입니다. 바람 부는 어둠 속에서 촛불을 지키듯 예수님의 사랑을 본받고픈 감정을 잘 살리어 그러한 사랑을 해볼 수 있기를 원합니다.

만약 '나를 사랑'과 '너를 사랑'이 싸워 안타깝게도 '나'가 이기면, 긍휼의 하나님은 다시 싸움의 기회를 주시니 '자녀 사랑'이 그것입니다. '나를 사랑'이 아무리 강해도 '자녀 사랑' 앞에서는 도덕적으로나 사회적으로 혹은 체면이나 명분에 의해서라도 싸워 이기기가 어려울 것입니다. 하지만 '나를 사랑'은 매우 교묘하고 속임에 능하여서 '자녀 사랑'을 '나를 사랑'으로 위장시킬 수도 있습니다.

인간의 '나' 사랑은 '너' 사랑이나 '애' 사랑으로도 사실 깨지지 않습니다. 그래서 하나님께서 최후적 방법을 쓰셨으니 죽음으로만 보여줄 수 있는 '신'의 사랑을 나타내신 것입니다. '그 사랑'만이 이 절대적인 '나 사랑'을 깨뜨려줍니다. 다시 말하면 '그 사랑'으로 말미암아 '너 사랑'과 '님 사랑', '애 사랑', '저 사랑', '이 사랑', '새 사랑', '참 사랑'이 온다는 것입니다. 모든 것은 '그 사랑'의 줄기에 매달려 있으니 우리는 하나님의 사랑을 먹고 마시어 하나님의 사랑을 낳고 기를 것입니다.

연인이든 부부든 자녀든, 나를 쏟아 상대의 유익을 구하는 사랑의 담금질은 계속 됩니다. 나는 어디까지 왔는가? 나는 성장하고 있는가? 겸손히 그날그날의 사랑에 충성을 다하는 것 - 여기까지가 우리의 몫이외다. 하나님은 우리의 지독히 견고한 '나를 사랑'을 물갈이하시기 위해 여러 사랑의 경쟁대상들을 보내시어 그들로 우리의 사랑을 몸틀음 하시기 원하시나이다.

2.

청소를 한다거나 아니면 컴퓨터 작업을 할 때, 그대가 마음에 둔 사람이 그대를 보고 있다고 해봅시다. 그럼 그대는 그 시선을 의식해서라도 더 열심히 하겠지요? 더 성실히 하고 더 밝게 하고 평소와는 달리 궂은일도 마다 않고 희생을 자처할 것입니다. 그렇다면 우리가 어디에 있든지 그 마음에 둔 사람이 있다고 생각하고 살아보십시다. 그럼 그 삶이 얼마나 더 의젓하고 성실해지겠습니까? 나아가 하나님께서 보고 있다고 생각해보십시다. 물론 하나님은 실제로 보고 계십니다. 그렇다면 사랑하는 하나님과 마음에 있는 그이가 나를 본다고 생각하며 하루하루 살아가면 어떨는지? 그럼 한시라도 시간을 낭비할 수 있겠습니까? 더 열심히 살아서 하나님께 쓸모가 있고 또한 그이에게 떳떳하게 보이고 싶지 않겠습니까?

3.

상대를 기쁘게 하는 것으로 자기의 기쁨을 삼는 자는 복이 있나니 그는 하나님을 기쁘시게 하는 것으로 자기의 기쁨을 삼는 법을 익히고 있습니다. 날마다 주님께 나아가 그분의 은혜를 구함으로써 사랑하는 이에게 나를 내어줄 수 있으리니, 의심의 화형대에 상대를 매달려 하는 내 안의 미친 아담을 죽이고 대신 그리스도를 본받아 상대를 위해 나를 십자가에 매닮으로써 그리스도의 뒤를 따르려는 충천한 의욕 가운데에다가 자기를 보존해두는 것입니다.

나를 깨뜨림! 외적인 깨뜨림만 아니라 내적인 그 타락한 본성까지 깨뜨림! 이를 위해 필요한 강력하고 위대한 것 – 죽음만큼이나 강한 사랑입니다. 오늘 우리 안에 무슨 불신과 불만이 들던지 주님의 사랑으로 그것들을 뭉개어버리고 대신 신뢰와 고마움과 헤아려줌을 곱게 반죽하여 상대를 먹이고 섬기는 일에 진력하십시다. 그러다보면 우리는 이제 자기의 피와 살을 재료로 삼아 생명의 끼니를 지어 상대를 먹이고 자기는 상대 안의 영양분이 되어 사라지는 자리에 들어갈 수 있지 않을까 합니다.

시우

【추신】막 생각이 나서 붙입니다. 왜 사람을 사랑함이 중요한가? 하나님의 마음을 경험하게 해주기 때문입니다. 사람은 불완전합니다. 때로 모순적이고 실수합니다. 완벽하지 않지요. 그런데도 사랑하라고 하셨습니다. 또한 하나님께서는 그런 우리임에도 사랑하십니다. 이를 통해 우리는 상대가 완벽하지 않음에도 사랑해야 함과 또 사랑하는 법을 배워갑니다. 그것은 하나님의 마음을 알아감이기도 합니다. 그러니 연약한 이들을 사랑하는 것은 하늘의 수업이요 연약한 이들은 우리의 스승이 되십니다. 그들을 사랑함으로 나는, 나처럼 불완전하고 못난 죄인을 어찌하여 하나님께서 사랑해주시는지 깨닫게 되어 결국 감격하지 않을 수 없게 됩니다. 하나님 덕분에 오늘 우리도 사랑을 하는 것입니다. 하나님의 사랑을 알고 하나님을 사랑함이 인생의 최대 행복이요 지혜의 극치입니다. 여기서부터 인생을 펼쳐가고 여기 위에만 인생을 쌓아가십시다. 하나님의 사랑의 법은 인생의 모든 도에 통달하고 또한 그 모든 도를 주관하는 최상위의 법입니다.

32 연애의 효과

1.

사람은 사랑을 먹고 자랍니다. 사랑을 받으며 자란 사람이 그렇지 못했던 사람보다 더욱 아름답게 됩니다. 그런데 사람을 가장 아름답게 만드는 것은, 사랑을 주는 것입니다. 그리스도처럼 자기를 희생하여 남을 채워주는 사랑! 그것이 한 사람을 가장 아름답게 만들어줍니다. 고로 나의 벗은 어디에 계시든지 누구를 만나든지 사랑 받으시기를 나 기도하고, 더욱 사랑하시기를 또한 기도하나니, 이는 그럴 때에 벗께서 최대의 행복과 아름다움을 누리시리란 알뜰한 기대 때문입니다.

사람은 미움을 먹고도 자랍니다. 부모나 친구와 다투며 자란 사람이 사랑을 받으며 자랐던 사람보다 독합니다. 그런데 사람을 더욱 독하게 만드는 것은, 남에게 미움을 주는 것입니다. 그리스도와 달리 타인을 적대시하여 자기를 채우는 미움! 그것이 한 사람을 가장 슬프게 만들어줍니다. 고로 나의 벗은 미움을 받는 편이 미움을 주는 편보다 복되다는 것을 기억하시어 용서와 사랑으로 승리하시기를 나 기도하나니, 그럴 때에 벗께서 가장 슬프지 않을 것이란 행복한 바람 때문입니다.

2.

연애란 것은 10대 때는 멋도 모르고 하고, 20대에는 남들이 하니까 하는 것 정도로 생각할지 모릅니다. 그러나 연애라는 것은 한 인격체와 다른 인격체의 마주함이요, 그 만남을 통한 두 인격체의 하나 됨과 성장입니다. 연애는 한 인격체에 대하여 인간으로서 자신이 할 수 있는 최대의 정성과 성숙함을 쏟는 수양의 시작이요, 그렇게 상대를 축복함으로써 자기도 성장함을 얻는 통로입니다.

3.

사랑의 감정은 나를 향해 주어진 상대의 작은 호의도 크게 느껴지게 함으로써 우리 안에 기쁨의 열작용을 일으킵니다. 그로 인하여 나의 내면은 급격한 변화를 경험합니다. 사랑의 관계에서는 이러한 작용들이 활발히 일어나면서 서로가 서로를 최대로 아름다운 사람으로 변화되도록 봉사합니다. 사랑하는 사람에게서 받은 한 통의 편지가 원치 않는 사람에게서 받는 24캐럿 다이아 반지보다 더욱 반갑습니다. 이런 의미에서 생각한다면 우리는 돈 많은 사람이 되기보다 사랑 많은 사람이 되는 편이 더욱 지혜롭고 행복할 것입니다. 하나님은 사랑이십니다. 사랑하는 자는 그분의 얼굴을 뵈올 것입니다. 또한 그분의 얼굴을 나타낼 것입니다.

4.

이기적 연애가 아닌, 그리스도의 사랑을 마음에 새긴 연애는 놀라운 변화의 능력이 있습니다. 성경을 통해 머리로만 알던 하나님의 사랑과 성령의 능력을 구체적으로 연인관계 안에서 경험합니다.

하나님의 사랑으로 연애하고자 기도하며 노력하는 남녀는 '상대의 유익을 구하는 것'이 그 특징으로 되어 있습니다. 가끔 감당하기 어려운 찬바람이 불거나 무릎이 아파 바닥에 주저앉는 순간도 있겠지마는 어쨌든 의지의 기본 틀은 상대를 위하여 나를 내어주겠다는 다부진 다짐입니다.

예전 같았으면 이러이러한 상황에서 퉁명의 말을 뱉거나 냉정함으로 응답한다거나 또는 비판적, 교정적, 훈계적 태도로 즉답했을 텐데, 사랑의 성령의 활동으로 인하여 그런 때에 '잠시 멈춤' 그리고 '다시 생각'과 '오직 사랑'의 배를 마음의 강에 띄우게 됩니다. 그럼 과거 경험들에 의해 형성되었던 획획하던 성격, 팍팍하던 성격, 쌀쌀하던 성격, 흥흥하던 성격, 욱-하던 성격 등은 그보다 더 강한 사랑에 의해 제지를 받습니다. 스스로는 이렇게 될 거리가 있지 못하였는데 사랑하는 사람 오직 그 사람을 통하여서 이러한 자기변혁은 진행되고야마는 것이었습니다.

그러면 그는 인격에 있어서 '그렇지 않았더라면 달리는 있지 못했을' 큰 진보를 이룹니다. 사랑의 영에 붙들림을 받을 때, 그 사랑의 영께서는 다스리고 계신 그 사람의 인격의 과수원에다가 극상품 나무들을 심어주시고 그것들이 잘 열매 맺도록 보살펴주시기 때문입니다(갈5:22~23).

사랑은 인격의 농사입니다. 사랑으로 씨를 뿌리면 인격의 열매를 거둘 것입니다. 먹든지 마시든지 사랑의 성령(롬5:5)으로부터 도움을 힘입어 성령의 능력으로 사랑하는 사랑의 예배자들, 그 에덴의 농부들(비교, 창2:15)이 하나님과 이 땅을 영화롭게 할 것이니, 망가진 세상은 위로의 새 에덴으로 화할 것이외다.

주님, 과거 경험들을 통해 형성된 저의 개성과 정체성이 그리스도로 새롭게 해석되게 하소서. 나의 성향과 존재가 날마다 더욱 그리스도를 비추는 통로가 되게 하소서. 그러면서도 상대에 대해서는 전 존재를 받아들이는 믿어줌과 사랑을 주시옵소서. 그래서 날로 그리스도의 장성한 분량을 향해 나아감이 있게 하소서. 아멘.

5.
아우님이시여, 연애를 시작할 경우 아우님께서는 여러 가지 난처함에 봉착할 것입니다. 이제 상대는 '사람'이 아니라 '여자'가 됩니다. '여자'가 되는 순간 아우님은 그녀에게 편지를 써주어야 하기에 작문력과 표현력 등에 있어 전에 모르던 도전을 받되 그 시험을 통하여 더욱 멋진 남자로 거듭날 것입니다. 또한 그녀와 같이 다닐 때에는 가방을 들어준다거나 문을 열어준다거나, 전에는 생각할 필요도 없던 부분들에 대해 신경을 쓰면서 배려심이 싹트기 시작하는 자기의 모습을 볼 것입니다. 아우님에게 '여자'가 생기는 순간부터 허드렛일도 마다 않고, 마다 않을 뿐 아니라 스스로 하기를 마지아니할 것입니다. '여자'라는 단어가 그대에게 새 의미를 갖게 되는 그때부터는 전엔 상관도 하지 않았던 몸 관리를 하게 될 것입니다. 권위 있는 '왕(王) 자'까지는 아닐지라도 무심히도 불룩 나온 배는 허락지 않을 것이요, 비쩍 마른 멸치 같은 몸을 전처럼 아무렇지 않게 보지는 못할 것입니다. 남들이 입다 버린 옷을 주워 입던 지난날들은 온데간데없이 사라질 것이요, '머리'는 '헤어'가 될 것입니다. 아우님은 전처럼 열심히 일하고 신앙생활에도 힘쓰겠지만 전과 달리 좀 멋을 내기 시작할 것입니다. 이는 아우님께서 세속화되었기 때문이 아니라, 사랑에 빠진 사람의 자연스러운 반응이니 너무 걱정은 마시기 바랍니다.

여기에 '유머'를 빠뜨리지 못합니다. 유머는 감각과 지성의 접촉에서 나오는 불티입니다. 유머는 고단수의 영역입니다. 사랑하는 여인을 웃게 함을 신성한 의무로 여기시오.

또한 그대는 그녀의 좋은 말동무가 되어주어야 합니다. 이를 위하여 정성스러운 맞장구는 물론이요 그녀의 상태, 관심사, 취향, 개성적 화법 등을 이해하는 것까지 필요합니다.

전체적으로 아우님의 목표란, 그녀로 하여금 '세상에 어떻게 이런 남자가 있을까' 행복하여 경탄케 하는 것입니다. 이는 그녀에게 창조주를 더욱 경외하고 사랑하는 마음을 일으킬 것이외다. 하나님은 인간관계 속에서 참되이 우러나오는 이러한 찬미를 기뻐하시나이다. 다시 말씀드리오니 그녀의 '하나뿐인 남자'는 그녀에게 '그이뿐인 남자'로 기억되어야 하오. 아우님, 이에 모든 힘을 기울이소서.

이렇게 하여 그대는 점점 '남자 됨'을 배워가고 또 만들어 가리이다. 그녀가 그대에게 '여자'가 되어주었듯 그대는 그녀에게 '남자'가 되되 더욱 괜찮은 남자 그리고 점차로 최고 괜찮은 남자가 되어주는 험난하고도 설레는 좁은 길의 여행은 시작되었나이다. 인생아, 너는 사랑의 여행이어라!

물론 누이께서도 그러하셔야 할 것입니다. 그대의 외모는 시간이 갈수록 남자에게 매력요인이 되지 못하니 인격적인 관계에서 나오는 즐거움이 남자를 사로잡게 해야 합니다. 그대가 혹 모델 같은 외모를 유지한다 해도 사람이란 익숙해지기 마련이기에 그대의 남자는 거기서 얻는 즐거움이 점차 희미해질 것이요, 대신 누이의 반응과 표정과 상냥함과 온유함과 봉사함과 성숙함만이 그의 마음을 붙들어둘 수 있으리이다. "투정은 여자들의 특징이다"라는 편견 어린 말들이 세간에 난무할지라도 그게 선하다는 의미는 결코 아니오니 진리의 말씀만을 따라 자기를 새로이 만들어가야 할 것입니다.

  이렇게 말하였다 하여 과식이나 폭식 혹은 반대로 단식, 아니면 야식이나 독식 등을 통하여 과다체중이나 미달체중 상태에서 살아감이 문제없다는 것은 아닙니다. 사람을 외모로 보려는 것이 아니오라, 그러한 몸 상태는 어떠한 생활습관에서 나오는 것이고 그런 습관은 어떠한 정신 상태에서 나오는 것이기에 누이의 정신과 마음을 바로 하여 자기의 악습관의 투쟁을 해나가야 한다는 말씀을 드리려는 것입니다. 다이어트 예찬도 아니요 운동센터 신격화도 아닙니다. 좋은 나무는 좋은 열매를 맺고, 좋은 나무는 좋은 뿌리에서 나옵니다. 우리의 뿌리는 날마다 주 예수 안에다가 박고 거기서부터 양분을 흡수할 때 자연히 외모든 성품이든 관계든 좋은 열매들이 맺힐 것입니다. 이렇게 하여 누이께서는 혼자서는 그렇게 될 일도 없고 또 혼자서는 그렇게 될 수도 없는 그런 여자로 자라가야 합니다.

  이 여정 가운데 주께서 동행하시고 또 인도하시기를 기도드리나이다. 그대는 참된 연애 가운데 점차로 하나님의 창조주 되심과 섭리자 되심, 인도자 되심을 더 깊이 경험하시리이다. 익숙하던 구원론적 기독교에 더하여 재창조적 기독교의 세계가 그대에게 펼쳐지리이다. 세상을 부정하던 신앙은 세상을 새롭게 하는 신앙으로 한 차원 승화되리이다. 로마서와 계시록의 신앙은 창세기와 아가서의 신앙을 만나 입맞추리이다. 부정(否定)과 부지(不知)의 응달적 신앙은 사귐과 축제의 양달적 신앙과 얼싸안으리이다. 고난과 신비의 영웅은 기쁨과 친밀의 서민과 혼인하리이다. 남자와 여자가 하나 되어 온전함을 이루는 것과도 같은 이치이니이다. 존귀하신 아우님은 이 온전의 풍부를 누리옵고 모든 찬송을 주 하나님께 돌리소서. 아멘.

시우

33 남녀가 서로에게 가진 사랑의 한마디

벗이여,

혼자서는 나올 수 없는 생의 의미와 활력과 희열이, 충정으로 서로를 위하는 남녀 사이에서 뿜어 나옵니다. 여기에는 무한한 무언가가 있습니다. 한때 사랑하던 부부가 서로 웬수가 되는 것에도 무한한 커짐이 있다면, 존중의 대화로 서로 맞추어가며 점차로 상대를 위한 마음이 정련되는 것에도 무한한 커짐이 있고, 거기에서 영감의 별빛과 생명의 불빛이 뿜어져 나오는 것 또한 사실입니다.

그런고로 두 사람에게 달려 있습니다. 그리고 두 사람은 하나님께 달려 있습니다. 늘 주님으로부터 채움을 입고 주님께 기대어 있음으로써 둘이 서로를 채워주고 더욱 풍요롭게 해주며, 이는 서로에게 안정감과 생기를 선사해줍니다. 스스로 뽑아내지 못하고, 상대가 상대에게 주도록 된 것입니다. 이것은 다른 방식으로는 구입도 안 되고 제조도 안 됩니다.

사랑이라는 것은 결혼으로 묶이기 전까지는 아직 그 진정성을 완전히 인정받을 수 없다고 생각되나, 어쨌든 이 남녀의 사랑이라는 것은 여자의 한마디와 남자의 한 몸짓이 상대방에게 상상을 초월하는, 때로는 이해가 안 될 정도로 큰 의미를 갖게 함이 사실입니다.

여자의 한마디로 토끼 같던 남자가 호랑이가 되기도 하고 어린애 같던 망나니가 낭만의 신사가 되기도 하니, 여자의 맞장구는 남자를 남자 되게 하는 유일무이한 가치의 창조적 사역인 것입니다. 오, 나의 누이시여, 그대가 지속적으로 해야 할 선하고도 긴급하며 놀라운 열매 맺을 그 위대한 일은, 어떻게든 남자를 세워주고 우러러보아주며 존경의 마음을 표현하는 것입니다. 그것이 남녀의 신비 안에서 하나님 나라를 확장하는 확실한 방법입니다.

또한 남자의 한 친절, 한 시선, 한 몸짓으로 말미암아 여편네는 영부인이 되고 말라 죽었던 여자는 싱그럽게 산 여자 되나니, 남자의 따스한 말은 아내로 꽃 피우게 하는 둘도 없는 햇살입니다. 오, 아우님이시여, 그렇다면 그대가 할 수 있는 모든 할 수 있음으로 여자에게 친절과 정성과 헌신을 말과 몸으로 고백해주십시오. 그랬다가는 최후의 피조물인 여성 안에 창조주께서 심어놓으신 상상치 못했던 정열과 은밀한 아름다움이 뿜어 나와 그대는 솟아나는 경탄과 즐거움으로 그대의 마음을 주체치 못할 것이오. 또 그럴 때에는 남자가 홀로 100의 가공할 열정으로 이루어낼 분량보다 몇 배의 열매가 '사랑 받는 아내'를 통하여서 맺히게 될 것이니, 이는 하나님의 다스리심을 이 땅에 세우는 지름길이외다.

남녀가 서로에게 가진 사랑의 한마디! 이는 마름이 없는 것입니다. 사랑하는 남녀가 서로를 축복하고 아끼고 허물을 덮어주고, 상대의 약점을 대신 짊어지려고 할 때마다 바치는 사랑의 말 한마디의 쌓이고 쌓임을 다 합치어 계산하면 그 값이 어떻게 나오겠습니까? 그 값이라면 대한민국 전체를 사고, 아니 저 미국 땅을 전부 사고도 남음이 있겠습니다. 아아, 참 사랑이 없는 곳에는 다이아몬드도 성에 차지 않으나 참 사랑 있는 곳에는 말 한마디가 다이아몬드도 못 살 가슴 뜀을 불러옵니다.

그렇다면 주의 자녀들이시여, 힘과 지혜와 정성을 다해 상대에게 사랑의 말을 하고 사랑의 몸짓을 보이십시다. 왜냐하면 나에게는 이 작은 것이라도 사랑은 상대로 하여금 상대에게 이것이 대단히 큰 것 되게 하기에, 무척 값비싼 소중한 것 되게 하기에, 우리는 매순간에 이러한 행복의 고가품들을 힘써 생산해 선물해야겠습니다.

두 사람의 서로에 대한 절대충성은(이것은 결혼으로 완성되고 그 이후는 성찬식처럼 날로 갱신되는 것인데) 서로에게 안정감을 줍니다. '가장 사랑스러운 저이가 나를 가장 먼저 생각하고 있구나' 하는 확신이 안에 자리 잡을 때에 그는 더 이상 이전의 그가 아닙니다. 그는 부드러우면서도 강인한 사람이 됩니다. 내 사랑으로부터 사랑을 받으니 다른 것들에서 손해가 나도 아쉬움이 없고, 내 사랑의 충정이 흔들림 없으니 그 만큼 무엇이라도 할 수 있는 강인함이 되는 것입니다.
이는 남자만의 이야기가 아니라 여자도 그러합니다. 남자의 강함이 있듯 여자의 강함이 있습니다. 남자의 위대성이 있듯 여자의 위대성이 있습니다. 어느 쪽이 더 우월하다가 아니라, 무엇이든 상대를 향하여 발휘될 때에 나타나는 탁월함임을 기억하십시오. 이는 앞서 여자의 말 한마디와 남자의 한 친절이 각자가 가진 존재적 강점이요 위대성이면서도, 그것을 발휘할 수 있는 대상이 있을 때에만 발휘될 수 있는 탁월함임을 기억케 합니다.
사랑 – 그것은 상대에게 '살아 있음'을 느끼게 합니다. 나의 존재의 '있음'을 확인받게 합니다. 그냥 있는 것이 아니라 '가치 있음'을 확인하여 줍니다. 그러면 세상은 새 하늘과 새 땅이 됩니다. 새 사람이 됩니다. 새 시간이 됩니다. 새 인생이 됩니다. 사랑은 한 글자로 쓰자면 '새'요 두 글자로는 '있음'입니다.

이 사랑의 신비, 사랑의 놀라움, 사랑의 위대성 - 이는 하나님의 절대적인 속성을 비추어주는 상대적인 거울입니다. 하나님을 잘 사랑하는 자는 연인을 사랑함에도 잘함이 있을 것입니다. 신앙은 사랑을 높여주고 사랑은 신앙에 불을 넣어줍니다. 신앙과 사랑은 쌍둥이입니다. 연인이 없는 때에는 하나님을 사랑할 때입니다. 연인이 생긴 때에는 하나님을 더더욱 사랑할 때입니다.

먼저 하나님의 나라와 그의 의를 사랑하십시다. 그리하면 나머지는 우리의 생각 이상으로 더하시리이다. 아멘.

시우

34 시대적 공허와 사랑의 묘약됨

벗이여,

오늘날은 참으로 외로운 시대입니다. 활동들은 넘쳐납니다. 스크린과 이어폰으로 인해 우리의 눈과 귀는 1초도 쉴 새가 없습니다. 그런데도 어느 때보다 외롭습니다. "네 뜻대로 살라" 철학의 1인 가구는 이제 한국에서 가장 보편적인 사는 방식이 되었다지요. 다 외로우니까 나만 외롭다 할 수 없는 때가 온 것입니다.

이런 때에, 의미 있는 관계가 아니고서는 그 외로움은 해결 될 수 없을 것입니다. 의미 있는 관계란 여러 가지가 있겠지만 미혼 30대의 경우는 대부분 이성과의 만남을 떠올리겠지요. 그렇다고 아무 이성이 아닙니다. 성숙한 사람과의 성숙한 관계입니다. 그런 관계에 놓이는 정도의 의미가 아니고서 30대 솔로는 시간이 갈수록 무겁게 그리고 무섭게 외로운 시간이 되는 것 같습니다.

오늘날은 분위기상으로나 경제상으로 결혼하기 참 어려운 때입니다. 결혼을 하든지 않든지 의미 있는 삶을 만들어가야 할 것입니다. 이를 위해서는 상대를 책망하는 습관을 깨부수고 나를 회개하는 습관으로 바꾸어가야 30대 노총각 노처녀에게 누가 관심이라도 좀 갖지, 자기의 가시 돋고 모난 미숙함이 무슨 자랑이라도 되듯 그걸 고칠 생각은 안 하면서 아무도 나에게 다가오지 않고 외로움만 날 좋아한다며 하늘에 대고 고래고래 소리쳐봐야 소용없겠지요.

오늘 우리의 사명은 속히 성령의 열매들이 내 안에 맺히도록 힘쓰는 것입니다. 그리고 그것으로 의미 있는 관계를 더욱 의미 있게 하고 또한 날로 의미 있게 하여, 하늘을 통해서 오는 의미들을 먹고살아감으로 하루하루에 생기와 화기가 돌도록 해야 할 것입니다.

30대가 넘어서 결혼하려 함은 허리띠를 졸라메지 않고서는 어려움이 있습니다. 자아가 상당히 커진 상태이기에 이를 어서 처리하지 않으면 점점 어려워집니다. '차라리 혼자 살지 뭐' 하게 됩니다. 남녀 둘은 각자의 세계를 오랜 시간 키워왔습니다. 그리고 상대에게 그것에 맞추어달라고 요구할 것입니다. 그러나 이를 서로 맞추어가야 하는데 대화와 이해와 희생 외에는 길이 없습니다. 결혼 안 하고도 얼마든 사는 시대라니까 차라리 대화도 않고 결혼도 안 하려는 젊은이들이 많을 것입니다. 30대의 결혼은 '상대를 위하여 얼마나 나를 내려놓을 것인가?' – 이에 대한 단단한 각오를 가진 두 개인만이 할 수 있지 않나 생각됩니다. 밤이 깊어 이만 줄입니다.

6월 5일 (일)

시우

35 연인은 구세주가 아님

때로 낭만의 감정이 너무도 지고지순하여 잠시 상대가 인간임을 잊어버리고 내 연인은 나의 모든 것을 받아주고 이해해줄 것만 같을 때가 있습니다.

그러나 인간은 인간입니다. 완전함, 실수없음, 변함없음은 하나님께 속한 영역입니다. 우리는 그것을 닮고자 하고, 그 부분에서 성장하여 갑니다. 하지만 사람은 본성상 죄인이요, 그 죄성의 뿌리는 한도 끝도 없이 파내려가도 여전히 나올 정도입니다.

연인이든 부부든 상대는 나의 구세주가 아닙니다. 구세주는 예수 그리스도 밖에 없습니다. 나도 상대방의 구세주가 아닙니다. 그랬다가는 서로가 서로를 우상으로 만들어주는 꼴이 됩니다. 고로 상대를 지극히 소중히 여기고 또 신뢰하되 상대가 완벽하기 때문이 아니라 상대가 연약해도 믿어주고 실수해도 밀어주려는 그런 꿋꿋한 자세로 나를 꼿꼿이 무장할 것입니다.

낭만감이 충만할 때에는 이런 차원을 별로 생각하고 싶지 않을지 모르나, 그러한 감정이 식을 때에는 상대방의 결점들이 눈앞에서 춤을 추기 시작할 것입니다. 내가 알던 그이가 아니라고 느낄지도 모릅니다. 그러니 그때를 대비하십시다. 사실 그게 우리의 모습이지 않습니까. 우리는 함께 구세주를 필요로 하는 죄인들이요, 함께 성화 되어가는 의인들입니다. 남녀는 서로가 이 과정을 함께하고 지지하는 것이지 서로를 구세주로 삼는 것이 아닙니다. 상대에 대한 무리한 기대를 그치고 어떻게 상대를 더욱 섬길까, 그러한 예쁜 기대를 품으십시다.

[십자가에 달린 예수님]의 모습은 그들이 따랐고 생각했던 메시야의 모습이 아니었[다] … 남편의 모습[도] 항상 아내의 기대에 모자란다. 그들이 생각했던 메시야상과 달랐던 예수님처럼 남편의 모습도 아내에게는 항상 실망스럽기만 하다 … 그럼에도 불구하고 주님은 믿음의 눈으로 서로를 보라보아 주기를 바라신다 … 남편이 아내를 사랑하는 것은 아내가 사랑받을 만한 모양을 가졌기에 사랑하는 것이 아니다 … 예수님이 사랑하라고 말씀하셨기에 그 말씀 앞에 순종하는 것이다.[32]

6월 14일

시우

---

[32] 이요셉, 『결혼을 배우다』(서울: 토기장이, 2016), 112~13.

36 가치의 높낮이가 존재함

 어느 남자는 재산이 많았습니다. 수많은 미인들과 사귀어보았습니다. 그러다 그 남자는 그렇게 외모가 빼어나지도 않고 키가 훤칠하지도 않은 어느 여인으로부터 편지를 받습니다. 그리고 그 안에 담긴 따듯한 무엇으로 말미암아, 지금까지는 여자들이 자기를 찾아오게 하던 그이가 이번에는 자기가 그 여자를 찾아 나섰습니다. 그녀의 집에 가보니 그녀는 늙은 어머니를 모시며 살고 있었고, 집은 반지하 방이었습니다. 그러나 그녀는 인품과 신앙이 훌륭하였고 마음이 깊으며 생각이 다채로웠습니다. 그는 지금까지 보아왔던 아름다운 여인들의 화려함이나 귀족적인 명품 선물들보다, 그녀에게서 오는 손때 묻은 편지 한 통이 더욱 소중하게 느껴졌습니다.
 이 이야기를 통해 우리는 외적 가치보다 '끌림이 더 큰' 내적 가치가 있음을 확인하게 됩니다. 더 깊은 이러한 가치들은 성경의 풍부한 권고에 순종함으로 날로 계발됩니다. 가히 성경은 21세기에도 여전히 생명책이요 현실을 변혁시키는 산 힘입니다.
 보이는 외적 가치보다 보이지 않는 내적 가치가 더 좋음을 경험한 이들은, 역시 보이지 않는 영적 가치가 존재함도 인정할 수 있을 것입니다.
 영적 가치는 내적 가치와 긴밀히 연결되어 있습니다. 중요한 것은, 내적 가치가 외적 가치보다 높았듯 영적 가치가 외적 가치보다 높고, 내적 가치를 삶에서 경험하여 힘을 얻듯 영적 가치도 삶에서 경험하여 그것이 주는 힘과 기쁨을 맛볼 수 있다는 점입니다.

연인들이여! 상대의 외모에 처음 끌림이 시작될 수는 있지만 점점 그 끌림은 내적인 것으로 이동하지 않습니까? 그럴 때마다 기억하십시오. 영적 가치도 그러하다는 사실을 말입니다. 그리스도께서 우리를 위해 죽으시고 또 부활하셨다는 '가치'는 실생활과 관련이 없고 경험되지 않는 무의미한 것이 아니라 경험될 수 있는 것이며, 그때에는 가장 높은 가치가 무엇인지 체험할 것입니다. 그런고로 사랑하는 남녀는 서로 사랑하면서도 늘 영적 가치에 관심을 갖고 그 세계를 소망함이 있어야겠습니다. 그것이 가장 복된 길이기에 두 분께서 그러한 행복을 누리시기를 간절히 바라는 까닭입니다.

6월 20일

시우

37 상대의 약함에 나를 맞춤

결혼을 향해 같은 길로 항해하는 나의 연인이 다른 이성에게 굉장히 친절하다거나 아니면 뭇 이성들로부터 주목과 관심의 대상이 되고 있다고 해보십시다. 가령, 남자가 너무 친절하여 뭇 여성들에게 다 잘해주는 꼴을 보아야 한다거나 아니면 여자가 워낙 아리따워 뭇 남성들이 어떻게든 접근해보려는 내밀한 소망을 가지고 있음을 남자가 안다고 해보십시다.

이때 둘은 서로 맞추어가기 위해 어떻게 해야 합니까? 남자의 친절한 모습을 보며 힘들어하는 여자더러, "마음을 비우고 그냥 받아들이시오." 해야 합니까? 그렇게 하는 사람은 몰라도 한참 모르는 것이지요. 아닙니다. 사람마다 약함을 느끼는 부분이 다르죠. 약한 쪽에게 맞추는 겁니다.

사도 바울은 우상에게 바친 제물(예루살렘 교회 지도자들은 목회적 관심에서 이를 금했는데, 행15:29)에 대해 "우상은 실제로 존재하는 신이 아니라"(고전8:4, 현대인의 성경)면서, 혹 그것을 먹는다고 해도 문제는 아니라고 했습니다(고전10:27). 그런데 먹지 말아야 할 때가 있다고는 했으니, 양심이 약한 어느 사람이 그걸 보고 시험에 들 수 있는 때였습니다(고전10:28, 8:7). 형제자매를 실족시킬 수 있다면 자기는 아예 고기 자체를 안 먹겠다고 합니다. 왜요? 한 영혼이 가장 귀중하니까(고전8:11).

그럼 연인관계에서도, 약한 쪽에 맞추는 것이 옳습니다. 상대가 힘들어하면 거기에 맞추는 겁니다. 연인은 자기가 어떤 부분이 힘든지 서로에게 부드러이 이야기해주어야 할 것입니다.

  나의 어떤 행동이 상대를 힘들게 하면, 사랑하기에 나는 상대에게 맞추게 됩니다. 그럼 이렇게도 생각해봅시다. 힘들어하는 연인을 위해 나의 존재를 새롭게 하고 성향과 기질과 스타일마저도 사로잡아 굴복시켜 상대방을 배려하고 상대에게 맞추듯이, 하나님의 뜻에 나의 모든 뜻과 의지와 성격과 스타일 등을 꺾어서 복종시키고 맞추기를, 그것도 사랑과 열의와 기쁨으로 하는 것입니다. 나를 부인하고 상대에게 맞춘다는 것이 비록 힘들고 어렵기는 하지만 내 사랑을 위하여 그렇게 한다는 것에 대해서만큼은 무한한 즐거움에 사로잡히는 것처럼, 이루 말할 수 없는 기쁨과 영광과 존경으로 하나님의 뜻에 순복하려는 것입니다.

  아, 그이가 나의 무엇을 힘들어하나요? 대화를 통해 그것을 알고 그 다음에는 나를 재구성하여 상대에게 평안함으로 안겨지십시다.

  우리 하나님께서 무엇을 말씀하셨나요? 무엇을 기뻐하시나요? 그걸 모르지 않지요. 하나님의 뜻이 암흑 속에 감추어져 있고 소수의 사람들만 아는 것이 아니지요. 하나님은 선지자들과 사도들을 통하여 그분의 뜻을 우리가 충분히 이해하도록 드러내주셨으니, 이야말로 확실한 계시요 우리가 들어야 할 '하나님의 뜻'입니다. 그럼 우리는 끓는 열의를 가지고 이 뜻에 순복하십시다. 사랑하는 분의 말씀이니 미치도록 사랑하십시다. 사랑하는 이의 목소리라면 무의미한 "가나다라마바사"만 들어도 충분히 내 가슴이 뛴다면, 사랑하는 이로부터 "사랑합니다"라는 내용의 소리를 들으면 어떠하겠습니까? 하나님께서 말씀하시기를, "누구도 무엇도 그리스도 안에 있는 너희를 향한 나의 사랑을 끊지 못한단다." 잠시 붓을 내려놓고 무릎을 꿇으십시다. 감사의 찬미만이 이 시간 합당합니다.

　주께 순종함, 그것이 나의 기쁨 나의 평안, 나의 자랑, 나의 노래. 그것이 있어 나에게 호흡이 있고 그것이 없어 나에게 호흡이 없네. 나의 깊고도 간절한 하나의 소원, 아니 한 다짐은, 주께 순종하는 행복으로 때때를 살자는 것. - 시우

　주여, 언제든지 주께서 원하시는 대로만 나를 인도하여 주소서. 내가 혹 앙탈을 한 대도 주여, 그것은 성립되지 않도록 나를 이끌어주소서. 내게서 주님은 강하게 되고 나는 약하게 되어야 하겠나이다. 곧 주는 흥하여야겠고 나는 망하여야 되겠나이다. 주께서 주인이 되시고 나는 노복이 되어야겠나이다 … 주여, 당신이 이미 아시나이다, 나의 무력함을. 다만 당신의 감동대로 순종하려는 이 마음 하나밖에는 아무 자본이 없나이다. - 이용도(1901~1933)

시우

38 과정의 문들

　모든 인간관계가 그렇지만 사랑은 특히 수많은 과정의 문들을 거칩니다. 그러면서 상대의 다양한 면모를 봅니다. 많은 대화가 오가면서 자신과 상대방에 대한 앎을 얻습니다.
　호감이 가는 장면들, 존경스러운 모습들만 보아서는 제대로 알 수 없습니다. 그건 포장되고 가려진 짙은 화장일 때가 많습니다. 그러나 함께 갈등의 방에 머물러보아야 할 것입니다. 사람은 갈등 상황에서 그가 누구인지 생생히 드러납니다.
　그렇다고 부러 싸울 필요는 없겠지요. 지나다보면 그런 시간은 오기 마련이니. 벗이여, 상대는 그대가 생각하는 그대로의 그 사람이 아닙니다. 그대가 생각하는 그대로의 그 사람이기를 바라지 마시기를. 그러한 기대는 깨지기 마련입니다. 결혼할 사람이라면 그런 기대보다는, 상대를 위하여 '지금까지의 나'를 전적으로 개조하겠다! – 그러한 열의를 갖는 편이 필요하다고 생각합니다.
　내가 행복하기를 바라는 순간부터 둘 사이의 행복은 사라지기 시작합니다. 중력의 법칙만큼이나 확고한 관계의 법칙입니다. 나의 행복을 좇아감은 우리의 행복을 쫓아냄입니다. 불행을 위하여 결혼하는 사람은 없습니다마는, 결혼에 합당한 자세란 상대방의 행복을 먼저 추구함으로 내가 행복하게 되는 것이라고 생각합니다. 결혼 전에는 좀 더 까다롭게 상대를 보고, 결혼 뒤부터는 무조건적 사랑을 하는 것이 순서일 것입니다.

여하튼 갈등은 서로의 반응에 따라 유익하게 쓰일 수도 있고 혹은 파괴적일 수도 있습니다. 그때에는 상대방을 잘 보고 또한 자기 자신도 돌아볼 것입니다. 상대방이 나의 무엇 때문에 힘들어 하는가? 상대를 위하여 나는 그 점을 어떻게 바꾸어갈 수 있을까? 부정적 발상의 습관으로 인하여 불필요하게 문제를 키우는 자세가 내게 있지 않은가? 남녀차이에 대한 이해가 내게 부족한 것은 아닌가?

갈등의 때를 자기 성찰의 때로, 주님 앞에 고요히 서는 때로 삼는 커플은 복이 있습니다. 상대에 대한 서운함과 원망의 거짓 함정에서 속히 나와 믿음 소망 사랑으로 목욕재계하십시다. '위기'는 '위'험과 '기'회로 이루어져 있으니 위험(crisis)을 기회(opportunity)로 삼으십시다. 주여, 우리를 도우소서. 아멘.

시우

39 사랑의 땡볕

　전에는 그녀와의 대화가 그렇게 순조로웠다고요. 무슨 말을 해도 그녀는 웃어주었고 또 정성껏 응대해주었다고요. 그런데 그녀와 교제가 시작된 이후부터는 대화가 점점 어려워졌다고요. 왜 전처럼 편하게 대화가 되지 않고 이제는 아주 작은 것에서도 서로 예민하게 반응하게 된 것인지 도통 알 수가 없다고요. 밝은 달 아래 그녀를 집에 데려다주며 행복해하는 순간도 잠시. 무슨 주제를 놓고 입만 열면 '과연 이 사람이 진짜 그 사람인가' 싶을 정도라고요.

　형제여, 남녀 관계란 서로 친밀하게 결합될수록 서로를 자기의 소유라고 느끼기 마련이 아니겠습니까. 이전에는 '멀리 있는 신비로운 그대'였는데 감정이 깊이 엮일수록, 서로가 서로에 대해 '내 것'이라는 인식이 강해지면 강해질수록, '상냥하고 지적이던 그녀'는 없어지고 이빨이 날카로운 그녀가 앞에 떡 있게 되는 것이지요.

　이렇게 1년이 흐른다고 해봅시다. 툭하면 말싸움인 그대의 심신은 피로해지고 관계를 끝내고 싶은 마음이 울렁입니다. 이때, 다른 여성이 나타나 그대의 말을 굉장히 잘 들어준다고 쳐봅시다. 그럼 그대는, '어떻게 이런 여자가 있지? 내 여자 친구와는 다르게 이렇게 내 말을 잘 들어주지? 우리는 대화가 너무 잘 통해. 바로 이 사람인데 내가 그 동안 다른 사람을 만났던 건가'라고 느낄지도 모릅니다. 그러나 기억하십시다. 그것은 둘이 아직 엮이지 않았기 때문에 그런 겁니다. 혹 그대가 익숙해진 지금의 연인을 내던지고 신발을 갈

사랑편 *167*

아신는다면, 기억하십시다. 그 사람과 가까워질수록 그녀도 다르지 않으리란 것을.

만인으로부터 천사 소리를 듣는 사람일지라도 누군가와 사적 관계에 들어서면서 상대와 감정이 깊이 엮이다가 결국 그러한 천사는 사라지는 것입니다. 천사가 사라지는 것이라고 슬퍼하지는 마십시다. 그대도 천사는 아니지 않습니까? 천사는 가고 이제 사람이 남습니다. 그대도 사람이지 않습니까? 사람은 사람을 만나는 것이지 천사를 만나는 것이 아닙니다. 아담에게는 짐승들도 아니고 천사들도 아니고 오직 한 사람 하와가 있었을 따름이외다.

친밀함 속에서는 편안함을 느끼기에 전처럼 예리하고 감동 넘치는 대화는 줄어들겠지요. 오히려 작은 것으로 서로 서운해 하기 시작합니다. 전에는 얼굴만 보여주어도 감사의 절을 올려드렸는데 이제는 웃어주지 않는다고 서운해 하고 사소한 일로 상대를 비난하기 시작합니다. 존 그레이는 이런 때를 '사랑의 여름'이라 했습니다.

> 사랑에 여름이 오면 우리는 처음 생각했던 것처럼 상대방이 그렇게 완벽하지는 않으며, 두 사람의 관계를 가꾸어 나가기 위해서는 노력이 필요하다는 사실을 깨닫게 된다 … 실망과 좌절감이 든다 … 사랑을 주고받는 일이 처음처럼 그렇게 쉽지는 않다. 늘 행복한 것은 아니며, 사랑의 감정도 언제나 한결같지 않다는 것도 알게 된다 … 사랑이 그렇게 쉬운 것만은 아니며, 특히 뜨거운 태양 아래에서는 각별한 보살핌이 필요하다는 것을 그들은 깨닫지 못한다.[33]

---

[33] 존 그레이 지음, 김경숙 옮김, 『화성에서 온 남자 금성에서 온 여자』(파주: 동녘라이프, 2015), 251~52.

사랑의 여름! 상대를 자기의 소유로 보고 상대로부터 더 많은 것을 기대하거나 작은 것에도 섭섭해 하는 시기입니다. 이는 자연스러우면서도 또한 부자연스럽기에 조심해야 합니다. 사랑은 흘러가는 대로 흘러간다고 완성되는 것이 아니니 이 시기를 잘 넘겨야겠습니다.

상대방을 하나님의 아들딸로 바라보는 것, 그래서 상대를 가장 존귀한 존재로 여겨주는 끈질김! 상대방의 행동에 따라 반응하기 전에, 상대가 하나님의 사랑 받는 자녀라는 이유만으로 상대를 최상으로 섬기는 것! 이러한 차원만이 사랑의 변화무쌍한 계절 주기를 무사히 지나게 할 것입니다.

서로 감정적으로 육체적으로 친밀해질수록 상대를 자기 소유로 여기며, 다른 사람에게는 그렇지 않으면서도 사랑한다는 저이의 반응에는 유독 민감해집니다. 긴장 상태! 감정적, 육체적 엮임의 속도를 줄여야 할 것입니다. 그 속도를 감당하지 못했다가는 그 소중한 관계가 파괴될 수도 있기 때문입니다.

여기서 우리가 얻는 조언은 두 가지니, 감정적 육체적 친밀해짐의 속도를 가능한 늦추자는 것입니다. 30대라고 성급하지 말고 주님께 순종하려는 마음으로 조금 속도를 늦춥시다.

다음으로, 시간이 갈수록 감정적 육체적 친밀함은 깊어지기 마련이니 서로 각별한 주의를 기울여 상대에 대한 존중을 잃지 않도록 하는 것입니다. 시시한 말싸움을 피하고 감정적으로 예민해지지 않도록 자기를 다스리며(그런 순간들은 찾아옵니다. 원치 않아도 찾아옵니다), 불만이나 원망이 생길 때에는 그것이 혹 오해에 근거한 것이 아닌지 확인하기 위해 상대에게 부드럽게 물어볼 것입니다(이런 맞추어감의 대화는 계속되어야 합니다. 남녀의 오해는 '오일장'이오니). 이 시기에는 남녀의 차이나 갈등을 다루는 책을 함께 읽어봄이 복된 결혼을 준비함/유지함에 도움이 될 것입니다.

사랑의 여름 그 땡볕 아래를 지나는 님들이시여! 그 뙤약볕 아래서도 희생의 복음은 우리를 살리는 시원한 생명수 되어줄 것이외다. 사랑과 결혼에 있어서도 복음은 능력이 있나이다. 복음의 생수를 마시옵소서. 날마다 마시옵소서. 그래서 나를 통해 상대도 마시우게 하소서. 복음은 어느 때에라도 생명의 능력입니다. 아멘.

시우

40 사랑과 신앙의 유비(analogy) 모음

사랑하는 이의 옴과 주님의 재림

사랑하는 이의 방문을 받아보았습니까? 그의 방문이 꿈만 같은 기쁨이라면, 그렇다면 주님의 다시 오심은 얼마나 큰 기쁨이 되겠습니까? 사랑하는 이의 옴이 설렘을 주듯 주님의 다시 오심은 소망을 주지 않습니까?

또한 사랑하는 이의 옴이 그날까지 하루하루에 의욕과 살아있음의 의미를 부여하듯이, 주님의 다시 오심은 그날까지 더욱 사명에 충성하고 감사와 사랑으로 하루씩을 살아낼 의욕과 의미를 제공하는 것입니다. 주님이 다시 오신다는 미래적 사실은 오늘 우리의 하루가 지극히 소중한 것 되게 만드는 가장 든든한 현재적 자산입니다.

사랑하는 이가 온다면 다른 자잘한 것들에 주목하지 않고 다만 그날을 위로로 삼아 즐거운 기분 가운데 기다리듯이, 주님의 다시 오심은 우리가 세상의 작은 것들에 연연치 않고 의젓함과 자족함으로 여전하게 나아가도록 돕는 위로적 신앙입니다.

【추신】미래에 대한 가르침을 의미하는 종말론(eschatology)은 승리의 미래를 오늘에 가져다줌으로 오늘을 소망 가운데 승리하게 하는 도움입니다. 유의할 점은, 종말론이 사람을 위해 있는 것이지 사람이 종말론을 위해 있는 것이 아닙니다. 우리의 현재를 탈취하여 미래만 바라보게 하는 것은 순서가 뒤바뀐 경우입니다. 과거적 교리나 미래적 교리는 모두 현재를 살아가는 성도들의 종입니다. 성도들이 교리의 종이 아닙니다.

남녀의 동행과 신앙

성경은 항상 기뻐하라고, 쉬지 말고 기도하라고 하지요. 이 표현들은 시간적 24시간이 아니라 의식적 떠올림과 힘입음을 말한다고 할 것입니다. 즉, 하루 중 무엇을 하고 누구를 만나든, 그것이 내 곁에 있다고 여김으로써 그것과 동행하는 것입니다. 마찬가지로 늘 그녀가 그리운 상태, 그녀에게 목마른 상태, 그녀와 함께하고픈 단순하고도 순수한 심정, 존재의 그러한 기분! 사랑하는 남녀가 떨어져 있으면 문자를 밥 먹을 때에도 주고받고, 밥 먹고 설거지를 하면서도 주고받고, 심지어 샤워를 하면서도 주고받는 것은 '항상의 동행'입니다.

남녀의 이러한 동행은 하나님과 우리의 동행에 대해 가르쳐줍니다. 사랑하는 남녀가 서로 다른 곳에서 무얼 하든지 서로를 생각하는 것이 사랑이라면, 우리가 이 땅에서 무얼 하든지 하나님을 생각하는 것이 신앙입니다. 남녀가 밥도, 설거지도, 샤워도 상관없이 문자를 주고받는 것이 사랑이듯, 시도 때도 없이 그리고 무슨 일을 하든지 하나님과의 연락을 주고받는 것은 신앙입니다. 사랑과 신앙은 참으로 닮은꼴입니다. 하나님과 나의 관계는 나와 연인의 관계에 있어 안전한 등대입니다.

간지럼의 남녀와 창조주

창조주는 여자에게 간지럼탐을 주시고 남자에게 간지럽힘을 주셨습니다. 여자는 간지럼을 타게 하시고 남자는 간지럼을 일으키게 하셨습니다. 창조주께서 지으신 모든 것이 선하고(창1:31) 아름답습니다(전3:10).

사랑에 빠지면 사람이 개선됨에 대하여

주변 사람들로부터 교만하다는 소리를 듣던 형제가 어느 날 사랑하는 여인을 만났습니다. 그러자 그는 무척 세심하고 배려하며 남을 먼저 생각하는 사람이 되었습니다.

사람이 제대로 된 사랑을 하니까 더 좋아졌습니다. 사람이 사랑을 못 만나서 그렇지 사랑다운 사랑을 못 해봐서 그렇지, 하면 좋아집니다.

그렇습니다. 사람이 하나님을 못 만나봐서 그렇지 만나보면 좋아지지 않을 사람이 없습니다. 그러니 누가 누구를 향해서 정죄한다거나 포기한다거나 할 수 있겠습니까? '아직' 하나님을 못 만난 것뿐인데. 그리스도의 십자가 사랑만 체험하면 그는 바뀝니다. 좋아집니다. 심히 좋아집니다. 새 사람이 됩니다.

인간도 관찰을 통해 이를 알 수 있다면 하나님은 얼마나 더 잘 아시겠습니까? 그럼 하나님께서 인간을 왜 그냥 포기하지 않으시는지도 알만하지 않습니까? 왜 죄인들에게도 그 크신 사랑을 베푸시되 십자가에서 목숨을 주기까지 사랑하셨는지 조금은 알 듯하지 않습니까? 그렇다면 우리도 누구에 대한 절망을 가질 자격이 없지 않겠습니까?

보전의 책임

하나님으로부터 은혜를 받으면 그것을 까먹지 말고 잘 지켜가야 하듯 연인과 사랑의 충만을 누릴 때 그것도 까먹지 말고 잘 보존해서 지켜나갈 것입니다.

저절로 하나님과의 관계가 충만한 것이 아니듯 연인과의 관계도 저절로 충만할 수 없으니, 두 관계 모두 신실하고 정성스러운 우선적 헌신이 필요합니다.

사랑의 민감성과 죄의 민감성

남녀 관계는 사소한 것으로도 틀어집니다. 어떻게 이렇게 작은 것으로 그렇게 큰 감정의 동요를 겪는지 생각하면 놀라움을 넘어 신기할 정도입니다.

이것은 작은 죄로 하나님 앞에 틀어질 수 있는 우리를 생각하게 합니다. 기도와 말씀 등 외적인 경건 생활이 많아 보여도 속으로 작은 죄를 숨기고 있으면 하나님과의 관계에 빨간불이 켜집니다. 남녀의 사랑이 민감하듯 죄도 민감합니다.

남녀 관계에서 아무리 겉으로 웃고 평상시와 똑같은 행동을 해도 그 속에 딴 맘을 먹고 있거나 차가운 뜻을 품었거나 사랑이 식은 상태라면 상대방은 이를 즉시 눈치 챕니다. 하나님은 더욱 그러하십니다. 하나님을 향한 마음이 식거나 죄의 달콤함을 위하여 불순종할 마음을 숨기고 있다면 그의 표정이 평소와 똑같고 그의 경건생활에 빈틈이 없어도 하나님께 그 변화는 생생히 비추어지는 것입니다.

질투

어느 남성이 내 여인의 머리카락을 쓰다듬을 때 분노와 질투가 일어날 것입니다. 관계적 소유에 대한 침범은 정당한 질투를 일으킵니다. 하나님께도 그러합니다. 하나님을 향한 우리의 마음을 빼앗는 것에 대해서 하나님은 질투하십니다.

그런데 사랑하는 이로부터 질투를 받는다는 것은 가장 깊은 안심입니다. 질투는 사랑의 전투적 표현입니다. 질투한다 함은 상대에게 내가 그토록 중요하다 함입니다. 이를 생각할 때, 하나님을 늘 먼저 생각해드리기 원하는 마음이 솟습니다.

좋음과 책임감

남녀 관계에는 좋음이 있지만 좋은 만큼 책임도 있습니다. 남녀가 서로 입을 맞추는 '좋음'의 대가는 서로의 존재와 관계에 대한 '책임성'입니다. 하나님께서도 우리를 사랑하시는 것('좋음')만 아니라 그에 따르는 책임으로 그리스도의 십자가 희생과 성령의 강림을 선물로 주시었습니다. 좋아합니까? 사랑합니까? 그만한 책임감으로 증명하십시다.

시우

2부 결혼편

남자가 부모를 떠나
그의 아내와 합하여
둘이 한 몸을 이룰지로다

41 왜 결혼을 논하는가

고국의 벗들이시여,

어쩌다 제가 결혼에 대해서까지 쓰게 된 것인지, 그런 상상도 해본 적 없는데요. 이 올무에서 날 건져주시기를 원합니다. 제 머릿속은 온통 하얗게 되었습니다. 무슨 말로 시작해야 할지조차 감 잡을 수 없구려. 편지가 아니었다면 벌써 구겨져 쓰레기통으로 던져졌을 일. 그러나 벗의 넉넉한 마음 덕에 이런 글도 씁니다그려.

경험적으로 알지 못하는 부분들에 대해 쓰자니 고등학생이 대학 생활은 어떻다고 떠드는 것과 같습니다. 또래 친구들 모아놓고 대학 다니는 형님들로부터 들었다면서 대학은 이렇다 저렇다 들레는 꼴입니다. 혹 대학에 조기 입학하여 그 생활을 이미 시작한 친구가 그중 끼어 있을지라도 그래도 누가 압니까, 듣다 보면 몰랐던 것을 얻게 될지.

저도 그렇게, 경험자들의 말을 종합하고 거기에 뿌리 내려 생각의 가지를 뻗어보고자 합니다. 이때 제 의도는 하나, 오직 하나입니다. 벗께서 생각에 약간이나마 밝은 빛을 얻고 가슴에 조금이라도 어진 뜻을 얻는다면 편지는 사명을 다한 것입니다. 그러니 제가 결혼을 했는지 안 했는지 그런 것은 아무 상관도 없이, 벗의 유익만이 중요할 따름입니다. 그때에 하나님께서 영광을 받으시리이다. 그렇게 글쓴이는 사라지고 하나님과 벗들만 남기를 바라나이다. 그때에는 글쓴이도 벗들 사이 어딘가에 끼어서 함께 찬송을 부르고 있으리니.

이렇게 마음을 다져보아도 여전히 눈앞은 불빛 없는 깊은 산입니다. 틈틈이 적어놓은 노트들은 거친 숨을 몰아쉬며 어수선한 표정을 하고 있습니다. 관련 서적들을 살피고 먼저 그 길 가신 이들의 이야기를 들으며 약간 감은 잡았으나 충분히 표현되기에는 한참 부족합니다. 그저 우리가 조금 더 하나님의 눈으로 결혼을 볼 수 있다면 대만족이겠습니다. 감사와 찬송을 주님께 돌리며 이만 줄입니다.

2016년 4월의 첫날 오후 연길

머리가 멋은 듯한

시우

42 독신이냐 결혼이냐

저는 의자에 걸터앉아 여러 형편의 내 친구들을 하나하나 멍하니 떠올려봅니다. 주를 섬기기 위해 결혼과 가정을 내려놓은 분들, 받은 사명의 특성상 혼자 있는 편이 더 효과적이겠다 판단하여 독신으로 분투하는 벗들, 주를 섬기기 위한 동일한 사명으로 둘이 하나를 이룬 친구들. 그리운 얼굴들, 소중한 이름들.

벗이여, 결혼을 하든지 하지 않든지 잠시 하지 않든지 평생 하지 않든지 중요한 것은 자기의 상태에 만족하는 것입니다. 어떤 길이든 마음에 평강이 있어야 할 것입니다.

인생에서 결혼이나 독신 자체가 결정적이지는 않을 것입니다. 둘 다 주님을 섬기기 위한 통로이니까요. 고로 결혼과 독신이 사람을 위해 있는 것이지 사람이 거기에 휘둘려 눈물로 바닥을 치고 있을 것은 아님을 확신합니다. "그리스도 예수 안에서는 결혼이나 독신이 상관이 없되 사랑으로써 역사하는 믿음뿐이니라"(비교, 갈5:6).

하나님의 나라는 성령 안에서 즐기는 의로움과 평화로움과 기쁨이니(롬14:17), 우리는 '지금 내 상태'에서 즐거워하십시다. 그리고 선한 일들을 추구하십시다. 독신이라면 더욱 친구들과 함께, 결혼이라면 더욱 배우자와 함께.

벗들께서 각자의 선택에서 뿌듯함을 느끼며 더 큰 의욕과 감사로 주님 섬기는 기쁨 누리시기를 원하나이다. 결혼하면 혼자만의 시간이 그립고, 혼자이면 누군가와의 시간에 목마르다는데. 그러나 독신이라면 그 상태에서 최대로, 결혼이라면 그 상태에서 최대로 주님을 섬기되, '맞아, 내겐 이게 맞아!' 하는 잘 정리된 자기이해 속에서 이웃을 더욱 섬기는 행복으로 충만하시기를 바라는 것입니다.

주는 우리를 축복하사 모두가 흐트러짐 없이 주를 섬기는 풍성함 허락하시어 서로 부러워함도 스스로 후회함도 없이 겸손히 각자의 선택에 확신을 갖고 만족 느끼게 하시기를 원하나이다. 아멘.

시우

43 하나님과 가정의 이분법적 접근

어느 사람은 하나님을 사랑하는 것과 가정을 사랑하는 것을 이분법적으로 나눕니다. 이는 성(聖)과 속(俗)을 제 소견대로 구분하는 임의로써, 대부분의 종교에서 발견되는 자랑스러우신 태도이지요. 그러나 기독교는 다릅니다. 예수님께서는 율법을 성취시키셨습니다. 다른 말로 하면 새롭게 하셨습니다. 마침표를 찍으셨습니다(롬10:4). 폐했다는 의미가 아니라 완성시키심을 통하여 새 시대를 열었다는 것입니다. 그리스도의 피로 맺어지는 새 언약의 때에는 성과 속이 전처럼 구별되지 않습니다. 하나님께서 받으신 것을 인간이 속되다고 할 수 없게 됩니다(행10:15, 28; 11:9).

결혼한 형님 누님이여, 하나님을 어떻게 사랑하시렵니까? 교회에서 기도하고 찬양하면 그게 하나님 사랑입니까? 그런 사랑은 타종교인들도 다 합니다. 때로는 더합니다. 여기까지는 '종교성'이지 아직 '기독성'은 아닙니다. 기독성은 다릅니다. 하나님을 사랑하는 통로가 바로 이웃을 사랑하는 것이라 함이 기독성입니다.

삼위로 일체이신 하나님께서는 인간의 사랑이 없어도 외로우시거나 뭐가 부족하신 분이 아니심에도, 사랑의 넘치심으로 인하여 우리를 사랑의 교제 가운데로 부르십니다. 그럼 우리는 어떻게 그분과의 교제에 참여합니까?

"나를 사랑하면 내 말(서로 사랑)을 지키리니 내 아버지께서 그를 사랑하실 것이요 우리가 그에게 가서 거처를 그와 함께 하리라"(요14:23).

"내 이름으로 이런 어린 아이 하나를 영접하면 곧 나를 영접함이니"(마18:5).

하나님을 어떻게 사랑하시렵니까? 이웃을 향한 평화의 작은 미소가 하나님을 사랑하는 길이 아닐까요. 먼저 자기를 낮게 여기고 나아가 이웃을 낮게 여길 것입니다. 하나님께 아쉬운 것은 헌금이나 교회당, 심지어 예배도 기도도 아닙니다. 우리의 그 무엇도 '완전한 자족'이신 하나님께 대단할 수 없습니다. 고대의 예언자는,

> 너희의 무수한 제물이 내게 무엇이 유익하뇨 … 이것을 누가 너희에게 요구하였느냐 … 헛된 제물을 다시 가져오지 말라 … 너희가 많이 기도할지라도 내가 듣지 아니하리니(사1:11~15).

그럼 하나님은 무엇을 바라십니까? 관계 안에 있는 선과 의입니다.

> 너희는 스스로 씻으며 스스로 깨끗하게 하여 내 목전에서 너희 악한 행실을 버리며 행악을 그치고 선행을 배우며 정의를 구하며 학대 받는 자를 도와주며 고아를 위하여 신원하며 과부를 위하여 변호하라(사1:16~17).

예수님께도 종교 예식보다 관계의 평화가 먼저였습니다.

> 예물을 제단에 드리려다가 거기서 네 형제에게 원망들을 만한 일이 있는 것이 생각나거든 예물을 제단 앞에 두고 먼저 가서 형제와 화목하고 그 후에 와서 예물을 드리라(마5:23~24).

'마태의 종말론'이라 할 수 있는 마태복음 24, 25장은 어떠합니까? 주님께서 최후 심판의 내용적 재료로 삼는 것이 바로 이웃을 어떻게 대하였는가에 달려 있음을 보여줍니다.

"너희가 여기 내 형제 중에 지극히 작은 자 하나에게 한 것이 곧 내게 한 것이니라"(마25:40).

거룩한 말씀이 이러할진대, 그렇다면 아내를 사랑하는 것과 하나님을 사랑하는 것 사이에서 갈등하는 형님이여, 갈등할 것이 없겠습니다. 배우자와의 사랑과 섬김과 화평은 하나님의 성품을 비추어주는 것이요 하나님의 뜻에 순종하는 것이며 고로 하나님을 영화롭게 하는 것입니다. '아내는 주님이 내게 주신 배필로서 주님의 사랑으로 아껴야 한다'고 생각하는 자에게 주님은 죄를 묻지 않으십니다. 오히려 격려하십니다.

> 남편들아 아내 사랑하기를 그리스도께서 교회를 사랑하시고 그 교회를 위하여 자신을 주심 같이 하라(엡5:25).

남편은 아내를 사랑하기 위해 부름 받고 곧 보냄 받았습니다. 남편은 아내 사랑의 대위업을 위해 파송된 하나님의 사도들입니다. 그리고 사도로서 하나님의 뜻 – 그리스도께서 교회를 사랑하듯 아내를 사랑하라 –을 혼신을 다해 이행하는 존재입니다.

그러니 "하나님이냐? 아내냐?" 이렇게 질문함은 조금 편협함이 있습니다. 당연히 하나님이지요. 그런데 당연히 아내입니다. 당연히 하나님인 것은, 하나님께서 모든 것의 주인이시고 모든 사랑의 근원이시며 또한 우리가 가장 사랑하는 분이시기에. 그런데 당연히 아내인 것은, 한 몸 됨의 맺어짐이 하나님 그분을 통해서 이루어졌고(마19:6) 하나님께서 스스로 결혼 언약의 증인이 되시어 그 신실성을 요구하시니(말2:14) 아내 사랑은 하나님의 뜻을 충족시킴이요 하나님을 기쁘시게 하는 것이 되기에. 고로 배우자를 잘 사랑함은 하나님께 잘 순종함이요 하나님께 잘 순종함은 하늘의 사역을 잘 감당함입니다.

남녀는 필요와 조건에 의한 사랑으로 시작하지만 점차로 서로에 대한 충정이 순수해집니다. 그러면서 성속 이분법이 물에 풀어지는 휴지처럼 스르르 녹아내립니다. 그대를 위해 나를 무조건적으로 내어주려는 마음이 자라고, 보이지 않는 하나님을 사랑하는 것이란 결국 보이는 그대를 사랑하는 것으로 바뀌어갑니다.

그대가 나를 섬기기 위해 존재하는 것이 아니라 그대를 위하여 내가 여기에 온 것으로 바라보기 시작합니다. 이런 사랑은, 하나님의 말로 표현할 수 없는 사랑을 삶으로 표현해주는 예술품입니다. 부부는 먹고 살기 위한 계약직 노동자가 아니라, 하나님의 사랑의 신비와 아름다움을 그려 세상을 땅 끝까지 복되게 하고 또 정복하는 위대한 화가들입니다.

시우

44 혼자 사는 것이 좋지 아니하니

> 사람이 혼자 사는 것이 좋지 아니하니(창2:18)

홀로 삶! 모든 것이 완전하던 태고 에덴에서 유일하게 좋지 않은 하나였나이다. 그럼 오늘 한국은 어떠한지?

대가족에서 시작하여 핵가족에 이른 것이 부모님 세대라면, 핵가족에서 시작하여 최소단위인 1인 가족으로 떨어진 것이 우리입니다.

오늘날 한국은 1인 가구가 2인이나 3인, 4인 가구에 비해 압도적으로 높은 비율을 보이고 있습니다. 세 명 중 한 명이 1인 가구입니다. 문제는, 1인 가구의 많은 수가 경제력이 취약한 계층이라고 합니다. 그들은 소비자층이기도 하지만 나라의 보살핌을 필요로 하는 이들이기도 합니다. 그럼 복지비용이 증대되고 그것은 결국 세금에서 걷히겠지요.

그러나 경제적인 부분보다 큰 위기는 정서적 외로움이 아닐까 합니다. 생활이 가난해도 누가 곁에 있으면 함께 견디어 가겠지만, "가난한데 혼자이기까지 하다" 함은 작은 것에도 더 크게 휘청할 상태입니다. 가히, 경제난과 외로움이 오늘날 최대의 공포물이 된 듯합니다. 돈 없음과 짝 없음의 괴물! 과연 기독교는 이에 응답하지 않으면 그 존재가 위협 받을 때가 도래한 것입니다.

이런 때에 어떻게 친밀하고도 진실한 나눔이 있는 공동체를 누리며 살 수 있을까요? 그러한 교회나 단체를 만나면 좋겠지만 요즘 어디 그런 곳 찾는 게 쉬운 일입니까. 제 생각에 한 방법은, 힘써 짝을 만나 '가정'을 이루어 그곳을 하나의 친밀한 공동체로 이룩하는 것입니다. 이 시대가 가장 필요로 하는 것 중 하나인 '함께 삶' 또는 '공동체'를 경험하게 해주는 가장 작은 단위(또는 가장 중한 단위)의 공간으로서 가정을 꾸리는 것입니다.

혼자 살기가 좋지 않게 프로그램 된 인간은 두 가지 중 하나를 택함이 가장 좋은데 우리는 종종 그 반대의 두 가지를 택합니다. 좋은 두 가지란, 결혼을 통해 함께하는 삶 또는 독신으로 지내되 영적 가족들과 함께 사는 것입니다. 이 경우 어느 쪽이든 인간다운 삶의 가능성이 열려 있습니다. 서로의 존재가 친밀하게 수용됨으로써 서로가 서로를 살려주는 것입니다.

그럼 좋지 않으면서도 우리가 종종 선택하는 그 두 길은 무엇인가? 부부 공간을 섬김과 아낌의 장으로 만들지 않고 "나니까 살아준다, 인간아" 또는 "나를 따르라"는 태도로 살아가는 것입니다. 또는 독신으로 지내면서 이웃과의 교제마저도 희박한 경우입니다. 전자가 탈출증을 갖게 만든다면 후자는 우울증을 갖게 할 수 있지요.

하나님은 인간이 하나님으로만 채워질 수 있는 공간과 함께 인간이 인간으로만 채워질 수 있는 부분도 만드셨던 것입니다. 아담으로부터 하와를 만드신 하나님은 하와를 다시 아담에게로 이끄셨습니다. 짐승들이 아담의 '돕는 것들'은 될 수 있었을지언정, 또한 하나님은 '돕는 분'이 되어주시었으나, '돕는 배필'은 오직 같은 인간만이 될 수 있었습니다. 이를 정하신 분은 창조주 하나님 그분 자신이셨습니다!

하나님이 필요하고 또 사람이 필요한 존재가 바로 사람입니다. 사람이 혼자 사는 것이 좋지 않을 수밖에요. 결혼이든 영적 가족이든 우리는 함께 살도록 지음 받았습니다. 서로가 서로를 채워줄 때 하나님은 서로가 서로를 살리게 하십니다.

  결혼하셨습니까? 그렇다면 배우자를 가장 소중히 여기며 고마워 해야 할 것입니다. 아직 혼자이십니까? 성도간의 교제에 힘쓰고 이웃을 위해 봉사함으로써 우글거리는 우울함에 붙들리지 말도록 할 것입니다. 결혼 관련 책들을 읽으며 공부하고 있으십시다.

  혼자 삶의 시대에는 함께 삶의 복음을 전파할 것입니다, 시대를 거스르는 하늘 백성들이여!

5월 17일 아침에

시우

45 부모를 떠나 둘이 한 몸을

이러므로 남자가 부모를 떠나 그의 아내와 합하여 둘이 한 몸을 이 룰지로다(창2:24).

이 말씀은 모세 율법과 십계명이 주어지기 이전부터, 천지가 창조 되는 '인간과 우주의 역사 맨처음'에 주어진 말씀입니다. 율법보다 앞서 주어진 주제들을 보면 노동과 안식(창1:31, 2:15~16), 성실성과 창 의성(창2:19~20), 자연계와의 우정과 연대(창2:20), 아담의 하와 예찬(창 2:23), 남녀 간의 사랑과 결합(창2:24~25) 등입니다. 지금 우리의 관심은 남녀 간의 결합 부분입니다. 오늘 말로는 결혼.

결혼의 대원칙 중 하나는, 결혼한 남녀는 양가 부모를 떠나야 한 다는 것입니다. 그런데 떠남을 위해서는 원활한 '보내줌'이 필요합 니다. 어머님이시여, 애지중지하며 키운 아들이 나보다 그애의 아 내를 더욱 사랑하기를 원하셔야 합니다. 아버님이시여, 아내보다 더 사랑한다는 내 딸이 나보다 제 남편을 더 사랑하도록 밀어주어야 합니다. 결혼한 형매님들이여, 부모님보다 더 소중해야 할 사람은 이제 아내요 남편입니다. 심지어 이렇게까지 말하겠습니다.

"어머니냐 아내냐 하는 상황이 오면 아내를 택하는 것이요, 아버 지냐 남편이냐 하면 남편을 택해야 한다."

십계명 중 인간 사이의 제1계명인 부모공경은 창세기 2장의 부부 사랑보다 '아래에' 놓입니다.

결혼한 자녀들은 이제 나의 아들딸이 아니지요. 그들은 '그 부부'입니다. 정신적, 경제적으로 독립된 별개의 가정입니다.

"그럼 부모님들은 외로워서 어떻게 사십니까?"

이렇게 생각해봅시다. 어느 부모님이 결혼한 자식의 독립과 자립을 지지하는 행동을 한다고 해보십시다. 이는 문화적 변화의 시작입니다. 그렇게 한 부모님들은 뭔가 다릅니다. 아들에게 "너의 아내가 가장 소중하다"고 하신 것처럼 그 아버지는 이제 자기 아내를 가장 소중히 여겨야 할 의무가 생기고, 딸에게 "너의 남편을 정성껏 받들라"고 하신 것처럼 그 어머니는 남편을 혼신을 다해 받들어야 할 목표가 생기기 때문입니다.

그런 부모님들은 이전까지 한국의 일반적인 문화에서는 찾아보기 힘들었던, 그러나 태고부터 하나님의 마음에 담겨 있었던, '서로 아끼고 함께 있기를 즐거워하는 부부'로서 서로를 대하기 시작하겠지요. 이렇게 함으로써 부모님은 '자식들에게 의존된 자기의 존재 가치'가 아닌, '하나님 안에서 둘이 하나 되는 존재 가치'를 누리게 되지요.

이것이 더욱 참되고 좋은 가치 아닙니까? 성경말씀에 순종함이 자식들에게만 아니라 누구보다 부모님께 좋습니다. 유교적 의미에서의 배신입니까? 한국 전통에서의 이탈입니까? 아니요, 하늘적 의미에서의 길찾음이요, 더 행복한 전통을 후대에 물려주기 위한 첫 걸음입니다.

남편이 아내에게 충분한 관심을 주시지 않으면 아내는 자식에게로 관심이 쏠릴 수밖에 없겠지요. 필사적으로, 자기 존재를 인정받고자. 아내로서의 정체성을 남편이 채워주지 않으니까 결국 어머니로서의 정체성에 매달리게 되는 것입니다. 아, 이는 그녀의 생명줄입니다. 왜 그녀를 사지로 내몹니까? 남편의 사랑을 충분히 받지 못한 아내는 사지로 내몰려 나중에는 성난 사자가 되는 것입니다.

문제는 여기서 그치지 않습니다. 아들에 대한 어머니의 애착은 결국 아들과 며느리의 견고한 연합에 경쟁세력이 되어줍니다. 어머니는 남편으로부터 받지 못한 사랑과 정체성을 아들을 통해 얻고자 하고, 그러면 아들은 본디 하나님의 질서를 따라 아내와 한 몸을 이루는 정체성으로 평생 살아가야 함에도 불구하고 아내에게 붙는 밀착력이 약해질 수 있는 것입니다. 슬프다. 그럼 그의 아내는 자식을 낳아 거기에 몰두하지 않겠습니까?

우리 30대는 '부부 사랑'의 사명에 순종하기 위한 부단한 노력을 경주하십시다. 부모님 세대는 가난으로 신음하는 나라를 회복시키기 위하여 고귀한 땀과 피를 흘려주셨습니다. 이제 우리는 신음하는 가정을 회복시키기 위하여 고귀한 땀과 피를 흘릴 때에 있습니다. 성경을 터로 삼고 사랑을 자재로 삼아 튼튼한 가정을 세움은 과도기를 지나는 우리에게 부여된 시대적 과제입니다. 이는 후대를 위하여 줄 수 있는 최상의 봉사가 되리니, 그대, 가정의 건축가들이여! 시대의 건축가들이시여! '사랑이 다스리는 가정'이란 오늘이 요구하는 민족적 거사(巨事)였습니다.

부모님들은 여기서 약간 싫은 마음이 들지 모릅니다. 왜 꼭 부모에게서 '떠나' 둘이 하나가 되어야 하는가? 부모 '안에서' 둘이 하나가 되면 안 되는가? 이 질문에 대해서는 하나님께서 하신 일로 대답을 삼을까 합니다.

만약 우리가 그렇게 질문한다면 왜 하나님께서는 사랑하시는 독생자가 죄악의 땅에 와 십자가에서 죽도록 하셨던 것입니까? 왜 예수님께서는 십자가 고통 가운데 "엘리 엘리 라마 사박다니"를 외치셔야 했습니까? 예수님은 어찌하여 그런 끊어짐의 아픔을 당하셔야 했습니까? 그것은 죄로 죽었던 우리를 살리기 위함이 아니었습니까? 그렇다면 내 자식이 나보다 저애의 아내를 더 사랑하도록 나로부터 떼어내는 아픔과 상실감 이전에 먼저 그리스도의 십자가를 바라보시는 하나님의 마음을 헤아려보아야 할 것입니다.

그런데 너무 섭섭하지 않아도 되는 이유가 있습니다. 결혼한 자녀를 둔 부모님의 위치는 새롭게 되기 때문입니다. 크게 두 가지로 새로운 관계를 설정할 수 있으니, 동역자와 친구입니다. 나이 들어 60이 넘고 70이 가까워올 때, 부모님은 자기가 세상에서 쓸모 없는 존재가 되어간다고 느끼실 수 있습니다. 이때 자식들이 하는 선한 일에 부모님께서 함께 쓰임 받게 해드린다면 이는 커다란 기쁨과 삶의 의미를 안겨드리는 효도가 됩니다.

또한 부모님은 점점 친구가 되어갑니다. 나의 실수와 약함과 어리석음을 보여주어도 떠나지 않는 것이 친구입니다. 사명의 길에서 부모님과 함께하면 부모님은 든든한 동역자요 길동무가 되어주십니다. 우리는 부모님께 그런 기회를 드림으로 높은 차원의 효도를 할 수 있습니다. 그럼 우리도 훗날 그러한 부모가 되겠지요. 그리고 우리네 세상은 제법 살맛이 날 것이외다.

자녀들을 위해 아버지가 할 수 있는 가장 중요한 일은 바로 그들의 어머니를 사랑하는 것이다 … 가정과 결혼 생활에 따뜻한 분위기 −

사랑, 관용, 용서의 분위기 - 가 없다면, 자녀들은 어떻게 사랑해야 하는지 배우지 못한다. 사랑하는 법을 알고 있는 유일한 사람은 사랑을 받았고, 사랑을 보았고, 사랑을 경험해본 사람이다. 그리스도인 가정은 하나님의 사랑이 증명되는 실험실이다.[34]

시우

---

34 휘트 부부 지음, 권영석 외 옮김, 『즐거움을 위한 성』(서울: 한국기독학생회출판부, 2000), 36.

46 허락된 가장 깊은 관계

벗이여,

이번 편지에서는 하나님께서 인간에게 허락하신 가장 밀도 높은 관계는 결혼의 띠로 서로를 묶은 이들 사이에 있음을 생각해보기 원합니다.

하나님은 우리를 개인으로 창조하셨으나 개인들이 함께 살도록 하셨으니, 사람이 홀로 사는 것은 창조주 보시기에 좋지 않았습니다 (창2:18). 아담에게 하와는 그 무엇이 대신할 수 없고 창조주 보시기에도 좋은 유일무이한 선물이었습니다.

인류 역사가 전개됨에 사람들의 숫자도 늘어났지요. 그리고 개개인들 사이에는 각기 다른 거리가 이루어졌습니다. 그중 가장 가까운 거리, 즉 가장 깊은 관계는 부부사이였습니다. 맘과 몸 다한 평생의 독점적인 사랑과 책임이 그 조건이었습니다.

사람 사이에 가까울 수 있는 최근접인 결혼 울 안의 남녀! 금 그음 없는 짝꿍이요, 기도손의 단짝, 평생의 어깨동무, 많고 많은 나날에의 한결같은 말동무, 하나뿐인 잠동무이며, 골고다의 길벗, 예수닮음의 짝씨입니다.

'결혼 울'이란 참 이상한 것이지요. 이 울이 없을 때 남녀의 거리는 좁혀지지 못합니다. 아무리 둘이 눈을 맞추고 입을 맞추고 손을 맞추고 발을 맞춘다 해도 결혼 울이 없으면 둘은 멀디멉니다. 결혼 울 밖에서는 가까워지려고 할수록 가까워지지 못하고, 하나가 되려

할수록 둘이 됩니다. 아무리 남녀가 서로 지지고 볶고 튀기고 튕기고 데치고 덮쳐도 결혼 울 밖에서 둘은 하나가 되지 못하며 맛만 나빠질 뿐입니다.

그런데 결혼 울은 둘을 하나로 만들어줍니다. 이 울이 두 사람만 들어갈 수 있는 둘레이기 때문이요, 일단 둘이 들어가면 그때부터는 둘을 하나로 묶는 일인용 둘레로 줄어들기 때문입니다.

결혼 울 안은 누구에게는 뛰쳐나가고픈 곳이요 누구에게는 뛰어들어가고픈 곳이지요. 어쨌든 그 안은 인간 사이에 허락된 '가장 가까움'이 존재하는 곳입니다. 그런데 한 사람 들어갈 둘레이기에 자기를 주장하면 그만큼 상대는 힘들어지고 결국 자기도 힘들어지겠지요. 대신 서로 자기를 죽이면 상대만 아니라 자기도 편해지겠고요. 아니면 내가 절반 상대가 절반 – 이렇게 할 수도 있겠는데 사람이 절반만 한다는 게 차라리 안 하는 것보다 더 어렵지 않습니까. 그러니 자기가 죽는 게 좋겠습니다.

아니면 다른 방법도 있는데, 상대가 내 안에 들어오게 하여 이제 내가 나인지 상대인지 모르는 지경에 이르는 것이지요. 또는 '너'가 '나'가 됨으로, '너'의 마음과 생각과 의지가 나의 것이 되어버림으로, 이제는 내가 사는 것이 아니라 내 안에 있는 '너'의 존재와 '너'를 향한 사랑으로 사는 것이 되는 차원입니다.

부부관계의 가장 친밀함에 대하여 휴 월폴은 말하였습니다.

"인생에서 가장 경이로운 것은 나 이외의 어느 사람과의 관계에 있어 그 깊이와 아름다움과 기쁨이 나날이 더해간다는 사실을 발견하는 일이다. 두 사람 간 이러한 사랑의 내적 발전은 가장 놀라운 일이다. 그건 찾으려 한다고 찾을 수 있거나 열렬히 구한다고 얻는 것도 아니다. 그것은 차라리, 하늘의 우연이다. 인생의 그 무엇보다 가장 놀라운 일이다."

'나' 아닌 어느 '너'와 시간이 갈수록 관계가 더 깊어지고 더 기뻐짐이 가능하다는 사실 자체가 하나의 경이요 기적이며, 선하신 창조주의 존재를 선포하고 그분을 찬양할 것을 부드러이 촉구하지 않습니까? 이는 신비의 하나님께서 부부 사이에다 심어놓으신 하늘의 경이입니다. 우리는 때로 다른 아무 일도 아무 생각도 그만두고 다만 이 놀라움을 우리고 굴리고 좋아라 하는 시간이 필요하겠습니다.

옛 에덴에는 두 사람과 한 분 하나님이 계셨습니다. 결혼 울 안은 '새 에덴'입니다. 거기에도 두 사람과 한 분 하나님이 거하십니다. 그 옛 에덴은 그리스도의 구속으로 말미암아 새 에덴으로 대체되었습니다. 옛 에덴은 십자가의 사랑을 알지 못하였으나 새 에덴은 십자가의 사랑으로 창조된 곳이요 그 사랑으로만 지탱되는 곳입니다. 그리스도의 십자가는 새 에덴의 생명나무입니다.

옛 에덴에서 노동하였고 또 노래하였던 아담처럼 새 에덴에서 남자는 사명에 충성하는 것만 아니라 아내를 노래해야 합니다. 옛 에덴에서 세상을 돌보고 가꾸는 지상명령은 남자와 아내 모두에게 주어졌듯 새 에덴에서 그리스도는 하나님과 이웃 사랑이라는 대계명(마22:37~40)과 서로 사랑이라는 새 계명(요13:14, 15:12), 그리고 복음 전파의 대위임(마28:18~20)을 부부에게 함께 주셨습니다. 옛 에덴에서 아담이 하와를 향해 "너는 내 뼈 중의 뼈, 내 살 중의 살"이라고 노래했다면, 새 에덴에서는 "나는 그대의 뼈, 나는 그대의 살"이라며 더 깊은 차원을 노래합니다. 자기의 뼈와 살을 내어주신 그리스도를 본받아 나도 하와를 위해 그렇게 내어주기까지 열망하는 때문입니다. 그리스도 안에서 새롭게 창조된 새 사람인 새 아담은 그리스도적 사랑의 삶을 살아가도록 새로 지음 받았기에, 받은 새 본성을 따라 자기의 피와 살과 뼈를 이웃을 위하여 제공하되 가장 가까운 아내를 위하여 내어준다는 신학적 귀결은 한마디로 자연스럽습니다.

결혼 울 안에 가장 깊은 관계를 구축하기 위하여 자기를 내어주는 복된 의욕이 형매님들 안에 넘치시기를 기도드립니다. 날마다 둘만의 대화시간을 가지시되 듣기 위한 의식적 노력을 기울이시며, 무시로 손 마주잡고 기도하심으로써 한 영을 이루소서. 주는 이런 일들을 기뻐하시고 보우하시며 축복하시나이다. 아멘.

3월 8일 아침

시우

47 곁에 있음의 의미

사람과 함께함은 때로 맘과 몸의 불편함에도 불구하고 매우 가치 있고 소중한 일입니다. 세상의 모든 '나'들은 하나의 '남'이라도 없이는 하루도 살 수가 없는 '나'인 것입니다. '나'들이 '남'들과 나들이하는 것이 산다는 일들일 것입니다. 그럼 다시 저는 말하기를, "있어주어서 고맙습니다" 하겠나이다. 코를 골아도 좋고, 대화법이 미숙해도 괜찮고, 작심삼일도 문제가 아닙니다. 나의 말에 반응하고 나의 귀에 소리를 넣어주고 나와 눈을 맞추어주며 반응하는 존재가 세상에 있다는 것만으로 호탕하게 감사할 수 있지 않습니까. 그렇다면 곁에서 평생 서로를 보아주는 부부는 상대가 고마워 하루에 열 번씩 절이라도 할 일이 아닌지.

어젯밤, 상해에 도착했습니다. 저는 여기서 서른여섯에 미혼인 형님 댁에서 한방을 씁니다. 나이가 비슷하여 공감하는 부분이 많습니다. 저나 형님이나 오랜 타지생활을 한 것도 공통점입니다. 그런 형님을 보며 이런 생각이 들더군요.
'누가 옆에 있으면 참 좋겠다.'
아, 이것이 나에게 하는 말로 들려서 속으로 뜨끔하였습니다.
그러나 결혼이 아니더라도 사람 곁에 사람이 있다는 것은 사람에게 호흡이 되고 광채가 되고 생수가 되는 것이더군요. 그래서 다시 말하기를,

"오늘 누구를 만나면 그 만남에 감사합니다. 만나면 반가움도 있지만 때로 각자의 부족함 때문에 서로에게 상처를 주는 때도 많은 우리지요. 그것이 인간이지요. 그런데 그런 인간도 하나님은 버리심 없이 사랑으로 회복해가시니. 그러니 우리의 만남에 아픔이 일어난다 해도 그래도 사람은 서로 만나고 서로 말하고 서로 보아주어야 합니다."

여기서 한 걸음 더 나아가면,

"인간과 인간의 마주 닿음이 소중한 것이라면 남자와 여자가 하나를 이루는 부부는 얼마나 더 소중하겠습니까? 사람이 서로를 어떻게 대하는지 깊은 관심을 기울이시는 하나님이시라면 사람 관계의 가장 깊은 차원인 부부가 서로를 어떻게 대하는지에는 하늘 아래 가장 깊은 관심을 가지시는 부분일 것이란 생각도 듭니다. 다음의 고백이 결혼할, 그리고 결혼한 이들의 고백이 되기를 소망해봅니다."

나의 짝이여! 그대가 곁에 있음에 어떻게 고마운지요. 나도 그대를 위하여 있겠습니다. 나의 어리석음과 연약함과 무지함에 나는 싸우고 또 싸우려 하니, 이는 그렇게 할 때에라야 그대에게 조금 더 나은 나 되어드릴 수 있기 때문이에요. 그러나 나는 또한 나의 돕는 자 되신 님의 도움이 간절히 필요합니다. 님의 도움이 없이는 나는 무지하고 연약하고 흔들릴 것입니다. 나는 님에게 있어 한없이 약한 존재가 되었습니다. 그러나 님이 나에게 돕는 자 되어주시면 그때부터는 나도 모를 힘으로 한없이 강한 자 되어 님을 지키는 자가 됩니다. 님의 도움으로 말미암아 나는 고난을 향해서 강한 자가 되되, 이때의 강함은 님을 지켜주기 위해서만의 강함이요 님을 이기려 한다거나 님을 이길 수 있는 강함은 아닙니다. 그런 강함이걸랑 나는 사양하는 바입니다. 님의 도움으로 오직 나도 님의 돕는 자가 되리이다. 그대가 나에게 필요한, 내가 스스로는 결코 얻을 수 없는, 그대만이 주실 수 있는 한 숟갈의 도움을 내게 먹여주실 때, 나는 새 힘을 얻어 내 모든 마음과 몸으로 그대의 도움이 되어 우리로 하여금 세상의 도움이 되게 하고, 그것으로 말미암아 주님의 이름이 영광을 받으시도록 할 것입니다.

주는 우리의 힘이요 그대는 나의 힘입니다. 주는 우리의 돕는 자이시요 그대는 나의 돕는 자이십니다. 그리고 나는 그대의 종이렵니다. 그리고 우리는 주님의 종이 되십시다. 아멘.

4월 12일 화요일
상해에서
시우

48 헬조선 시대의 결혼

한국이 헬조선(hell朝鮮)이라고, 교회가 타락했다고, 아이들이 막 나간다고, 이제 한국은 끝장이라고. 어쩌다 우리 이리 된 겁니까?

이는 부부가 서로 사랑하는 일에 신실하지 못하였기에 발생한 난국임을 아셔야 할 것입니다. 그리스도인 부부가 주님의 가르침대로 사랑하지 못한 것에서부터 온갖 문제가 출발하고 있다는 말이올시다. 자녀들의 문제, 나아가 한국사회와 교회의 난제는 부부의 서로 사랑치 못함에 뿌리를 두고 있는 것이외다. 하나님과 이웃 사랑을 배워야 할 시간을 허비하면서 자기 사랑에 함몰되어 있었던, 사랑에 합당치 못한 모습을 자처해온 우리 지난날들이여!

헬조선은 사랑이 없어진 나라의 이름이었나이다. 사랑의 불길이 사그라지고 사랑의 산들바람이 그친 곳, 사랑의 나뭇잎이 앙상히 뜯겨진 곳 – 그곳이 바로 '헬'이었나이다.

네 이웃을 네 몸과 같이 사랑하라 하신 말씀을 남편과 아내 사이에서는 최대로 불순종하지 않았습니까? 남편과 아내 사이는 뒷전으로 밀리기에는 너무도 값비싼 것이어서, 그것이 외면되고 소외되고 발에 채여 무관심의 하수구로 떨어졌을 때에는 본래 이루어져야 했을 관계가 이루어지지 못함으로 말미암아 생각도 못했던 무시무시한 골칫거리들을 자초함이 되는 것입니다.

사랑은 햇살이요 수분입니다. 사람은 사랑을 먹고 마시어 자라나는 꽃입니다. 사랑은 상대를 먹이는 것입니다. 나의 피와 살로 먹입니다. 이 사랑은 인간 차원에서는 결혼 관계 안에서 가장 깊이 이릅니다. 완전한 사랑은커녕 못 잡아먹어 안달이어 툭하면 이혼 운운하는 시대임을 모를 정도로 제가 순진한 건 아닙니다. 그러나 그것은 우리가 죄인이고 못나서 그런 것이지 본래 하나님이 뜻하신 것은 결혼 안에서 사랑이 활짝 피어나는 것이었습니다.

사랑은 나의 피와 살을 베어 상대를 살리는 것인데, 다시 말하면 상대의 필요를 채우는 것입니다. 이때 '필요'란 온갖 것을 포함합니다. 정서적 필요, 심리적 필요, 육체적 필요, 성(性)적 필요, 성(聖)적 필요 등등. 결혼 안에서 '나'는 '너'를 위하여 이 모든 것을 할 수 있는 대로 다 내어주고자 합니다. 상대를 섬기려는 욕구가 우리의 마음과 생활을 그리스도 닮은 거룩함으로 인도하는 성화의 줄이 됩니다. 서로 사랑하고 복종하라는 하나님의 말씀에 순종하니 다른 길에서는 얻을 길 없었던 성숙을 결혼 길에서 얻는 것입니다. 하나님의 나라가 내 안에서 확장되고 배우자 안에서 확대되어 온 천하로 퍼져나갈 바탕을 든든히 다지는 것입니다.

남편과 아내의 신실한 사랑은 그리스도와 교회의 사랑을 디지털 카메라로 찍어줍니다. 다시 말하면, 눈으로 성경책에서 읽었던 하나님의 사랑을 부부의 사랑을 통해 몸과 삶으로 읽습니다. 하나님의 사랑에 대한 경험적 지식이 부부 간의 사랑을 통해 늘어나면 그 사랑의 범위는 점차로 확대되어 동포사랑에서 원수사랑에까지 이릅니다. 이런 사랑의 원리는, "가장 좋은 것을 소유한 사람은 그밖의 작은 것들에 연연하지 않는다"는 것입니다. 부부 관계 안에서 하나님의 사랑을 구체적으로 경험하는 이들은 '가장 좋은 것'을 누리고 있기에 동포를 위해 희생하고 심지어 원수까지도 사랑할 사랑의 풍부와 여유를 갖게 된다는 것입니다.

나를 채우기 위해 급급한 사랑 말고, 너를 채우기 위해 넉넉한 사랑! 우리들의 사랑이 진실로 그러하다면 그 향기가 헬조선에 잃어버린 봄을 가져다주지 않겠습니까? 우리는 그리스도의 향기입니다. 부부가 서로 그렇게 사랑할 수 있다면, 하루만이라도 그렇게 산다면, 사랑 없이 산 천천의 날보다 왜 더욱 값지지 않겠으며 사랑을 뒷전에 두고 쏟은 만만 볼트의 봉사보다 하나님 나라에 기쁨이 되지 않겠습니까. 부부의 향기는 '헬'에서 사람들을 건지는 구원의 꽃송이입니다.

이제는 무슨 일보다도 사랑을 할 때요, 참된 사랑을 할 때입니다. 하늘을 닮은 사랑, 나를 기쁨으로 내어주어 상대를 채우는 사랑! 결혼을 했든지 안 했든지, 사랑을 위하여 살고 또 사랑 덕분에 살아야겠습니다. 결혼하지 않았어도 사랑으로 살아야 한다면 하물며 결혼한 이들, 이제 '뼈 중의 뼈요 살 중의 살'과 한 몸을 이룬 이들은 얼마나 더해야겠습니까?

형님, 누님, 결혼하셨습니까? 결혼하시렵니까? 부부의 사랑에서 성공하는 편이 세상 권세로 성공하는 편보다 위대합니다. 장관, 교수, 회장이 되는 것보다 부부다운 부부이룸이 더 고차원적입니다. 왜냐하면 더욱 어려운 때문인 것이 첫째요, 더욱 즐거운 때문인 것이 둘째며, 더욱 근본적 차원이란 때문이 셋째요, 더욱 영원한 까닭인 것이 넷째입니다.

헬조선을 이기는 최선의 방법은 가정을 천국으로 삼는 것이요, 내 이웃을 내 인생처럼 사랑하는 길입니다. 이만 줄입니다.

49 남자와 여자 누가 위인가

아내들이여 자기 남편에게 복종하기를 주께 하듯 하라(엡5:22).

일체 순종함으로 조용히 배우라. 여자가 가르치는 것과 남자를 주관하는 것을 허락하지 아니하노니 오직 조용할지니라(딤전2:11~12).

여자는 교회에서 잠잠하라(고전14:34).

사도 바울의 이런 말씀을 읽을 때, '대체 지금이 어느 시대라고 여자더러 남자에게 순종하라고 지껄이느냐?'는 생각이 들지 모릅니다. 하지만 바울은 그런 남성주의자가 아니입니다. 남자가 여자보다 존재의 가치에 있어 더 높다 하면 그것이야말로 기독교가 조금도 못되는 것입니다.
"그럼 기독교에서 남자와 여자는 동등인가?"
"그렇소. 하지만 그렇지 않소. 기독교는 그것보다도 더 이상이니, 서로가 서로를 높게 여기기 때문이오."
여기에 기독교의 맛과 힘이 있는 게죠. 남자는 여자를 더 높여주고 여자는 남자를 더 높여주는 것이 기독교란 말이외다. 그럼 바울의 말씀은 어떻게 이해할 것인가(그것이 쓰인 배경은 논외로 하더라도)?
이렇게 생각해보십시다. 예수님은 하나님과 동등이셨습니다. 하지만 동등됨을 마땅히 여기시지 않고 자기를 비우셨으며 심지어 인간과 같이 되셨고 "자기를 낮추시고 죽기까지 복종하셨으니 곧 십자가에 죽으심"이었습니다(빌2:5~8).

만약 예수님께서 아담처럼 하나님께 불순종하여 십자가를 회피하시었다면? 그럼 인류의 구원은? 그러나 그리스도의 희생, 십자가에의 복종! 그로 인해 우리가 구원을 얻었습니다. 그렇다면 성경에서 아내에게 "남편에게 복종하시오"(벧전3:1)라고 할 때(당대의 문화는 일단 논외로 두고), 아내가 남편에게 복종하는 것은 아버지의 뜻에 복종하신 그리스도의 뒤를 따름으로써 그분께 영광을 돌리는 일이 되지 않겠습니까?

"남편에게 복종하라"는 말씀을 통해 우리는, 하나님께 복종하시고 십자가 치욕을 부끄러워 아니하시사 영영 죽을 우리를 살리신 그리스도의 심정으로 들어갈 수 있지 않습니까? 거기서 주님만 만나면, 주님의 마음이 내 마음이 되면, 여자가 남자에게 복종하든 남자가 여자를 위해 밥, 빨래, 청소, 안마, 육아, 돈벌이 다해 바친들 그게 무슨 상관이겠습니까? 주님이 계신다는데 남녀끼리 우월을 가리고 있다는 것은 우습지도 않은 일이 아닙니까? 주님께서 만나주시기만 하면 나는 여자가 아니라 아이, 아니 풀과 꽃과 바람과 산을 떠받들며 그들에게 복종하겠습니다.

형제님네여, 우리가 자매님네보다 더욱 희생하십시다. 예수님을 따르려는 심산으로 우리를 희생에 바치십시다. 죽기까지 사랑하는 특권을 우리가 먼저 가 붙들자는 것이외다. 이즘(~ism), 이즘 별 대수롭지 않은 것으로 호들갑은 이쯤에서 그만하고, 대신 우리는 이렇게 말하십시다. "알겠습니다"라고, "사랑합니다"라고, "미안합니다"라고, "당신이 맞습니다"라고. 만 마디의 이즘보다 한 마디 주님의 말씀이리니, "사람의 아들도 섬김을 받으러 온 것이 아니라 섬기러 왔고 또 많은 사람들을 위하여 목숨을 바쳐 몸값을 치르러 온 것이다"(막10:45, 공동번역) 하셨습니다. 기독교는 "누가 위냐?"가 아니라 "아래가 위다!"입니다.

"자기를 낮추는 사람이 천국에서 큰 자니라"(마18:4).

우리가 하나님께 복종할 때, 나의 권리를 타인의 것 아래에 두라는 하나님의 명령에 더욱 순종할 수 있습니다. 결혼 관계에서 남편과 아내는 서로에게 복종하도록 부름을 받습니다. 아내에게 있어 이 내용은, 그리스도 안에서 남편의 지도자 됨을 기꺼이 따라준다는 것입니다. 남편은 아내를 돌보기 위하여 자기의 권익을 내려놓는다는 것입니다. 배우자 두 사람이 그리스도와 견고한 관계를 누리고 서로가 상대방을 행복하게 만들기 위하여 관심 갖고 사는 가정에서 복종이란 별 어려움이 아닙니다.[35]

시우

---

[35] NLT Life Application Study Bible (Wheaton: Tyndale House Publishers, 2004), 2008.

50 어머니의 사랑 이상을 목표함

"아내의 사랑은 짧고 어머니의 사랑은 길다"는 말을 들었습니다. 이 말이 다만 격언에 그치기를 바랍니다. 극히 어려운 일이기는 합니다만, "거기에 나는 예외이다"라고 말할 수 있는 부부가 이 땅에 넘치기를 소원합니다.

세계적으로 가장 그리운 이름은 어머니요, 아버지는 아니라지요. 어머니는 생각만 해도 눈물이 난다는데 아버지는 별로 그런 것이 없다 합니다. 왜 그럴까요?

대개 아버지는 엄하시거나 얼굴을 많이 볼 수 없었는데 반해, 어머니는 늘 함께하시고 부드러움을 보여주셨으며 내가 아플 때나 어려울 때에 더욱 헌신적인 모습을 보여주셨기 때문이 아닌가 합니다. 이렇게 볼 때에 사람이 사람을 그리워하게 만드는 두 요소는 친절과 희생입니다. 만약 아버지가 평소 친절히 대해주고 희생을 보였다면 자식들은 아버지를 그리워하겠지요.

그럼 부모자식만 아니라 부부관계도 친절과 희생이 중요함을 생각할 수 있겠습니다. 아내에게 얼마나 자상하게 말하고 정답게 대해주었는가? 남편에게 얼마나 부드럽게 이야기하고 존경하고자 애썼는가? 이 부분에서 높은 점수를 받는 부부라면 그들은 서로가 애틋하니 그립게 되리이다.

대한민국 30대 부부들이시여, 어머니의 사랑에 대한 그리움을 능가할 그리움을 배우자에게 심어주시기를 부탁드립니다. 나의 배필은 어머니보다 나를 더 그리워해야 할 것입니다. 그러기 위해서는 그의 어머니나 아버지가 그에게 베푸셨던 친절과 희생 이상의 친절과 희생으로 그에게 나아가야 할 것입니다. 우리가 이렇게 할 수 있다면 대한민국은 진정 행복강국이 될 것입니다.

부부관계만 아니라 친구사이든 교우사이든 얼마나 상대에게 친절하였고 그를 위해 나를 희생하였는가에 따라 나는 그리운 사람이 될 수도 있고, 있었는지 없었는지 모르는 사람이 될 수도 있겠지요.

이러한 인간 사이의 친절과 희생은 하나님께서 우리에게 베푸신 사랑을 구체적으로 피부에 닿게 재현해주고 있습니다. '하나님의 친절'은 '하나님의 희생'과 동전의 양면관계에 있습니다. 하나님께서 세상을 사랑하시고 복되게 하신 '친절'은, 그의 독생자 그리스도를 세상에 보내시어 우리 죄를 대신 감당토록 하신 '희생'으로 성취되었습니다(요3:16).

하나님은 독생자를 주셨고 독생자는 목숨을 주셨습니다. '주심'은 친절입니다. 그런데 '주심'이란 그 자체로 희생입니다. 하나님과 독생자의 '주심'보다 큰 희생이란 우주에서 찾을 수 없는 것입니다. 가장 높은 희생이기에 그것은 가장 깊은 친절이기도 했습니다. 쓸모없는 이 죄인이 무엇이라고 친절을 베푸시되 목숨을 주심까지 희생하신 것입니까?

그리스도의 피 흘리심으로 우리가 죄 사함을 받은 것이 끝이 아닙니다. 하나님의 친절은 더 나아가 우리를 사랑 받는, 하늘왕의 자녀로 삼으시고 천국 가문의 후계자로 정하셨습니다. 이를 확고히 보증키 위해 다시 한 번 최상의 '주심'으로 우리를 축복하시었으니 바로 하나님의 영이 우리 안에 거하시게 하신 것입니다. 이렇게 성부,

성자, 성령 삼위 하나님께서는 각각 가장 좋은 '주심'으로써 가장 악한 죄인들을 살리시고 의인과 성도로 삼으신 것이요, 이는 우리가 "선한 일을 열심히 하는 자기 백성이 되게 하려 하심"이었습니다(딛 2:14). 다시 말해, 우리도 하나님의 친절과 희생을 나타나며 살기를 원하셨던 것입니다. 친절과 희생은 천국의 산소요 에덴의 흔적이며 인간의 영광이요 마귀의 침몰입니다.

세상의 모든 친절과 희생은 하나님의 구원 행동을 반영하고 있습니다. 남편과 아내가 친절과 희생으로 서로를 섬길 때에는 그것이 우리를 향한 하나님의 사랑을 실제화하고 있는 참 경건의 신앙행위요, 복음의 가시적 선포임을 기억할 것입니다. 자격 없는 나에게 최상의 친절과 희생을 베푸신 우리 주님 말씀하시기를, "내가 너희를 사랑한 것 같이 너희도 서로 사랑하라"고 하셨으니, 부부가 상대의 자격을 따지고 점수를 매기는 것이 아니라 그대가 나의 배필이라는 이유만으로, 그리스도께서 그대를 위하여 죽으시고 그대를 사랑하신다는 이유만으로, 무조건적 친절과 희생을 나타내는 경계에 들어간다면 완전한 사랑에 이르렀다고 할 것입니다. 그 복된 날을 먼저 대한민국 30대 청년들이 누리어주시기를 간절히 바라고 또 바라는 바이올시다.

5월 8일

51 평생의 기도 동지

벗이여,

나는 그런 이해에 이르렀습니다, 결혼은 평생의 동반자와 동역자를 얻는 것이라고. 평생에 사랑할 사람과 평생에 사명할 사람을 얻는 것이라고.

사랑은 주님을 배우게 하고, 사명은 주님을 섬기게 합니다. 사랑은 주님을 기쁘시게 하고 사명은 주님을 영화롭게 합니다. 사랑은 사람을 사람이게 하고 사명은 사람을 사람 되게 합니다. 사랑과 사명은 '사람 삶'과 '사람 됨'의 본질 두 가지입니다. 그런데 이를 다른 한 사람과 뿌리부터 같이 머리가 파뿌리 될 때까지 함 – 그것이 결혼 아닐는지.

여기에 중요한 하나가 더해집니다. 평생의 기도자를 얻음입니다. 결혼생활만 아니라 인간생활이란 그 자체로 기도 없이는 능력이 없고 죄악을 이기지 못하며 인생의 모래시계가 주님 안에서 흐른다는 것을 감지할 길이 없는 것입니다. 믿는 자의 결혼은 이점에 있어 서로가 서로에게 '돕는 자' 되어줍니다.

기도 없이 살기 얼마나 쉬운 세상입니까? 스마트폰이 기도를 대체하지 않았습니까? 검색의 힘이 기도의 힘을 밀어내버렸잖습니까? 이런 때에 기도하는 배우자, 서로 기도하는 우리 – 이보다 더 근본적인 해결책이 무엇입니까?

함께 기도하는 부부의 간구는 하나로 묶여 하늘로 올라가는 것만 아니라 그들의 마음도 띠 띠웁니다. 부부의 맞잡은 기도손보다 뗄 수 없이 끈끈한 모습이 무엇이겠습니까? 기도하는 남편의 뒷모습처럼 든든한 형상은 무엇이며 기도하는 아내의 옆모습처럼 매혹적인 자태는 무엇입니까? 그 어떤 몸매보다 보기 좋고 그 어떤 우람함보다 믿음직스러우니 그 어떤 미끈함이나 요염함이나 그 무엇이 부부의 기도 무릎에 미칠 수 있겠느냔 것입니다.

어느 결혼서적을 보니 부부의 잠자리를 '하나 됨의 완성'이라 하더군요. 이불 속 2인용 엘리베이터를 타고 인간에게 허락된 가장 깊은, 저 바다 아래 은밀한 사랑의 지성소로 들어간 것입니다. 이에 반해 기도는 부부 간 '하나 됨의 원동력'이라고 생각됩니다. 기도제목을 나눔은 서로의 마음을 엮음이요 기도시간을 함께함은 서로의 영혼을 묶음이기에, 먼저 마음과 영혼이 얽힌 두 사람에게 육체의 얽힘은 자연히 주어지는 필연이 될 것이요, 그렇게 둘의 한평생은 합일(合一)되어 누구도 침범치 못할 사랑의 침실에 갇힐 것입니다.

부부 사이의 가장 큰 불만은 여성의 경우 대화 부족이요 남성의 경우 성적 불만족이라는데, 이 둘은 함께 기도함을 통해 절로 해결되지 않을까 합니다. 삶에 효력을 끼치는 기도를 하려면 서로 대화가 있어야 할 것이고, 부부의 기도는 마음과 정신을 묶어 몸의 하나 됨을 준비시키기 때문입니다. 물론 기도를 이런 식으로 수단화할 것은 아니고, 주님과 하나 된 우리들의 사귐으로 여겨야 할 것입니다. 먼저 하나님의 나라와 의를 구하십시다. 물 위의 대화와 물 아래의 세계는 모두 더하시리이다. 기도는 영의 일이요, 또 몸의 일입니다.

52 좋은 신앙과 좋은 결혼의 함수관계

친구여,

우리는 때로 "신앙이 좋으면 결혼한다"고 하는데, 여기서 '신앙'은 무엇인지요. '교회 예배에 빠지지 않고 십일조를 잘 하며 여러 봉사를 하는 것' 정도라면, 아무리 이런 신앙이 좋아도 '가뜩이나 고통'이라는 결혼은 더욱 고통일 것입니다. 서로간의 애정이 없이, 상대가 교회생활에 열심인 것만 보고 결혼식을 올리는 것은 서로간의 애정이 없이, 상대의 재물만 보고 결혼하는 것과 일면 같으니, 재물을 봄은 물질적 소유를 본 것이고 교회생활을 봄은 종교적 소유를 본 것입니다. 그러나 결혼에는 이런 소유보다 더 중요한 게 있다고 생각합니다.

말인즉, '서로에 대한 애정'과 '서로에게 맞추어갈 의지'입니다. 서로에 대한 애정은 마치 기도와 같습니다. 기도를 통해 때로는 큰 은혜를 받고 때로는 별 감흥이 없지만 그래도 계속하는 것이 기도이지요. 나에게 어떻게 느껴지든지 기도를 계속하는 것이 나의 몫입니다. 마찬가지로 남녀 간의 애정도 늘 있어야 할 것이로되 때로는 감흥이 있지만 때로는 없기도 할 것입니다. 그럼에도 계속 애정의 기분을 유지하려 하는 것이 각자의 몫입니다. 고로 기도를 잘하는 자가 애정도 잘하리라 생각합니다.

다음으로 '서로 얼마나 맞추어가려는가?'입니다. '대화하려는 노력' 또는 '소통하려는 의지'라고도 하고 싶습니다. 소통하기 위해서는 인격적 성숙이 필요합니다. 자기 이야기만 하는 어린애를 달래는 것은 일방적이지요. 맛있는 것을 사주거나 몇 마디로 구슬립니다. 그런데 성인 남녀가 서로에게 이런 식이라면 곤란합니다. 둘은 동등한 관계이지 아이와 어른의 관계가 아니잖습니까. 서로 소통이 되지 않는다, 말이 통하지 않는다 함은 양변기를 내렸는데 물이 안 넘어가고 꼴깍꼴깍 거리는 꼴입니다.

서로간의 애정과 인격적 성숙함 그리고 서로 맞추어가려는 의지가 없이, 신앙만 보고 결혼했다가 참화를 입을까 두렵습니다. 평생을 같이 가는 친구 됨이 좋겠습니다. 사명을 한 몸으로 완수하는 동지 됨이 좋겠습니다.

신앙만 좋다고 결혼한 어느 사모님께서 그러십디다. "나는 아무 애정도 없는데 믿음이 가장 좋은 남자라니 결혼했죠. 그런데 지금도 아무 감정이 없어요." 후에 들으니 각방 쓰신다고. 두 분은 전도 열정이 대단하셨지요. 교회에서도 칭찬이 자자했고 교회 밖에서도 만나는 사람들과 늘 미소꽃이었고요.

문제는 집에 와서부터. 부부라고 다툴 수 없다는 법은 없지요. 그런데 다툰 뒤에 화해한다는 법도 없이 사셨습니다. 교회에 100을 바쳐서 가정에는 줄 게 1도 없었습니다. 집은 난장판이 됩니다. 집이 아니라 집구석이 됩니다. 아이들은 그걸 성실히도 보고배우고. 쟤들이 크면 덜 하지는 않을 것 같아 두렵습니다.

각방관계이다 보니 남편은 외로워집니다. 한 방을 쓰자니 먼저 말해야 하는 자존심이 허락하지 않고, 겨우 대화의 문을 두드렸는데 아내는 콧대를 높이며 남편을 비판합니다. 다시 싸움. 지옥의 임함. 죽고 싶다는 생각이 줄줄이 문자를 칩니다.

아, 진정으로 신앙 좋다는 사람은 어떠한 사람일까요? 간단합니다. 예수님을 얼마나 닮았는가? 이는 수치적 측정이 아니라 마음의 존경으로 측정되는 것입니다. 그의 실생활과 속사람이 어떠합니까? 목사 안수증이 아니라, 전도왕 상패가 아니라, 신학박사 학위가 아니라. 신앙평가의 제1기준은 예수 그리스도에 비추어 나의 마음과 인격과 생활이 어떠한가에 달려있습니다. 이러한 의미에서의 신앙이라면, '신앙만 좋으면 결혼해도 된다'고 할 수 있지 않을까요?

서로 친함이 있는가, 서로 친하고자 함이 있는가, 서로 대화가 있는가, 서로 대화하고자 함이 있는가? 이를 살펴보는 가운데 날마다 자기를 채찍질하여 좀 더 상대방을 수용할 수 있는 사람으로 준비되는 편이 좋겠습니다. 애정이 올라오지 않아도 애정을 일으킬 수 있는 마음은 성숙한 신앙이요, 대화를 통해 나를 상대에게 맞추려는 열림은 곱디고운 신앙입니다.

시우

53 감정 말하기

　기도가 영혼의 호흡이라면 대화는 관계의 호흡입니다. 기도가 없이 생명이 없는 것처럼 부부든 연인이든 대화가 없이는 생명이 숨쉴 수 없을 것입니다.
　결혼에는 문제와 갈등과 당혹스러움 등이 반드시 일어난다는데, 대화만이 이를 풀어나갈 수 있고 또한 서로를 하나로 다져준다고 합니다. 부부 간 대화는 이성적, 논쟁적, 비평적 대화보다는 존중해주는 대화요 가장 아끼는 사람으로서의 대화이지요. 들어주는 대화요 또한 들려주는 대화이고요.
　그런데 '사랑하기 때문에' 상대에게 상처를 주기 싫다면서 속엣말을 꺼내놓지 않으면 그것이 조금씩 마음에 쌓이지 않겠습니까? 직접 이야기하지는 못하니 작은 행동 하나하나에 원망의 향수를 뿌리지 않겠습니까? 상대에게 미소와 친절을 건네지만 거기에는 묘한 섭섭함과 분노가 함유되어 있습니다. 그럼 그 냄새를 상대방이 맡지 못할까요? 맞으면 그이도 맞불을 놓지 않겠습니까? 그렇게 점점 둘 사이의 골이 깊어집니다.
　성숙함을 향해 가는 우리는 자기의 감정과 화남에 대해 말하는 법을 배워야 한다고 합니다. 이는 상당한 위험을 감수해야 하는 일입니다. 관계에 고통이나 치명적 손상을 가져올 수도 있으니까요. 최악의 경우 관계가 산산조각 날 수도 있고요. '내가 그냥 말을 말자' – 이것이 차라리 손쉬운 방편입니다.

그러나 진정한 관계는 고통의 감수가 없이는 이뤄지지 못한다고 합니다. 상대방에 대한 개인적인 불만이 있지만 그가 언짢아할까 봐 할 말을 계속해서 숨긴다고 해봅시다. 그럼 상대는 어느 기간 동안은 모르겠지요. 아니, 전혀 모를 수도 있습니다. 하지만 숨기기로 결정한 내 안에는 배우자와의 신뢰 관계가 자라지 못할 황폐한 토양이 자리 잡게 된 것입니다.

나에게 힘겹게 느껴지는 것을 배우자에게 이야기하지 않으므로 나는 괴로운 상태에 떨어집니다. 그러면 나는 배우자에게 진심을 다하지 못하게 됩니다. 마음이 닫혔기 때문입니다. 이것은 인내의 미덕이 아니라 회피의 미성숙함이 아닐까요? 오래 참음이 아니라 오래 쌓임이 아닐까요? 이러한 분노의 응어리, 그것의 무서운 응축은 충격적인 일탈로 분화(噴火) 될 수 있습니다.

그렇다고 다짜고짜 성난 감정을 분출시키자는 것은 아니지요. 그것 또한 미성숙함입니다(산다는 것, 나이가 든다는 것은 그리스도의 성품을 따라 점차로 성숙해진다는 것이지요). 나의 상한 기분을 말로 솔직히 표현하면서도 상대방에게 보복하려는 태도나 따가운 원망의 가시, 혹은 상대를 바꾸어놓으려는 목적을 스스로 제거해야 합니다. 만약 상대방이 조금이라도 인격을 가지고 있다면 이 정도로 노력하는데 알아듣겠지요. 어쨌든 이러한 대화의 노력이 계속되고 동시에 서로에게 맞는 대화법도 찾아가야 할 것입니다.

부부 간 사랑스러운 대화를 경험하지 못하면 점차 대화는 싫증이 나며 피곤해지고, 고로 말수가 현저히 줄어들 것입니다. 또는 말이 통하지 않는다며 서로 갑갑해 하든지 아니면 충돌하기 싫어서 정작 중요한 대목은 피해가든지. 그러나 기억하십시다. 그렇게 하고 있다는 것은 뭔가 사건이 터지기를 준비해주는 꼴이라는 것을. 부부는 소통의 대문을 열고자 하는 끊임없는 노력이 그날그날 있어야 할 것입니다. 소통이 너무 오래 막히면 진통이 오고, 그것도 방치하면 간통이 도둑 같이 침입할지 누가 압니까. 이는 남의 이야기가 아닙니다. 기독교인은 상관없는 이야기라고 하면 참으로 순진한 것입니다.

"아내의 마음을 다치게 하고 싶지 않았어요"라는 것이 맥스의 말이다. 그리하여 입 밖에 내지 않은 분노가 두 사람 사이에 서서히 쌓이면서 두 사람 사이에 오고가는 말은 그들 사이에 놓은 장막이 되었다. 두 사람은 결혼 생활이라는 연기를 하는 배우가 되었다. 무대는 리디아와의 정사가 시작되기 여러 해 전부터 맥스의 불륜을 위해 준비되었던 것이다.

따라서 하나님께서 당신의 마음속에 치료의 과정을 베푸실 것에 아울러 또 다른 일이 일어나야만 한다. 당신은 자신의 솔직한 감정과 분노에 관해 말하는 방법을 배워야 할 것이다. 이것은 위험한 일이다. 그렇지만 관계가 깨어질 위험을 감수하지 않는다면 절대로 참된 관계를 가질 수 없다 … 대화의 새로운 창구를 여는 신중한 노력이 있어야 한다.[36]

시우

---

[36] 존 화이트 지음, 문효미 옮김, 『성(性), 더럽혀진 하나님의 선물』(서울: 아가페출판사, 1993), 119.

54 두 이야기가 한 이야기를 이룰지로다

벗이여,

우리는 이야기가 있는 사람이 되어야 할 것입니다. 이야기의 사람은 무엇보다 재미가 있습니다. 이야기 있는 남녀가 만나 둘이 한 이야기로 합쳐지는 것, 그리고 한 이야기를 만들어가는 것은 혼자서는 느낄 수 없는 의미요 재미입니다.

이야기가 없는 인간은 소프트웨어 없는 하드웨어입니다. 업그레이드를 제공하지 않는 앱(App), 모든 것이 발전하고 있는 순간 '한 번 만들어지고 그 뒤로도 계속 그 상태'인 낡은 앱입니다. 그런 앱은 용량만 차지하니 곧 삭제되기 십상입니다.

앱의 업그레이드는 인간의 무한한 업그레이드를 흉내 낼 뿐입니다. 인간의 업그레이드는 그리스도의 은혜라는 데이터가 필요합니다. 그것으로만 내려받을 수 있습니다. 앱이 업그레이드 되었다고 기기의 가격이 높아지는 것이 아니라 그 성능이 높아지는 것처럼, 사람이 그리스도의 은혜로 업그레이드 되면 그 특징은 교만이 아니라 선한 일을 위한 성능이 높아지는 것으로 그는 더욱 겸손해집니다. 이때의 업그레이드는 그리스도를 닮는 것이니 온유와 자기희생 등이 핵심 개선사항들입니다.

이야기를 가진 이들은 업그레이드와 가까이에 있습니다. 사실 업그레이드를 지향하지 않는 이야기도 별로 없습니다. "행복하게 끝났습니다"라는 동화 같은 마무리도 업그레이드 결말입니다. "주님께서 다시 오실 것이다"는 궁극적 업그레이드입니다.

하나님을 믿는 자는 이야기가 없을 수 없지 않을 수가 없습니다. 하나님은 이야기의 하나님이시나니. 이야기적 인간은 하나님의 형상을 닮은 인간입니다. 모든 이야기의 주인은 하나님이시매. 그러니 우리는 이야기가 있어야 하고, 그 이야기는 하나님을 반영해야 하며, 그 이야기에 하나님을 모셔야 합니다. 그런 이야기가 오래도록 남는 이야기요, 인간을 널리 이롭게 하는 이야기이며, 창조주를 높이 영화롭게 하는 이야기입니다.

그런 이야기를 삶으로 써나가는 부부는 삶이 재미날 것입니다. 부족함 가운데서도 풍족함을 누리고 풍족함 가운데서는 부족한 자들을 채워줄 것입니다. 그런 식으로 행복의 판을 새로 짤 것입니다. 이 땅에 하나님 나라의 소문을 퍼뜨릴 것입니다.

부부는 둘만의 이야기가 많아야 하는데, 이야기는 업그레이드를 지향하기에 둘 사이에는 사랑과 용서, 인내와 친절, 영감과 새로움의 불꽃이 죽지 않게 소중히 지켜주어야겠습니다.

"두 사람이 한 몸을 이룰지로다" – 이 말씀은 "두 이야기가 한 이야기를 이룰지로다"로 읽어도 무방합니다. 아니면 "두 관점에서 한 이야기를 읽을지로다"도 좋습니다. 그럼 그 두 관점은 서로를 보충하면서 다시 더욱 온전한 하나를 이룰 것이니까.

4월 28일

늦은 아침까지 침대를 떠나지 못하고

시우

55 두 소우주의 충돌과 융합

결혼이란 소우주의 충돌입니다. 내가 내 안에 거대한 세계를 가지고 있듯 저이도 거대한 세계를 가지고 있습니다. 30이 넘도록 결혼을 하지 않고 있다면 그이 안에 들어있는 세계는 그것이 신앙이든 문화든 지식이든 무엇이든 간에 거대한 세계와 체계가 있을 것입니다. 각자의 세계를 가진 둘이 만나 두 세계가 합쳐질 때에는 충돌과 융합과 견제와 보완 등이 일어나는 커다란 창조사건이 되는 것입니다. 두 소우주가 만나면 더 큰 한 우주를 만들어냅니다.

그럼 어떻게 둘을 융합할 것인가? 둘은 각자 가정에서 보아왔던 소우주들을 혼수가방에 넣어 가져와 신방에 그것을 풀어놓을 것입니다. 둘의 가방을 열어서 물건들을 바닥에 펼쳐놓으면 짝짝이 양말이 수두룩합니다. 성향과 취향과 선호와 반응과 사상과 감상이 서로 한 짝 씩 다 제각각입니다. 그렇다고 질겁하며 낙담할 것이 아니라 차라리 그것을 다행으로 여겨야 합니다. '내 마음대로 못함'이란, 본능적으로 '나의 왕국'을 건설하기 원하는 우리 안의 욕심을 찔러주는 안전한 가시바늘이기 때문입니다.

혼수가방의 소우주는 무시무시하나 거기서 일어나는 당혹감은 믿음 소망 사랑으로 딛고 일어나라고 있는 것입니다. 그럼 어떻게?

각자의 생활을 들고 한방으로 들어온 두 사람은 이제부터 전에 살던 하루하루보다 더욱 의미 있는 하루하루를 계획하고 만들어가야 합니다. 이전의 삶에서 좋았던 것을 대화를 통해 상대에게 알려주고, 그것을 합치어 시험해보며 인내함과 창의성으로 개척해가는 것입니다. 해산의 고통이 수반될 것입니다. 하지만 때가 차면 고통은 말 못할 환희로 탈피하리이다.

 이렇게 하여 두 소우주는 더욱 아름답고 다채로운 우주로 발전해갑니다. 그 우주는 '두 사람의 우주'라는 점에서는 '둘이 하나의 우주'요, '하나님이 함께하시는 우주'라는 점에서는 '셋이 하나의 우주'이니 '작은 삼위일체적 우주'인 것입니다. 아, 하나님이 함께하시면 무슨 말이 더 필요할까요.

시우

56 나의 재건축으로서의 결혼

벗이여,

어려서 어떤 경험을 했는가, 주변에서 어떻게 대해주었는가, 일어나는 일들에 어떻게 반응했는가 등을 통해 사람의 성격은 형성됩니다. 지금 그대가 사랑하고 백년가약을 맺은 그이도 그러한 과거의 산물이요 총체입니다. 나 또한 그이에게 그런 존재로서 서 있고요.

결혼을 연구하는 이들은 말하기를, 어린 시절에 부모의 이혼, 사별, 또는 중독, 학대 등이 있었다면 그것이 자기에게 어떤 영향을 미쳤는지 돌이켜보아야 한다고 합니다. 그런 경험들과 그 기억이 내 안에 쌓여있고, 이는 사랑하는 그이를 대할 때에 계속적인 영향을 미치기 때문입니다.

그렇다면 저는 여기서 생각하기를, 나의 개성이 비록 중요하고 그이가 나의 개성도 사랑하기는 하지만, 그이에게 더 좋은 사람이 되어주기 위하여 지금까지 형성되었던 나를 벗어던지고 과감히 새로운 나를 만들어가기로 다짐함이 좋겠다는 것입니다. 지금까지의 나는 뒤에다 두고 이제 그이를 위한 새로운 내가 되어야겠습니다. 이전에 무슨 실수와 실패와 낭패와 상처와 어리석음이 있었든지 간에 오늘부터는 새 나여야 합니다. 그이를 위해서라도 더욱 세찬 기세로 새 나여야겠습니다. 사랑하기 때문에 더 나은 존재가 되어주고픈 열망을 갖게 되는 것이죠.

지금까지 내가 어떻게 살아왔고, 어떤 경험들을 했고, 내게 어떤 일들이 일어났었고, 주변에서 나를 어떻게 평가하였고 등등의 과거는 전부 과거로 두고 이제는 사랑하는 이와 온전한 하나 됨을 이루기 위하여서 다만 그리스도를 닮은 사람으로 자라가십시다. '나는 원래 이래'라는 생각을 버리고, 그이와 함께하는 새날에 새 나를 만들어가고 새 우리를 이룩하십시다. 이 일은 30층 아파트 짓기보다 어렵고 국가 세우는 것만큼이나 위대합니다. 튼튼한 국가는 튼튼한 가정을 기초로 하는 것이니.

가서 사랑하는 이를 위하여 힘써 옛 옷을 벗어버리고 그리스도의 새 옷을 입으십시다. 사랑은 사람을 바꾸는 가장 강력한 힘이니 결혼은 진실로 '나의 재건축'을 통한 '우리의 새 건축'입니다.

시우

57 21세기 대한민국 결혼의 어려움

오늘은 목장 모임이 있었습니다. 8명의 청년들과 함께했습니다. 고향 동북삼성을 떠나 외국과 같은 상해에 와 분투하는 기독청년들과 교제하니 제 마음도 기뻤습니다. 해 진 7시 30분부터 시작된 모임은 달 찬 11시가 되어서야 끝이 났습니다. 집으로 돌아가는 길에 나눈 대화 중 생각나는 부분이 있어, 지금 자정을 넘겼음에도 그것만 좀 쓰고 누우렵니다.

한 자매님이 말했습니다. "결혼은 해야겠는데 어떻게 짝을 만나야 할지 막막하네요." 그럼 왜 오늘 우리는 짝을 찾지 못하고 심지어 찾으려고도 못하는지 생각해보기 원합니다.

1) 혼자 사는 삶의 불편이 크게 제거되었습니다. 전에는 스스로 밥 해먹기 힘들어서 좀 결혼해야 하지 않나 하는 이기적 동기에서라도 결혼의 필요성을 의식했다면, 지금은 편의점이 있고 식당이 넘치고 게다가 빨래방에 청소기까지 있어 그런 필요가 적습니다.

2) 직장이나 공부 또는 사역이라는 명분을 내세우고 있습니다. 이는 20대 후반에는 진심비율이 50% 이상이나 30대를 넘으면서 그 비율은 점차로 하락해갑니다. 나중에는 희박해집니다. 승진이나 학위, 사역이라는 나뭇잎으로 연애와 결혼의 은밀한 곳을 가리고자 하는 경우입니다.

3) 누구를 만나려고 적극적으로 다가가기를 두려워하기 때문입니다. 혹 상처 받거나 창피를 당할까봐 말입니다. 그러나 나이가 들면 이것도 만나고 싶어도 못 만난다는 생각에 점차로 압도됩니다. 누굴 만나기가 두려운 것도 30대 초반의 여유이지 후반으로 가면 만나기가 두려워 못 만나는 것이 아니라 만나주는 사람이 없어서 못 만난다는 두려움이 더욱 커지는 것이지요.

4) 나의 외모나 조건이 다른 이들과 경쟁이 되지 않을 것 같다는 열패감에 사로잡혀 있는 경우입니다. 누가 자기를 외적 조건으로 재단하는 것을 원치 않으면서도 자기가 자기를 외적 조건으로 재단하고 있는 아이러니를 볼 수 있습니다. 자기를 그렇게 보듯 그는 상대방도 그렇게 보기가 쉬울 것입니다. 개중에는 2번으로 도피처를 삼는 경우도 있을 것입니다.

5) '결혼'이라고 하면 아무것도 모르겠기 때문입니다. 머릿속이 하얗게 됩니다. 부모님 세대와는 달리 우리 세대는 결혼을 통한 가난에서의 해방이나 집안의 일으킴보다는, 개인적 성공과 성취, 행복 등이 더 중요한 주제가 되었습니다. 그러면서 결혼이 무엇인지에 대해서는 배우지 못한 것입니다. 결혼은 방구석으로 밀려 났고 대신 취업, 여가 등이 문지방을 드나들었습니다.

6) 결혼하고 싶은 사람이 없다고 느낍니다. 마음이 없어도 할 수 있는 것이 과거의 결혼이었다면, 마음이 없어서는 결코 안 하는 것이 오늘의 결혼입니다. 어느 주간지가 30대 남녀 1000명을 대상으로

설문조사를 했는데 52.6%가 결혼을 하지 않았습니다.[37] 그 첫째 이유는 원하는 짝을 찾지 못해서였습니다. 보고 재는 눈이 너무 밝아진 오늘입니다. 고르다 고르다 못 골라 결국 혼자 살게 되는 오늘입니다. '여럿 중 하나' 고르는 것이 무서워 차라리 안 고르겠다고 우는 오늘입니다. 이를 볼 때 현시대의 결혼이란 용기와 결단력 그리고 책임감 있는 이들의 것입니다.

7) 그러나 가장 현실적인 이유는 모아놓은 돈이 없기 때문이 아닐까 합니다. 돈 없으면 결혼 못 한다고 단정할 수는 없지요. 그런데 돈만 없으면 차라리 다행인데 문제는 오늘의 30대는 빚까지 있다는 것입니다. 돈이 산더미가 아니라 빚이 산더미라면 빚도 없고 돈도 없는 사람보다 결혼하기가 어렵겠지요. 2016년 연합뉴스의 한 기사 제목은 듣기만 해도 끔찍합니다. "신혼부부 결혼비용 2억7천만원 … 1년새 3천600만원 늘어"

8) 그밖에도 '현재 생활에 만족하고 결혼 필요성을 느끼지 못하기 때문'이 16.2%, '가정을 꾸리는 것에 대한 불안함'이 11.7%, '보다 자유로운 삶을 위해서'가 8.2%로, 혼자서 자족하고자 하는 나홀로족이 36.1%가 되었습니다.[38]
20대는 돈이 없어 결혼 못 한다고, 30대는 빚이 많아 결혼 못 한다고. 앞으로 보나 뒤로 보나 결혼은 건널 수 없는 휴전선 너머, 망원

---

[37] 배준희, 노승욱, "대한민국 30대 보고서: 설문으로 보는 30대 자화상", 「매경이코노미」 2016년 6월 8일~14일(통권 제1861호), 32.
[38] 같은 쪽.

경으로나 간신히 볼 수 있는 북녘 땅! 빨리 분단의 선이 걷혀야 할 텐데. 그런데 이런 상황을 하나님께 대한 믿음과 소망 안에서 제대로 보고 있는 격려가 있어 여기에 옮기고 마칩니다.

돈이 없기 때문에 누릴 수 있는 유익도 꽤 많다. 돈이 없는 현실, 그 어려움을 잘 감당한 사람들에게는 깊이 있는 성장이 대가로 주어진다. 그들은 돈 대신에, 부모님 대신 하나님이라는 분을 의지하는 것을 배운다. 없는 이들에 대한 아픔도 배운다. 성경에 나오는 가난한 자에 대한 의미가 달리 해석된다. 그들은 곤고한 가운데 인생을 생각하게 된다. 나는 가난이 인생을 경거망동하게 살지] 않도록 겸손을 가르쳐 주는 능력이 있다고 믿는다. 고난은 사람을 정금으로 만들어 준다.[39]

돈이 문제가 아니다. 당신이 어떤 사람인가가 더욱 중요하다 … 앞으로 당신이 겪고 헤쳐 나가야 하는 경제적인 현실은 만만치 않을 것이다. 좌절되고 절망될 만큼 어려울 것이다. 가장이 된다면 더더욱 그러할 것이다. 그러나 어려운 순간마다 당신이 누구이고, 왜 살고 있으며, 생의 의미는 무엇이며, 하나님이 누구신가에 대해 질문하기 바란다. 풍족하고 편안하게 사는 것보다 내 삶에 그리스도가 오신 의미를 잘 담아내고 있는가가 중요하다는 사실을 잊지 말자.[40]

시우

---

[39] 김지윤, 『고백하기 좋은 날』(서울: 포이에마, 2012), 41.
[40] 같은 책, 43.

58 결혼이 필요하지 않은 느낌

　어제 상해에서 한국 부모님 댁으로 돌아왔습니다. 퇴근시간 즈음에 공항버스를 타서 그런지 교통체증이 심했습니다. 웅크려 있던 피로가 크게 기지개를 켰습니다. 집에 와 자정까지 인터넷으로 싼 월셋방을 찾다 잠들었습니다.
　지금은 이튿날 아침. 상해에서는 결혼에 의지를 가진 형제자매님들과 결혼을 주제로 모임을 가지면서 나도 결혼해야겠다는 마음이 굳어졌습니다. 그런데 한국에 오니 결혼에 대한 생각이 싹 사라지는 것 같습니다. 그것이 밉상스럽거나 부담스럽다는 것은 아닌데 그쪽으로 아예 생각이 가지를 않는다고 할까? 이 땅에서는 결혼하지 않아도 얼마든지 살아갈 수 있을 것 같아서 그런 건지? 기어코 이제는 같이 살 사람을 찾아보겠다고 마음먹었는데, 한국에 오니 해야 할 일들은 무엇이고 참석해야 할 모임들은 어떤 것이며 읽어야 할 책들은 또 무어인지 등등으로, 사람이 혼자는 살 수 없다느니 누군가를 만나겠다느니 하는 생각들은 출국심사대 빠져 나가듯 사라져 버렸습니다.
　혼자 살 수 있는 힘 그리고 혼자 살아보려는 의지와 손잡고 합작하려는 나의 모습을 보며 거기에 제동을 걸고 좀 더 약해지기로 하렵니다. 하나님이 아닌 타인을 과도히 의존해서도 아니 되나 그렇다고 '혼자살기 100점'을 맞는 것도 좋지는 않아 보입니다. 그럼 누구를 찾아야 할 필요를 느끼지 못할 것이요 결국 평생 혼자겠지요.

그러나 성경을 보면 사람이 독신을 택할 수 있도록 주어진 근거는 오직 "천국을 위하여"(마19:12) 및 '환란의 때에 흐트러짐이 없이 주님을 섬기기 위하여'(고전7:35)입니다. 주님 나라를 위하여 세월을 아껴 주께 더욱 효과적으로 봉사하려는 목적으로 독신의 길을 간 것이 아니라, 혼자 얼마든지 편히 잘 살기에 그 길로 가는 것이라면 여기에 무슨 칭찬이 있겠습니까?

한국에 있다 보면 혼자서도 잘 하는 청년, 아니, 혼자서는 잘 하는 청년 혹은 혼자서만 잘 하는 청년이 되어가는 듯한데, 그것은 강한 것이 아니라 실은 약한 것입니다. 그러나 나는 누군가를 필요로 하는 심정 상태에 머물고 싶습니다. 그것은 나의 약함을 인정하는 길입니다. 나는 이것이 부끄럽지 않습니다. 그리스도 안에서 그것이 실은 강함이기 때문입니다.

4월 26일 아침

59 결혼 전 다시 생각해보기

벗이여,

어느 사람은 "믿음과 사랑으로 모든 것이 가능하다"면서, "그러므로 모든 것을 할 수 있다"고 합니다. 그럼 배우자를 두고 말할 때, "아무 여자라도 좋다. 나만 잘하면 된다"고 하겠습니까? "아무 여자든지 나만 잘하면 잘 살 수 있다"는 사람은 사랑이 충만한 것이 아니라 오히려 자기를 과신하는 교만과 우매에 빠진 상태는 아닌지. 그런 이들은 불쌍해 보이는 여자를 골라서 결혼할지도 모르는데 이 경우 여자는 두 배로 불쌍해집니다.

그러나 결혼은 동정이 아니지 않습니까? 을에 대한 갑의 선심이 아니지 않습니까? 결혼은 전에 모르던 고통 당할 것을 뻔히 앎에도 불구하고 사랑으로 말마임아 희생편을 선택하기로 하는 자기존재의 내걺이 아닙니까?

결혼은 책임이지요. 상대방이 어떤 사람인지 신경 써서 살펴보고, 시간을 갖고 대화하면서, 자기와 안 맞는 부분은 무엇이고 그것을 맞추어갈 책임을 다하겠는지를 지혜롭게 헤아려보고 사랑으로 과감히 자기를 던지는 것이 아닐까요?

또한 결혼은 선택입니다. 한 번 고르면 그때부터는 평생 가지요. 배우자는 맘이 통하고 말이 통해야 할 것입니다. 그러면 몸도 통하고 영도 통하지 않겠습니까.

남자를 지배하려는 여자나 남자에게 모든 것을 거는 여인은 모두 위태롭습니다. 또한 아내를 인간으로서 자기보다 1층 아래에 사는 것으로 보는 사내도 그러하니, 결혼 후에는 남편이 아니라 보스가 될 것이고, 그때에 그대는 사네 마네 할까 두렵습니다.

겉으로는 웃고 있지요. 고개를 끄덕이며 나의 전부를 받아주고 나를 따라줄 것 같지요. 그런데 연애 시기는 그런 시기라는 게지요. 그게 거짓은 아니겠지만 그렇다고 진짜도 아니라는 게지요. 결혼하고 나서부터 본모습이라니까.

결혼한 뒤에는 발을 뺄 수 없으니 결혼 전까지는 상대를 약간 차가운 눈으로 보아야 할 것입니다. 자기의 부족함과 연약함에 집중하는 사람인지, 아니면 상대의 부족함과 연약함을 파고들어 상대를 조종, 지배하려는 사람인지? 결국 얼마나 하나님의 성품을 닮았으며 하나님 앞에 회개한 사람인지, 하나님과의 관계를 가꾸는 사람인지?

이것이 불투명하다면, 정지! 하나님께 사로잡힌 사람이 아니라면 그는 결혼을 통해 그대를 사로잡고자 할 것입니다. 부디 이 부분에 눈 감지 마소서. 결혼 생활 괴로워 빨리 눈 감고 싶어지지 않으려면 그에 눈 감지 마소서.

결혼 전에는 좀 더 상대를 향한 비평의 눈을 갖고, 결혼 후에는 자기를 향한 비평의 눈을 가지라는 원리가 우리를 안전히 인도해줄 것입니다.

시우

60 쇼핑몰 광고와 결혼

벗이여,

　인터넷 쇼핑몰을 이용해보셨지요? 5평짜리 회사라도 상품광고는 500평 회사 수준으로 해놓습니다. 그것만 보면 '구매하기' 버튼에 손이 갑니다. 광고들이야 번쩍번쩍하죠. 그런데 주문해서 보면 허접한 것들이 많아서 반품하려다가 귀찮아서 마는 때가 있었을 것입니다. 배우자를 외모만 보고 고르는 것이 이와 같습니다. 광고만 보고 '저지르는' 것이지요.

　그렇다고 동거를 해보고 결혼하는 것은 구애의 규칙을 깨뜨리는 것입니다. 물건은 반품 보낼 수 있지만 사람은 반품 보내는 것이 불가하기 때문입니다. 이렇게 생각해보십시다. 만약 내가 그이를 반품하는 게 아니라 내가 반품이 된다고 말입니다!

　남녀의 접촉 – 겉으로는 최상의 모습을 보여줍니다. '온라인 홈페이지' 또는 '쇼핑몰 사진'처럼. 그러나 진정 필요한 것은 속사람을 살피는 것이니, 이는 '오프라인 매장 방문'입니다. 화장과 성형은 사이버 세계요, 대화와 추억은 현실의 세계입니다. 우리는 겉사람보다 우선적으로 속사람을 치장하고 또 속사람을 보십시다. 속사람은 여러 상황에서의 대화와 다채로운 일들의 함께함을 통해 조금씩 알게 됩니다. 속사람이 완벽한 사람을 찾자는 것이 아니라, 속사람을 가꾸어가는 사람과 재미 보자는 것입니다. 옷은 온라인도 가능하나 사랑은 오프라인으로 보아야 합니다. 그럼 이만.

61 코골이와 결혼생활

코를 곤다는 것은 상대방의 청각세계를 침략한다는 것. 상대의 귀는 나의 코골이로 인하여 원치도 선택치도 않은, 전혀 책임 없는 불의한 피해를 받습니다.

자기가 코를 곤다는 것도 모르는 채, 자기는 남에게 조금도 피해를 주지 않고 자기도 피해를 받지 않겠다고 생각함은 얼마나 어리석습니까.

코를 곤다는 것 하나만으로도 서로에게 죄송해하고 고마워할 이유가 있지 않습니까. 그렇다면 잘 때는 코를 골다가 깨어서는 성질을 내는 사람처럼 아름답지 못한 이가 또 있을까요.

코골이가 심하면 처음에는 귀마개를 사다주고 다음에는 병원에도 데려갑니다. 그러나 마음대로 되지 않는다는 것만 확인하지요. 결국 귀마개도 병원도 다 그만두고 그이의 코골이에 적응해야 함을 깨닫습니다. 결혼은 코골이입니다.

코골이는 자기가 무엇을 했는지 잘 모릅니다. 골긴 골았는데 언제 어떻게 그랬는지를 모르지요. 결혼도, 자기의 잘못은 모르고 상대의 코골이만 기억하려 합니다.

코골이의 고백

　내가 그대 곁에 있음은 그대에게 즐거움이 되기도 하겠지만 그대를 찌르는 아픔일 때도 있을 것입니다. 그대를 사랑하지 않아서가 아니라, 사랑하려 하지 않아서도 아니라, 사랑하고 있고 또 더욱 사랑하려 하는 나인데도, 나의 나 된 것이 그대를 괴롭게 할 때가 없지 않으리란 것이 그대에게 얼마나 미안한지. 또 내게도 어떤 괴로움인지 모릅니다. 이런 모순과 괴리는 다시 오실 주님과 함께 완전한 세상이 도래할 때에나 사라지겠지요. 그러니 그때를 얼마나 더 갈망하게 되는지, 소망하게 되는지. 그때에는 온전한 사랑으로 그대를 섬길 수 있을 테니까. 그렇다고 미래타령만 하지는 않으렵니다. 사랑할 수 있는 오늘에 나는 사랑을 하겠습니다.

　그래요. 그 온전한 날을 부러워만 할 거 아닙니다. 성경은 우리더러 "온전하라"고 하지요(마5:48). 이 불완전한 세상에서 타락한 인간이 어떻게 '온전'할 수 있습니까? 이는 하나님께서 우리의 타락한 실존을 모르시기 때문이 아니라, 성령의 도우심 아래 '인간 상태에서의 온전함'은 '인간 상태에 있는 인간'에게 가능케 하셨기 때문입니다. 이 온전함이란, 자기가 아는 모든 죄악에서 떠나고 자기가 아는 모든 사랑에 다다르는 것입니다. 우리의 마음이 하나님과 이웃에 대한 사랑으로 충만케 되는 것입니다. 그런 때에는 다른 어떤 실수와 연약함과 불완전함에도 불구하고 '온전한 사랑'이라 부를 수 있는 것입니다.

　님에게는 이 온전한 사랑을 드리고 싶습니다. 아, 그러나 나의 사랑은 멀기만 하고 나의 코골이는 깊어만 가니, 그대를 아프게 하는 것이로군요. 그대에게 좋은 것만 주고 싶은 나이오나 그대 곁에 있다는 것만으로 내가 그대에게 아픔이 됨을 깨닫습니다. 그렇다고 그대 곁을 떠나려니 이번에는 그대의 마음이 쓸쓸하지나 않을까 하는 것과 또한 나의 발길도 떨어지지 않는 것이었습니다.

나는 내 안에 코골이를 가지고 있습니다. 성장 중에 겪은 외부적 상처와 내부적 죄악으로 인하여 망가지고 깨어진 부분이 왜 없겠습니까. 나는 못 보는데 남은 보는 부분이 있고 남은 못 보는데 나는 아는 부분이 있으며, 나도 남도 모르는 곳에 숨어 있는 것도 있습니다. 나 어리석고 연약하오나, 그럼에도 님을 향한 사랑으로 인하여 더욱 나를 하나님께 내어맡김으로 조금 더 온전하게 나를 님께 제공하기 원합니다. 그래서 나는 님의 부족한 부분에 눈을 켜고 있기보다는 나의 부족한 부분에 불을 켜둠으로써 님에게 조금이라도 더 사랑과 친절과 희생을 줄 수 있는 사람이기를 원합니다.

내 할 수 있는 일이란, 뿐 아니라 필히 할 일이란, 내 인격적 결함들과 과거의 아픔들로부터 일어나는 쓴 가지들을 잘라내기 위해 주께 기도하고 또한 그 잘라내는 방법을 탐구하여 부단히 새 사람 되고자 힘쓰는 것입니다. 이것은 님을 사랑한다는 내 고백의 구체적인 한 방편입니다. 그러나 이렇게 나를 고치려는 것과 함께 나머지 절반은 님을 사랑하고자 하는 힘으로 사용할 것입니다. 나를 제어하고자 애쓰는 것은 내 안에서 일어나는 것이지만, 님을 더욱 사랑코자 하는 것은 그대 안에서 일어나는 즐거움이 될 것이기에.

이제껏 배워왔던 악한 것들을 속히 잊고 새로이 사랑을 배우기 원합니다. 하나님께 나를 덥석 맡기고자 합니다. 그럴 때에 나는 그대에게 좀 더 나은 사람 되어줄 수 있을 테니까요.

그런데 나 같은 자를 하나님께서 버리시지 않는다니! 그리고 그대

역시도! 그대에게 상처 주는 이 인간의 무엇이 좋다고 그대는 버리지 않고 같이 있어주는 것입니까. 그러니 님에게 어찌 고맙지 않을 수 있을까요. 그대를 주신 하나님께 어찌 감사하지 않을 수 있을까요.

그럼에도 계속되는 나의 코골이여라! 막아보려고 막아보려고 가지가지 방법을 다 써보았지요. 일찍 잠들기, 머리맡에 젖은 수건 걸어놓기, 옆으로 누워 자기부터 의사 선생님에 열흘 금식기도까지. 그러나 어느 것도 그대를 아프게 하는 코골이를 다 막지는 못했습니다. 이것이 언제나 그치게 되는지요. 백발로 머리가 뒤덮일 때에는 그리 될는지. 그때는 너무 늦지 않을는지. 하루라도 가까이 그대에게 편안함을 주고 싶고, 하루라도 멀리 그대에게서 불편함을 옮기고 싶습니다.

님에게 아픔 주는 나마저 받아주는 님이시여, 나는 그대에게 아픔을 주지 않고자 하는 내 안의 씨름만 아니라 그대를 기뻐하며 또 기쁘게 하고자 하는 두 겹의 사랑으로 그대를 바라보려 하나이다.

코고는 나까지도 사랑한다는 님이시여, 그 사랑을 배워 나도 님을 사랑하되 님이 코를 골 때에도 사랑하려나이다. 얼마나 고단하셨을까 생각하며 더욱 님을 끌어안으리이다. 그렇게 하여 나는 배우기를, 사람은 코를 골기에 사랑받지 못하고 골지 않기에 사랑받을 만한 것이 아니라, 사람은 하나님의 형상인 사람이기에 사랑받을 만한 것임을 깨닫습니다. 님은 나의 사랑의 선생입니다.

토요일 아침. 침대 위에 앉아 정신없이 썼습니다. 아침도 잊고 세수도 잊고. 오늘도 나는 카페로 가서 책을 읽고 글을 끼적입니다. 저녁이 되면 청년들과 결혼을 논하는 모임을 갖습니다. 기회 되면 코골이 이야기 좀 해야겠습니다. 잘 때에는 코를 골지라도 깬 뒤에는 주님의 일을 하는 것이 사람이니 그게 얼마나 소중한지 모릅니다. 카페에 가서 떠오르는 것이 있으면 다시 쓰기로 하고, 없으면 독서 삼매. 이만 줄입니다.

    우리는 의도하지 않게 서로를 향해 실수하거나 아프게 할 수 있는 존재이다. 의도하지 않아도 충분히 상대를 서운하게 하거나 불쾌하게 만들 수 있는 존재이다. 결혼 전에는 내 시야를 벗어난 영역을 살피지 않아도 상관없지만 결혼한 후에는 끊임없이 상대를 용서하고 자신의 잘못을 살펴야 한다. 왜냐하면 사탄은 어떤 빌미를 통해서라도 한 몸을 쪼개려 하기 때문이다.

    성경은 분을 내어도 죄를 짓지 말며 해가 지도록 분을 품지 말라고 말한다. 그렇게 해야만 하는 이유는, 그것은 마귀에게 틈을 주는 행동이기 때문이다(엡4:26~27). 분을 내는 것은 인간이기에 어쩔 수 없는 것이지만 해가 지도록 분을 품지 않는 부분은 순종에 대한 영역이다. 가정을 이루어 살아간다는 것의 본질은 사랑이지만 그 사랑을 이루는 구성을 살펴보면 서로를 향한 용납과 용서가 전체의 절반 정도는 차지하지 않을까.[41]

2016년 4월 16일 오전 9시 22분

벗의 방에서

시우

---

[41] 이요셉, 『결혼을 배우다』, 156~57.

62 코골이와 민족통일

오늘 상해는 오락가락하는 비로 다채로운 풍경을 보여주고 있습니다. 간혹 멀리서부터 엄습하는 담배 냄새만 아니라면 이곳이 제법 평온하게 느껴질 듯합니다.

집을 나와 홍초우 거리를 따라 조금만 동쪽으로 가면 메리엇 호텔이 보이고 그 안에 코스타 커피집이 있습니다. 토요일 오전인지라 한가합니다. 빛이 잘 드는 창가 옆에 자리를 잡았습니다.

앞선 편지에서 코골이는 '결혼 생활 중 상대에게 아픔을 주는 무엇'을 뜻했는데, 코를 골지라도 사랑함 가운데서 상대를 받아주는 것이 중요함을 보았습니다. 이 생각을 남북관계에 버무려보면 어떻습니까?

오늘날 남한과 북한의 국민총소득(명목GNI)은 44배 격차가 난다고 합니다.[42] 우리는 지금 민족의 통일을 기도하고 있습니다. 그럼 이것을 생각해보아야겠습니다. 남편과 아내가 서로 약간의 차이를 받아주지 못한다면 우리가 44배 차이 나는 북한을 어떻게 받아들일 수 있겠습니까? 결혼을 통해 서로를 받아들이는 훈련은 '민족통일을 위한 준비'입니다. 아무리 상대가 지금 약하게 보이고 온 몸에 상처를 입었다고 해도, 그를 돌보는 것이 내게 부담이라 하여 배우자를 버릴 수 있습니까? 인간은 그럴지 몰라도 하나님은 그러지 않으십

---

[42] 이영창, "남북 경제규모 44배 차이… 격차 점점 벌어져", 「한국일보」 2015년 12월 15일자.

니다. 그럴진대 하나님을 경외하는 하늘 백성들이라면 아내와 남편을 받아들이는 훈련을 통해 훗날 북한을 품는 사람으로 준비되어야 할 것입니다.

남북의 경제적 차이만 아니라 문화적 차이, 교육 수준의 차이 등도 있습니다. 그런데 이러한 차이를 보여주기 위해서는 '항목'이 필요하고 이는 종종 '수치'로 나타내는 것입니다. 하지만 사랑하는 부부가 항목과 숫자로 서로를 마름하기 시작한다면 불행의 미소가 들이닥칠 것입니다.

사랑은 숫자보다 큽니다. 아니, 숫자의 세계에 혁명을 일으키는 것이 사랑입니다. 숫자적으로 더 큰 자가 더 큰 자인 세상과는 달리, 사랑은 숫자적으로 더 큰 자가 스스로 더 작은 자가 되어 자기를 내어줌으로써 작은 자를 큰 자로 만들어주니까 그것은 혁명입니다. 반란입니다. 새 나라, 사랑의 새 나라가 문을 연 것입니다. 결혼은 새 나라를 이룰 것인지 아니면 옛 나라에 정체할 것인지 결단을 요구합니다.

코골이만 생각해도 배우는 바 적지 않았습니다. 주님께 감사를 드립니다. 이만 줄입니다.

시우

63 하나님의 채워주심과 배우자를 채워줌

남자 : 상대에게 필요한 존재, 즉 능력이 있어 상대를 채워줄 수 있고 그것으로 존경을 받는 사람이기 원합니다. 뒤집어 말하면, 무능력한 존재가 될 것에 대한 두려움이 있습니다.

여자 : 상대에게 매력적인 존재, 즉 아름다움이 있어 상대를 기쁘게 할 수 있고 그것으로 사랑을 받는 사람이기 원합니다. 반대로, 사랑받지 못할 것에 대한 두려움이 있습니다.

사람은 채워지고픈 갈망, 즉 채워지지 않으면 고통이 오는 두려움이 있습니다. 놀라운 것은, 배우자의 그런 갈망과 필요를 채워줄 존재로 하나님께서 나를 택하셨다는 부르심입니다. 이를 가슴에 새긴 뒤에는 자기의 의지적 선택을 반복하여 배우자의 필요를 채워주는 섬김의 분투가 지속되어야 할 것입니다.

이때 우리의 이기적 본성은 항거의 손을 들고 외칩니다.

"하지만 나 혼자 그러고 있는 상황이 되면 어찌합니까? 저이가 그걸 이용해먹거나 아니면 원체 둔해서 내가 그러고 있다는 것은 전혀 모르고 또 자기가 나에게 해줄 것은 영영 모르면요? 나 혼자 사랑하다 힘 빠져 죽는 거 아닌지……."

하나님 경외함이 없는 결혼서적들을 보면 여기에 대해 어떻게 둘 다 이길 수 있는지 처세법의 자판기를 두드리며 훈수를 둡니다. 이

때에는 나의 착한 노력도 어쩌면 내 욕망의 포장입니다. 그런 책들의 근본적 한계는, 기술과 방법은 다루나 정작 중요한 타락한 본성 안에 있는 이기적 동기는 다루지 않는다는 것이지요. 이러한 이기성을 이기고 진정으로 상대를 위하는 힘은 복음의 능력 외에서는 찾을 수 없는 것입니다.[43] 이것이 우리의 관심사이지요.

그럼 복음의 능력은 무엇인가? 두 측면으로 대답하고 싶습니다. 그리스도 안에 있는 자는 '나 혼자만?'과 같은 질문으로부터 영영 해방을 얻었다는 것과, 한쪽 배우자의 지속적 선행은 효력이 있다고 성경은 말씀한다는 것입니다. 하나씩 다루어봅시다.

첫째로, 나 혼자 상대를 채워주다가는 내 진이 다 빠져 죽을 것이라는 두려움으로부터 해방을 얻을 수 있으니, 그것은 그리스도 안에 있는 자를 향한 하나님의 사랑은 그 무엇도 끊을 수 없기 때문입니다. "내가 확신하노니 … 현재 일이나 … 다른 어떤 피조물이라도 우리를 우리 주 그리스도 예수 안에 있는 하나님의 사랑에서 끊을 수 없으리라"(롬8:38~39).

내 안에 상대를 채워줄 힘이 충분치 않다는 두려움은, 하나님의 사랑이 그리스도 안에서 이미 내게 채워졌다는 믿음으로 극복됩니다. 그분의 사랑은 온 세상이 일어나 나를 정죄하며 비판해도 바뀌지 못하는 영원한 신실하심입니다. 그 사랑은 우리를 용서하고, 일으키고, 거룩으로 인도합니다. "사랑 안에 두려움이 없고 온전한 사랑이 두려움을 내쫓나니"(요일4:18). 거룩이란, 온전한 사랑입니다. "하나님을 사랑하라 … 네 이웃을 네 자신과 같이 사랑하라"(마22:37~40).

---

[43] 래리 크랩 지음, 윤종석 옮김, 『결혼건축가』(서울: 두란노, 2016), 98.

기도 올린다는 것, 말씀 본다는 것, 예배 드린다는 것 – 이런 시간을 통해 하나님의 사랑을 기억하고 또 경험합니다. 이때에 심겨지는 사랑의 은혜는 누구도 채워줄 수 없는 내 안의 빈터를 녹지화합니다. 내 심령에 은혜의 숲이 조성되면 거기서 상대를 '먼저' 섬길 의욕과 '그럼에도 불구하고' 섬길 의지를 딸 수 있습니다.

　이러한 시도는 내 자신에게 유용하고 또 상대방에게도 무용하지 않기에 소망을 줍니다. 불신자 남편을 둔 그리스도인 신도들에게 사도 베드로가 어떤 권면을 주는지 봅시다.

　"아내들아 이와 같이 자기 남편에게 순종하라. 이는 혹 말씀을 순종하지 않는 자라도 말로 말미암지 않고 그 아내의 행실로 말미암아 구원을 받게 하려 함이니"(벧전3:1).

　이교도 남편을 둔 믿는 여인들은 남편에게 순종하는 선한 행실을 계속하는 중에 남편의 변화됨을 볼 것입니다. 내가 고통 받지 않고자 상대를 변화시키려는 이기적 동기에서 출발하는 교묘한 조작이 아니라, 그리스도를 따라 나를 십자가에 못 박음으로 나의 맡은 바 상대방을 섬겨야 할 의무를 계속할 때에는 하늘의 일하시는 힘이 있을 것입니다.

　나의 섬김에 대한 상대의 반응은 기쁨 안에서 서로를 더 견고히 하나 되게 한다는 점에서는 중요하나, 하지만 나의 존재와 그 존재 목적은 상대의 반응에 달린 것이 아니라 구주 그리스도께 달려 있고, 그 주님의 본을 따라 상대의 필요를 채우는 섬김의 사명을 이행하는 것에 있습니다. 그리고 여기에 고난이 있다면, 그것은 그리스도의 고난에 동참함입니다. 가정에서, 부부 사이에서 십자가 고난과 부활 영광의 신학은 인생 최대의 현실로 용솟음할 것입니다.

벗이여, 먼저 주님에게서 채움을 입으십시다. 이는 이미 주어진 것이요 우리가 가서 믿음의 손으로 길어 올려 마시면 되는 은혜의 샘물입니다. 그리고 내 측에서 배우자의 필요를 채워주어야 하는 사명은 아담처럼 불순종할 수도 있고 예수님처럼 순종할 수도 있는 것으로, 이에 순종한다면 그것은 십자가에 나를 못 박는다는 것입니다. 이러한 마음으로 하는 배우자 섬김의 시도는 그리스도를 따르는 제자 됨을 실제적으로 보여주는 것입니다. 주의 제자들이여! 배우자 섬김이란 십자가의 제자도였나이다. 오늘도 이 골고다를 오르는 벗은 주께서 먼저 그 길로 가셨음을 기억하옵소서. 주님의 승리는 벗님의 승리요 우리의 승리가 되리니. 아멘.

시우

64 당신이 생각하는 그런 배우자는 없음

결혼! 기대되고 원하면서도 정작 그날이 온다고 생각하면 걱정되고 불안하게 하는 것. 부모님 세대처럼 '어찌되었든 하는 것이다' 라는 의식이 우리는 약하기에, '완전히 맞는 사람을 찾아야 한다', '그렇지 않으면 안 하는 게 낫다' 등의 생각이 안락하고 나른하게 다가옵니다. 그러면서도 어찌할 바를 몰라 손을 떨며 하루에도 열 번씩 결혼식을 했다가 다시 독신을 했다가 하는 것이 우리들 아닙니까.

나와 딱 맞는 사람이라? 과연 그런 사람이 있을까 의심하면서도 내심 바라는 것도 우리들입니다. 그런 내적 흔들거림 속에서 결정을 미루다 미루어 30고개를 넘어버린 것이 아닙니까. 배우자 선택에 관한 책을 쓴 노르만 라이트 박사는 말하기를,

> 여러분은 나를 완전하게 해주고 내 모든 필요를 채워주는 정말 훌륭한 삶의 동반자가 될 특별한 사람을 찾고 계시지요. 여러분은 그런 사람을 찾지 못할 것입니다. 만나는 모든 사람마다 결점이 있을 것입니다. 그러나 이는 문제가 아닙니다. 모든 결혼은 그렇게 시작됩니다. 계속 잘 찾아보세요. 그러나 가장 체격에 맞는 사람인 것 같아도 처음부터 완전히 맞는 사람은 없습니다. 단, 맞추어갈 수는 있습니다. 결혼 후 5~10년은 이를 가장 중요한 목표로 두고 계획해 나가십시오.[44]

---

[44] Norman Wright, *Finding the Right One for You* (Eugene: Harvest House Publishers, 1995), 79-80; Robin Maxon, *Singleness, Marriage, and the Will of God*, 282에서 재인용.

두 사람이 어차피 맞지 않기 마련이라는 것, 이것이 현실입니다. 결혼의 법칙은 "나는 내가 꼭 원하는 사람을 만날 수 없다"입니다.

그러니 '왜 저 사람과 내가 맞지 않는가?'를 찾다보면 한도 끝도 없이 찾을 수 있고, 그래서는 아무 사람과도 또 아무 사람도 결혼할 수 없을 것입니다. '부족한 부분이 하나도 보이지 않는 사람'이란 하나도 보이지 않을 테니. 혹 그에 가장 근접한 사람을 만난다 해도 교제의 시간이 길어질수록 부족한 부분이 보일 것이며, 같이 살면 그런 부분들은 더욱 선명히 드러날 것입니다. 상대가 완벽해도(그런 사람이란 없지만) '나의' 눈이 왜곡되어 있기에 상대의 완전함은 내게 완전할 수 없습니다. 완벽한 상대를 찾는 사람은 우상을 만들어 좇고 있는 것은 아닌지 스스로 점검해볼 일입니다.

중요한 것은 '맞추어갈 의향'입니다. 피곤함과 지침과 실망이 오더라도 여전히 맞추어가려는 한결같은 의지와 노력을 각오하고 있는가? 나도, 그도? 이러한 태도는 기도와 말씀 생활 같은 종교적 주제가 아니라 사람됨이라는 인격적 주제입니다. 인격이란 '나는 어떤 사람인가'에 대한 가장 객관적이고 영구적인 대답이라 합니다. 헨리 클라우드 박사는 이렇게 말했습니다.

여러분은 사람의 '바깥 부분들'에 끌리겠지만, 오랜 시간에 걸쳐 여러분이 경험할 것은 바로 '안 부분들'입니다. 끝까지 남을 유일한 것은 인격입니다. 혹은 이렇게 말해야 할지도 모르니, 관계가 지속되게 할 수 있는 유일한 것은 사람의 인격입니다.[45]

---

[45] Henry Cloud, *How to Get a Date Worth Keeping* (Grand Rapids: Zondervan, 2005), 221~22; Robin Maxon, *Singleness, Marriage, and the Will of God*, 287에서 재인용.

인격 밖에 없다는 것이지요. 외적 조건은 미끼고 실체는 인격이라는 게지요. 사람됨! 그것이 진짜 그 사람입니다.

그럼 어떤 인격이 아름다운가? 신약에서 보면 사랑, 기쁨, 평화, 인내, 친절, 착함, 신실함, 온유함, 절제, 겸손, 긍휼, 정직, 견딤, 자비, 감사, 참음, 자족, 관대함 등입니다.[46] 이러한 덕목들로 나를 가꾸십시다. 피부 관리는 날로 썩어지는 겉사람의 관리이나 인격 관리는 날로 새로워지는 속사람의 관리입니다. 피부 관리는 속사람의 주름살까지는 펴지 못하나 인격 관리는 속사람의 고운 피부로 겉사람의 얼굴까지 펴게 합니다.

상대가 나와 생각이나 성격이 약간 맞지 않거나 심지어 어떤 부분은 상당한 차이가 있다 해도, 일단 인격 차원에서 함께 성장해갈 의향이 분명하다면 그것은 안심이 되는 사실입니다. 어찌 생각하면 '맞지 않는 부분'이란 축복입니다. 그 때문에 서로 인격을 연마케 되니.

그런데 맞지 않는 부분이 있으면 또 맞는 부분도 있을 것이기에, 맞지 않는 부분을 맞추어가는 동안 맞는 부분들은 어느새 서로에게 위로가 되어 있겠지요. 또한 그런 맞고 맞지 않음이란, 상황이나 보는 눈에 따라 달라지는 부분이기에 맞지 않는다고 불안히 여기던 것이 후일에는 오히려 강점이 될 수도 있는 것이고요. 그러니 공통점은 하나 됨의 즐거움으로 생각하고 차이점은 상호보완의 유익으로 바라보십시오.

그런데 어떤 차이들은 서로 보완이 아니라 서로 저항일 수도 있지요. 은둔형 인간과 사교적 인간이 자기에게 없는 것을 상대가 가진

---

[46] Robin Maxon, *Singleness, Marriage, and the Will of God*, 287.

것에 이상하게 끌려 결혼에 이르는 경우 한쪽이 자기의 편함을 드러낼수록 다른 쪽은 고통을 받는 상태에 놓입니다. 이런 충돌점은 협상과 타협을 통해 중간 정도로 – 좀 불만족스럽더라도 – 서로 양보해야 할 것입니다. 중요한 것은 결혼 '전에' 이를 다루는 것입니다.[47] 사귀던 때에 땀 흘리게 했던 것들은 결혼 후에는 피 흘리게 하는 것이 된다니까요.

남자라는 것, 여자라는 것! 그것부터가 거대한 다름을 예고하고 있습니다. 여기에 더해 개인의 차이까지. 그러한 남녀가 함께 잘 지내며 주의 일도 감당키 위해서는, 1) 서로의 방식과 관점을 이해해주기, 2) 상대방의 독특한 성격의 가치를 헤아리고 인정해주기, 3) 상대방이 나와 같도록 그를 변화시키고 싶은 욕구에 저항하기, 4) 상대방과의 모든 교제 가운데 존경을 보여주기가 필요합니다.[48]

'우리는 안 되는 이유들'을 즐비하게 늘어놓는 일은 이제 내려놓읍시다. 상대방이 이를 보면 기겁을 할 정도로 이는 과장된 것들입니다. '결혼에 대한 나의 두려움'이, 왜 상대방이 나의 배우자가 될 수 없는지에 대한 창의적이고 황당한 발상들로 나타난 것일 뿐입니다.

'맞추어갈 의향이 있는가?'와 '자기 인격을 닦아가고 있는가?' 이에 대해 긍정적이라면 너무 두려워하거나 지나치게 높고 날카로운 기준으로 대상자들을 족족 물리칠 것이 아니라 결혼의 항해를 결심하는 편이 좋다고 생각합니다. 이만 줄입니다.

시우

---

[47] 같은 책, 294.
[48] 같은 책, 295.

65 미래적 부활이 주는 현재적 용납의 능력

벗이여,

사랑에는 신비한 황홀감이나 다른 어디서도 얻지 못할 충족감도 있지만 또한 존재가 휘청거리는 아픔과 근거 없는 걱정, 막연한 의심도 있습니다. 천사표 소리를 듣는 사람에게도 그런 날은 오게 마련입니다.

'혹시 저이가 이러면 어쩌지? 저러면 어쩌지? 이랬으면 어쩌지? 저랬으면 어쩌지?' 하며 혼자 끙끙거리는 동안 '끙끙'은 '설마'를 낳습니다. '설마'가 장성하면 '어쩌면'이 됩니다. 그것이 다시 자라 '아마도'가 됩니다. 그리고 더 커서 '그럴 거야'가 되고 결국 '그런 거야'로 완성에 이릅니다. 상대방은 꿈도 못 꾸는 사이 상대방을 범죄자로 만들어줍니다. 이러한 타락한 본성은 우리가 죄로 부패한 상태에 있음을 명증해줍니다.

'끙끙'의 봄날은 나에게 찾아올 수도 혹은 상대에게 찾아올 수도 있습니다. 잠시 없다고 해도 앞으로 있을 수 있습니다. 이 무시무시한 순간을 두고 다행히 하나님은 우리에게 세 가지 무기를 주셨습니다. 이 셋은 별개이지만 서로 연결되어 있습니다. 단, 사용 순서에 유의해야 합니다. 셋이란 말씀과 기도와 사랑입니다.

먼저 할 것은 말씀입니다. 말씀을 통해 하나님의 마음을 아는 것이 우선입니다. 우리가 믿는 하나님은 '느낌의 하나님'이 아니라 '말씀의 하나님'이십니다. 왠지 상대를 받아들이는 것이 부담스럽거나 자신이 없어서 다리의 힘이 풀리는 때에 묵상할 말씀이 있습니다.

　　우리도 전에는 어리석었고, 순종할 줄 몰랐으며, 미혹을 받아 속았고, 온갖 육체의 정욕과 세상 쾌락의 노예가 되었고, 악한 생각과 시기심에 사로잡혀 있었고, 남의 미움을 받았으며, 또 남을 미워하면서 살았습니다.
　　그러나 우리 구주 하나님께서 크신 은혜와 사랑을 우리에게 베푸셔서, 우리를 그런 죄악의 구렁텅이 속에서 구원해 주셨습니다. 그것은, 우리에게 구원받을 의로운 행위가 있었기 때문이 결코 아니라, 오직 하나님의 크신 은혜와 자비하심에 따라, 우리를 거듭나게 씻어 주시고 또 성령으로 새롭게 해주셨기 때문입니다.
　　이처럼 하나님께서는 우리 구주 예수 그리스도를 통하여 우리에게 성령을 풍성하게 부어 주셨습니다. 그 결과로 우리는 하나님의 은혜로 의롭게 되어서, 마침내 영생의 소망을 품는 상속자가 되었습니다. 이것은 참으로 믿을 만한 말씀입니다(딛3:3~8, 쉬운말성경).

하나님 앞에서 죄 없이 떳떳한 사람이 누구입니까? 하나님께서 죄인 중의 괴수인 나 같은 죄인도 받아주셨다면 우리는 누구를 받아주지 못하겠습니까?
　그 다음은 기도입니다. 흔들리지 않고 서 있는 성경 말씀을 나의 것으로 삼는 은혜를 기도로 간구하는 것입니다. 말씀이 머리 차원에서 가슴 차원까지 뿌리내릴 수 있도록 성령께 나를 의탁하는 것입니다. 이는 말씀을 묵상하는 중 동시적으로 일어날 수도 있고 아니면 그 이후에 별개로 할 수도 있습니다.

그런데 인간은 자기 욕망을 따라 자체적인 기도 응답을 받아, 하나님이 아닌 것을 하나님이라고 여길 수도 있는 불안하고 이기적인 존재입니다. 그러므로 하나님의 뜻이 분명하게 드러나 있는 성경을 따라 기도할 때에 우리의 기도는 안전하고, 무엇보다 기도자 자신에게 안심을 줄 것입니다. 다른 말이 아니라 약속의 말씀을 좇아 드리는 기도이니 얼마나 든든하겠습니까.

말씀을 통해 하나님의 마음을 알고 기도를 통해 그것을 나의 것으로 소화하였다면 이제 실천할 수 있는 힘이 주어질 것입니다. 하나님이 나에게 베푸셨던 그런 은혜로운 용납하심을 따라 나도 상대방을 은혜로 용납하는 힘! 하나님은 이러한 기도에 기뻐 응답해주십니다. 하나님의 뜻대로 하는 기도이니까요(요일5:14).

친구여, 지금은 우리가 연약하고 흠이 많습니다. 잘 하려고 해도 안 될 때가 많지요. 마음에는 원이로되 육신이 약한 날이 허다합니다(마26:41). 그러나 주를 믿는 자여, 온전해지는 날이 하루씩 다가오고 있습니다! 나도 그녀도 지금은 부족할지라도 영화로운 날이 주의 은혜로 임한다는 사실을 기억하며 소망을 붙드십시다. 나의 부끄러운 과거와 불충분한 현재임에도 불구하고 믿는 자들 앞에 놓인 부활의 소망! 그 사건은 우리에게 가장 완전한 의미로 옛 것과의 단절, 새 것으로의 출발이 될 것입니다. 역사의 완성이요 영원의 풀림인 부활! 그날은 우리에게 꺼지지 않는 소망을 붙여줍니다. 그날에는 지극히 작은 자라도 이전 역사의 가장 컸던 위인과 영웅과 성인들보다 지극히 더 클 것입니다.

부족하지만 서로를 받아주는 오늘! 이것은 부활적 오늘입니다. 부활 이후의 미래 체험이요, 부활 맛봄의 오늘입니다.

하나님의 사랑 앞에서는 받아들이지 못할 사람이 없고 섬기지 못할 사람이 없듯, 그 사랑을 본받도록 부르심 받은 우리들도 받아들이지 못할 사람이 없고 섬기지 못할 사람이 없는 데로 자라갑시다. 그렇다면 가장 가까운 배우자에 대해서는 온전하게 그 모든 것을 수용하려 함이 마땅하겠습니다.

주님은 우리의 사랑이 더욱 주님의 사랑을 닮도록 인생을 이용하십니다. 성령께서 말씀을 보는 형님에게 빛을 비추어주시고, 기도하는 누님의 마음을 밝혀주시기를 바라나이다. 아멘.

시우

66 사랑의 유통기한과 음미

사랑은 길어야 3년이라고 하는 이들이 있습니다. '남녀의 행복은 3년'이라는 의미도 됩니다. 정말 그것의 유통기한은 최대 3년입니까? 이에 답하기 위해 행복이란 어디서 오는지 생각해봅시다.

행복은 감사에서 나옵니다. 감사하면 행복하지요. 그럼 감사는 어디서 옵니까? 감사는 낮은 마음에서 옵니다. 즉 겸비함입니다. 행복은 나의 눈에 따라 내 마음이 느끼는 것으로, 겸비함은 사람을 최대로 행복하게 해줍니다.

결국 사랑의 행복은, 신앙이라 하겠습니다. 낮은 마음으로 하나님께 매달리고 화려한 것들을 눈에 두지 않는다면 하나님의 사랑을 힘입고 또한 서로에게 눈을 고정시켜둘 수 있습니다.

이를 위해 각자 자기의 마음이 식지 않도록 지키면서 그런 기도를 하십시다. 평생에 주님을 향한 믿음이 약해지지 않고 더욱 견고해지기를 간구하듯이, "내 배우자를 향한 허기짐과 목마름이 그치지 않게 해주소서. 그리고 내 마음은 내 배우자로만 만족되게 하옵소서. 저이가 아니면 내게 만족도 평안도 쉼도 없게 하옵소서."

얼빠지도록 빠르게 돌아가는 세상이라나 배우자와는 느긋한 세계를 이룩하십시다. 그이의 음성, 표정, 몸짓, 반응, 표현 등을 마음 깊이 담으며 살 때 상대를 즐거워하는 시간이 더욱 길어지겠지요.

분주함은 서로의 입맛을 다른 곳으로 돌리는 마귀입니다. 이는 '음미'를 만나면 줄행랑을 놓습니다. 음미가 무엇이간대?

음미란 똑같은 것에서도 의미를 찾아내어 오늘을 더욱 풍요롭게 함으로 복된 내일로 나아가게 하는 힘입니다. 음미란 아름다움을 보는 눈으로 내리는 따스한 해석입니다. 음미는 재발견의 힘이요, 조용한 숲길 그늘 밑 벤치입니다. 음미는 먼저 나로 하여금 새로운 세계를 보고 즐기게 하고, 나아가 상대로 하여금 그 세계 안으로 들어오게 하여 행복을 나눕니다. 또한 상대의 눈으로 인하여 그 세계는 더욱 풍요로워집니다.

사람의 욕망은 끝이 없다는데, 이는 음미가 없이 채우려고만 하기 때문입니다. 하나님께서 우리에게 행하신 일들과 그 모든 선하심을 기도와 묵상과 찬송을 통해 음미하듯, 사랑하는 이와의 크고 작은 추억들도 음미의 대상들입니다. 분주한 세상살이 속에 빠르게 지나며 창고 깊은 곳에 저장된 장면들을 향해 느린 걸음으로 다가가 시계를 풀어놓고 천천히 바라보고 쓰다듬는 것이 음미입니다. 그 장면들 속에 있는 사랑하는 이의 표정을 감상하고 그를 즐거워하며 배경과 정황을 살펴보면 전에 모르던 의미가 발견되고, 그 의미가 우리 삶을 더 풍요롭게 하니, 이를 음미의 해석학 또는 음미의 행복학이라 하겠습니다. 사랑은 음미를 통하여 '유통기한'을 새롭게 해나갑니다. 음미는 사랑의 질김이요 사랑의 이김입니다.

시우

67 처음 만난 날을 기억함

서로에 대한 사랑이 눈에 띄게 식거나 서로에 대한 확신이 후들거릴 때에는 '과연 내가 이 사람과 결혼한 것이 맞나' 하는 불청객 같은 생각의 방문을 받을 것입니다. 그런 때에는 좋은 방법이 있습니다. '우리 처음 만난 날'을 기억하는 것이지요.

남녀 관계의 물꼬 트임은 그 태초에 평범치 않은 구조나 사건 등으로 시작되곤 합니다. 꼭 그렇지 않아도 시작사랑에는 둘이 소중히 여기는 장면들이 있기 마련이지요. 이를 '우리 사랑의 간증'이라 하십시다. 어떻게 그이를 만나게 되었는가를 말하면서 다시 가슴 뛰게 만드는 그런 간증입니다.

'맞아. 나에게 이 사람이 얼마나 소중한 존재였던가! 이 사람이 아니고서는 정말 누구도 아니었을 텐데!'

하나님과의 관계도 이와 같습니다. 처음에 어떻게 믿음을 갖게 되었는지, 이 죄인을 향해 베푸신 그 용서와 사랑이 얼마나 큰 것이었는지를 생각하면서 하나님을 향한 사랑은 더욱 견고해지고 잠들었던 우리 영혼은 깨입니다. 우리가 인간인 이상에야 사랑이 잠시 식을 날도 오겠지요. 하지만 그날을 위해 하나님은 처음 사랑의 추억을 남겨주십니다.

신앙일기를 쓰는 것이 하나님과의 추억을 내 기억의 페이지에 새기는 것이듯, 사랑일기를 쓰는 것은 배우자와의 추억을 내 기억에 새겨 사랑의 심폐소생 기적을 예비하는 것입니다.

68 신앙과 사랑의 권태기

벗이여,

하나님과의 관계가 감동으로 충만하던 소위 '첫사랑'의 때가 있었을 것입니다. 하나님을 알아가는 기쁨과 마음 깊이 체험되는 은혜로 하루하루 새로운 느낌을 받던 때를 기억하실 것입니다.

그러다가 어느 시점에 이르러서는 하나님이 희미하게 느껴집니다. 그러면서 자기의 삶을 돌아보고 혹시 내게 죄가 있는 가 점검해 봅니다. '하나님의 은혜에서 끊어진 것은 아닌가?'하는 불안에까지 나아갈 수 있습니다. 하나님을 찾아야 하는데 생활은 얼마든지 흘러 흘러갑니다. 하나님의 인도하심이 없는 것 같고 나 혼자 나다니는 것 같습니다. 이를 신앙의 권태기라 이름해 봅시다.

그럼 신앙의 권태기를 극복하기 위하여는 무엇을 합니까? 선교지나 기도원에 가서 영성 회복, 새벽 기도, 고요한 곳에 가서 독서, 봉사 활동 등등. 신앙 권태의 정도가 강하면 강할수록 일상으로부터 멀리 있는 활동으로 나아가서 하나님을 찾으려고 할 것입니다.

사랑의 권태기를 극복하기 위해서도 다양한 변화들이 제시됩니다. 일반적으로는 복장에 변화를 주어라, 집 안에 변화를 주어라, 데이트 코스에 변화를 주어라, 잠자리에 변화를 주어라 등등. 이런 일반적 조언에 기독성을 더한다면, 상대에게 익숙해지면서 잃어버린 온유와 친절과 예의와 인내심을 회개함으로써 회복하는 것, 소망의 말과 태도를 보이는 것 등입니다.

이번에는 권태기의 '치료'보다 '예방'을 이야기해봅시다. 예방도 사실 치료와 같습니다. 다양한 상황(변화) 속에다 둘만의 추억을 심어놓는 것은 권태기를 극복하는 것만이 아니라 예방하는 길입니다.

유머, 기발함, 따뜻한 예상치 못함. 저는 여기에 상상력을 넣고 싶습니다. 시적 상상과 때때로 나오는 철학적 심오함, 노력해서 확보해야 하는 풍부한 대화주제, 예측 못하는 순간에 터져 나오는 따스함과 서정성, 때로는 격정 때로는 고요, 흥미롭고 신선한 대화법 등등. 생각할 수 있는 모든 좋음들. 즉 우리는 우리가 될 수 있는 최고의 우리여야 합니다. 이를 위해 하루하루를 정성 다해 빚어내야 합니다. 하나님께 순종하려는 맘과 몸이어야겠습니다. 지성, 지혜, 감성, 인품, 개성, 교양, 영성, 재미 등 한 인간으로서 가질 수 있게 창조주께서 허락하신 인격의 최대를 소유해야 할 것입니다. 이는 상대방을 섬기기 위함입니다.

평소 상대에게 친절히 대하고, 감정을 숨기지 않고 애정적 대화로 풀어나가는 것 역시 그 극복만이 아니라 최대 예방일 것입니다. 그밖에도 다른 '권태기 극복법'을 '권태기 예방법'으로 돌려 이해할 수 있을 것이고요.

편지 마치기 전, 남녀 간 사랑의 권태기에 관하여 기독교인들이 받은 근본적 해소법에 대해 이야기하고 싶습니다.

서로 섬기고자 하는 의지와 노력이 계속되고, 상대방이 그걸 느끼는 동안 과연 권태기가 쉽게 올 수 있을까 싶습니다. 권태기라는 것은 하나님께서 남녀가 사랑으로 섬기도록 하신 뜻에 순종하지 않으면서 오는, 타락한 마음의 인간이 경험하는 자업자득이 아닐까 하는 생각도 드는데 아직 그렇다고는 말 못합니다. 어쨌든 상대가 내게 어떻게 하든지 나는 그를 섬기겠다는 의지와 작은 실천들이야말로 권태기의 접근을 아주 멀리 차단해버리는 천적이 아닐까 합니다. 그것은 상대에게 지루함이나 원망이 아니라 감동과 고마움을 주겠기 때문입니다.

그런데 서로 잘 섬겨도 권태가 오도록 되어 있는 것이라면, 이때 그 신학적 의미는 두 가지입니다. 첫째로, 권태기는 인간 타락의 심대함을 보여줍니다. 하나님의 형상이요 하나님의 아들딸인 상대방에 대해 나의 마음이 식게 허용한다거나 아니면 식게 만드는 것은 하나님의 선하심을 보여주는 것이 아닙니다. 원하지 않지만 그렇게 되는 것을 보면서는 도리어 나의 타락한 실존을 확인합니다. 그리고 이는 나의 눈을 돌려 주를 바라보게 합니다.

여기서 자연히 두 번째 의미가 이어집니다. 하나님의 성품에 합당하게 서로를 섬김에도 오는 권태기라면 결국 그 뒤에 하나님께서 주시는 더 큰 사랑의 축복을 담고 있다는 것입니다. 연인들이 다툼 뒤에 서로의 소중함을 더욱 깊이 느끼는 경우를 떠올려봅시다. 신앙의 권태기에 있어서도 하나님께서 정하신 때가 되면 어둠이 걷히고 이전보다 더욱 강렬한 은총의 빛이 비추어 오는 것을 생각해봄도 이해에 도움이 됩니다.

혹 권태기는 어찌할 수 없는 것이라 해도 하나님이 기뻐하시는 모습으로 권태기에 임할 때, 계속적으로 나를 평화의 제물로 내려놓을 때, 곧 권태기의 어둠은 물러가고 둘의 사랑은 놀랍도록 정화되어 온전한 하나 됨의 지경에서 결혼의 신비와 환희에 취하여 더덩실 하나님을 노래하고 있을 것입니다. 아멘.

69 두 가지 함정

1. 사랑이기주의

"결혼하면 친구들이 끊어진다"는 말이 있지요. 결혼까지가 아니라 애인만 생겨도 평소 잘 지내던 사람들과의 연락이 상당히 끊어집니다. 그녀와의 시간들과 사건들에 정신이 팔리고 집중되다 보니 이전에 가깝던 이들을 바라보아줄 체력이 남아있지 않는 것이지요.

부부는 서로 100% 헌신해야 하니 그러다보면 주변 관계들이 다소 가지치기 되는 것이 이해가 됩니다. 불행한 가정이 일반으로 자리잡은 오늘날, 이런 마음가짐은 일단 바람직하다고 생각합니다. 그런데 이때에도 생각해볼 점이 있습니다.

'우리는 서로에게 헌신하여 충족감과 행복감을 누리고 있다. 이건 좋다. 그런데 저기 결혼하려 해도 잘 되지 않아 고민하는 내 친구들은 더 이상 나와 이야기할 것이 없는가?'

이성친구들과는 연락이 상당히 끊어지더라도 동성친구들, 특히 아직 결혼 못하고 외롭게 지내는 이들에게는 계속적인 지지와 관심을 나타내어야 할 것입니다. 나와 내 배우자가 한때 외로운 존재였고 외로움으로 신음하였듯, 아직 결혼하지 못한 내 친구는 현재 외로운 존재이고 외로움으로 신음하고 있습니다. 주변의 적적한 벗들에 대한 연락과 관심의 표시는 철회되지 말아야 합니다. 아니 반대로, 부부가 아가페 사랑으로 견고해질수록 그 사랑을 지치고 아프고 외로운 이들에게로 확대해야 할 것입니다.

사랑은 좋은 것이지만 또한 그것은 뜨겁고 독점적이기에 때로 이기주의를 분간치 못할 수도 있습니다. 그럴 때마다 우리는 하나님께서 보여주신 사랑이 어떤 것인지 묵상함으로써 우리네 사랑의 나아갈 바를 찾을 수 있습니다. 이를 위해 고린도전서 13장을 귀하게 여기십시다. 그 말씀은 우리가 사랑이기주의에 빠지지 않고 온전한 사랑으로 살아가도록 격려하는 안내자가 되어줍니다.

그러면 사랑은 무엇입니까?
사랑은 오래 참고, 친절합니다.
사랑은 시기하지 않고, 뽐내지 않으며, 교만하지 않습니다.
사랑은 무례하게 굴지 않고, 자기의 이익을 추구하지 않으며, 성내지 않고, 마음속에 원한을 품지 않습니다.
사랑은 불의를 기뻐하지 않으며, 진리와 함께 기뻐합니다.
사랑은 모든 것을 덮어 주고, 변함없이 항상 믿어 주며, 언제 어디서나 소망을 품고, 모든 것을 견딥니다 (고전13:4~8, 쉬운말성경).

2. 계시자의 훈수

교회에서 약혼자 A씨(35)를 소개받은 B씨(32 · 여)는 6개월가량 연애한 끝에 A씨와 결혼하기로 약속하고 상견례까지 마쳤다. A씨의 직장 친구와 결혼 축하 모임도 가졌고 예식장도 예약했다. 그러나 어느 날부터 약혼자인 A씨는 연락을 피하기 시작했다 … A씨는 "어머니가 기도하다 너와 결혼하면 불행하다는 계시를 받았는데 꿈에서 결혼 후 불행하게 사는 모습을 보셨다고 한다"며 B씨에게 파혼을 통보했다. 충격을 받은 B씨는 약혼 파기에 따른 정신적 피해를 배상하라며 손해배상 청구소송을 냈다. 이에 서울가정법원 가사1단독 김태의 판사는 최근 "A씨 어머니가 계시를 받았다는 것은 파혼을 정당화할 수 있는 사유에 해당하지 않는 만큼 A씨는 B씨에게 2500만 원을 배상하라"며 B씨에게 일부 승소판결을 내렸다고 법원 측은 30일 밝혔다.[49]

때로 기독교인들의 분별력은 세상 법정의 판단만도 못한 경우가 있으니, 계시와 예언, 꿈 운운하기를 좋아하는 이들 사이에서 종종 그러합니다. 그런 이들은 상식과 예절 그리고 무엇보다 성경 말씀이 자기의 생각과 행동을 지배하게 하지 않습니다. 그러면 판단이 주관적으로 흘러 오히려 미혹을 받기 좋은 위치에 놓이지 않겠습니까? 성경보다 자기의 영적 감수성을 더욱 신뢰하고, 자기의 느낌이나 판단을 근거도 없이, 혹은 대범하게도 자기 자신을 근거로 삼아 슬쩍 절대화하는 것은 위태로운 모습입니다.

만약 무엇이 하나님에게서 오는 것이라면 그것은 친히 당사자들에게 주어질 것입니다. 그럼에도 불구하고 나를 향한 하나님의 뜻을 대신 받아주시겠다는(?) 계시자니 예언자니 은사자 등은 차라리 무직자가 되는 편이 서로에게 도움이 되지 않겠습니까?

하나님이 보내신 자와 자칭 계시자는 하나님의 말씀과 그 열매로 분별할 수 있습니다. 그의 주장이 성경에 비추어 합당합니까? 성경으로 검증 되지 않는다면 그의 말은 믿을 게 아닙니다. 무슨 공포스러운, 혹은 종교적인 언사를 남발해도 조금도 흔들릴 게 없습니다.

---

[49] 이서현, "결혼하면 불행? 종교적 계시 파혼사유 안돼", 「동아일보」, 2011년 1월 31일자.

제가 이 편지를 쓰는 것은 하나님의 이름을 내세워 타인의 결혼을 이루려고 하거나("너랑 결혼하래") 혹은 반대로 막으려고 하는("너희는 결혼하지 말래") 헛된 말들로 말미암아 결혼을 앞둔 벗님들이 무익하고 유해한 고통을 당하지 않게 하려 함입니다. 그런 일들은 전에도 늘 있었으니, 소위 종교적이라는 혹은 영적이라는 혹은 은사를 받았다는 인사들에 의하여 개인적, 사회적, 정신적, 물리적 폐단이 일어났던 것입니다. 그러나 인간은 상식과 성경에서 멀어지는 만큼 광신과 독선의 문턱이 가까워진다는 역사적이고 보편적인 경고 앞에서 겸손해야 할 것입니다.

하나님께서 말씀하신 것이 아닌데 자기의 사적 욕구에 의해, 혹은 개인적인 격한 감정에 의해, 혹은 헛된 것을 보고 스스로 미혹 되어, "하나님이 말씀하셨다"고 하는 이들은 사실상 "하나님 여호와의 이름을 망령되이 일컫지 말라"(출20:7; 신5:11)는 제3계명을 범하고 있는 것입니다. '하나님이 주신 계시'를 남발하는 것에 대하여 성경이 선언하는 무시무시한 경고들은 신구약 전체에서 발견됩니다. 자칭 계시자들의 훈수를 믿지 마소서. 그들은 아무것도 아닙니다. 계시가 아니면 내세울 것이 없어 밥 벌어먹고 살지 못할 위인들입니다. 그들에게 필요한 것은 입을 다물어 참견을 그치고 자기부터 사람답게 사는 것이며, 제 손으로 일하여 가난한 자들을 돌보는 것입니다.

계시를 읽지 말고 성경을 읽으소서. 계시를 듣지 말고 말씀을 들으소서. 기도를 받지 말고 기도를 올리소서. 우리가 가진 믿음은 극히 소중하니 일생에 걸쳐 잘 지켜야 하는 것이외다. 아멘.

시우

70 부부 하나 됨의 성화와 그 열매

벗이여,

남편과 아내가 가진 서로사랑의 '함'(doing)이란 서로 거룩케 '됨' (becoming)입니다.

> 오직 사랑 안에서 참된 것을 하여 범사에 그에게까지 자랄지라. 그는 머리니 곧 그리스도라. 그에게서 온 몸이 각 마디를 통하여 도움을 받음으로 연결되고 결합되어 각 지체의 분량대로 역사하여 그 몸을 자라게 하며 사랑 안에서 스스로 세우느니라(엡4:15~16).

어느 영어 성경(NLT)은 이해하기가 좀 더 수월합니다.

> 대신 우리는 사랑 안에서 진리를 말할 것입니다. 모든 면에서 점점 더 그리스도를 닮아갈 것이니, 그분은 그 몸인 교회의 머리이십니다. 그분은 서로 완벽하게 어울리도록 몸의 전체를 만드십니다. 각 부분이 자기만의 맡은 바를 다할 때 다른 기관들은 성장할 수 있는 도움을 얻어, 이렇게 몸 전체는 건강해지고 성장하며 사랑으로 가득 차는 것입니다(엡4:15~16).

이 말씀은 교회에 대한 가르침이니, 남편과 아내라는 '부부교회' 문맥 안으로도 적용할 수 있을 것입니다. 남편이 아내사랑의 맡은 바를 충실히 할 때 이는 아내로 인격과 신앙의 성장, 행복감의 충족, 감정의 순화와 승화 등을 일으킴으로 아내의 성화를 돕습니다. 또한 아내가 남편에게 주는 신뢰와 웃음과 격려는 남편이 그리스도를 향하여 자라도록 밀어주어, 이렇게 부부교회는 하나로서 건강해지고 그리스도를 닮아가며 사랑으로 스스로를 세웁니다. 이는 주님의 어떠하심을 서로에게, 그리고 세상에 보여주는 그리스도의 몸입니다. 이렇게 부부는 서로 사랑하는 동안 범사에 그리스도에게까지 자라납니다.

사랑은 서로를 키워주는 생명의 밥입니다. 이 밥은 자기가 지을 수는 있으되 자기가 먹을 수는 없습니다. 사랑의 밥은 내가 '먹이는' 것이요 내가 '먹는' 것은 아닙니다. 오직 서로의 입에 떠 넣어주는 것입니다. 그리고 이것이 없으면 상대가 시들어 죽음에 이르는 것은, 인간은 사랑의 밥으로 살도록 되어 있기 때문입니다.

그런데 놀라운 것은, 사랑의 밥은 먹는 것도 복되지만 그 밥을 짓는 것은 더욱 복되다는 사실입니다(행20:35). 사랑하는 사람들끼리는, "그대를 위해서 나는 먹지 않아도 배불러요"라고 합니다. 사랑의 밥은 그것을 짓는 동안 배가 불러옴이 있습니다.

부부는 '한 몸'이니 상대를 먹임이 자기가 먹음도 됩니다. 나의 피와 살을 재료로 상대를 먹인 사랑의 밥은 결국 나를 살리는 피와 살, 나아가 세계를 살리는 (그리스도의 몸으로서의)피와 살이 되기 때문입니다.

그리스도의 몸인 부부교회. 남편과 아내는 1) 그리스도의 몸이면서 동시에 2) 서로가 '한 몸'입니다. 부부는 이렇게 두 차원의 '몸됨'을 갖습니다. 둘은 한 몸으로서 그리스도의 몸이 되고 또한 그리스도의 몸으로서 한 몸으로 주의 사명을 이행하는 것입니다. 그리고 부부의 성화는 이러한 '두 차원'의 한 몸 모두에서 진행됩니다.

부부의 하나 됨은 여기서 멈추지 않습니다. 하나님과의 하나 됨(연합)도 있습니다. 부부의 주인이 되시는 삼위일체(the Trinity) 하나님께서 믿는 부부와 함께하시니 이는 1) 남편과, 2) 아내와, 3) 하나님이 '셋이하나'(the trinity)의 몸을 이루는 것입니다. 남녀의 성적 하나 됨이 서로의 존재가 혼합되어 제3의 무엇이 만들어지는 것이 아니라 각자의 존재를 잃지 않으면서도 사랑 안에서 하나로 결합되는 것이듯, 한 몸 된 남편과 아내는 믿음의 신방에서 하나님과 연합되어 셋이 하나를 이룹니다. 이는 삼위일체의 신비를 몸으로 배우는 사랑이니, 사랑은 하나님을 앎이요 또 하나님을 앎은 성화입니다.

부부의 한 몸 됨은 나아가 새로운 몸을 낳습니다. 하나님께서는 하나님의 형상인 인간의 출산을 인간에게 맡기셨지요. 세상 전부와도 바꿀 수 없는 '목숨'이라는 절대적 값어치를 한 몸 되는 부부의 사랑 안에 예치하신 것입니다. 한 몸 됨의 성화는 자기중심적, 자기충족적, 자기도취적 '나' 차원이 아닌 새로운 몸의 탄생이라는 '남' 차원의 열매를 맺습니다. 마찬가지로 부부와 하나님이 연합하는 사랑은 풍성한 성령의 열매(성화)와 복음의 과실(구령)을 맺어 많은 영적 자녀들을 출생합니다. 성화는 나 홀로 도 닦음이 아니요, 하나님의 사랑에 감격하여 남 사랑하지 않을 수 없음입니다. 거기에는 열매들이 맺히기 마련입니다.

정리하면 부부는 '둘이 한 몸'이요, '셋이 한 몸'이며, 또한 '새 몸 창조'의 성화를 경험하는 장소입니다.

71 최초의 교회 최소의 교회 최후의 교회

벗이여,

교회는 부름 받아 나온 자들의 공동체입니다. 교회의 '개천절'로는 신약성경 사도행전 2장에 나오는 오순절을 꼽지만 그 이전에도 넓은 범위의 교회는 있었습니다. 하나님은 자신의 거룩한 백성을 갖기 원하셨으니(신7:6), 구약 모세의 때에 "광야 교회"(행7:38)가 시작되었던 것입니다. 하지만 이것도 최초의 교회는 아닙니다. 가장 원시적이고 근원적인 교회는 태초인 창세기 2장에서 볼 수 있습니다.

여호와 하나님이 아담에게서 취하신 그 갈빗대로 여자를 만드시고 그를 아담에게로 이끌어 오시니 … 이러므로 남자가 부모를 떠나 그의 아내와 합하여 둘이 한 몸을 이룰지로다(창2:22~24).

하나님께서 아담에게 하와를 데려오신 뒤 둘을 하나로 맺으신 결혼은 인류역사상 첫 교회의 등장이었습니다(아담과 하와의 결혼이 바로 역사 최초의 교회였단 말씀입니다). '광야 교회' 이전에 '에덴 교회'가 있었던 것입니다. 그 교회의 머리는 창조주 하나님이셨고 그 몸은 아담과 하와였습니다.

아담과 하와는 '하나님의 형상'으로 지음 받았습니다(창1:26). 고대 근동 문화권에서는 신이나 왕을 나타내기 위해 형상을 세웠다고 합니다. 사람들은 그런 형상이 그 장본인인 신이나 왕을 대신한다고 생각했습니다. 왕들은 자기의 권위를 드러내고 싶은 곳에다가 자기의 조각상을 건립했고요. 그렇다면 하나님의 형상인 인간은 하나님의 대리자로서 피조 세계 한가운데 서게 된 것입니다. 이때의 그림은 남자와 여자가 나란히 서서 그 머리 되신 창조주의 뜻과 다스리심을 이 땅에 드러내고 있는, 최초의 교회였습니다.

형상은 상징이요 동시에 대리자입니다. 그럼 부부교회는 무엇을 상징하고 또 대리하는 것입니까? 상징으로서는 먼저 그리스도와 신자의 신비적 연합과 사랑을 나타냅니다(엡5:31~32). 남편과 아내가 서로의 잘못을 용서하고 부족한 모습들을 용납하며 어려움을 인내하고 나아가 자기를 바쳐 사랑하는 것은 부부교회의 창조목적을 이루는 것으로, 이는 창조주께 영광이 됩니다.

다음으로 부부교회는 그리스도의 대리자로서 주님의 몸으로 기능하며 주의 다스리심을 땅 위 구석구석으로 확장합니다. 정치, 경제, 문화, 사상, 사회, 철학, 종교 등은 각처의 부부교회들을 통해 교화(敎化)되고 성화되는 것입니다.

서로를 사랑하고 세상을 변혁시키는 '사랑과 사명'은 '최초 교회'의 존재 이유 바로 그것이었습니다. 이는 오늘에도 동일합니다. 부부는 창조주께서 친히 만드신 최초의 교회요 최소단위의 교회, 창조주의 지상 대리자요 그리스도의 몸입니다.

우리는 하나님의 말씀에서, 교회는 믿는 자들의 공동체요 모든 믿는 자들은 하나님 앞에서 제사장이 된다는 것을 발견합니다. 구약의 교회는 "제사장 나라"(출19:6)였고 신약의 교회는 "왕 같은 제사장"(벧전2:9)이지요.

제사장이라고 할 때에는 두 가지가 떠오릅니다. 제사장은 다른 사

람의 중재 없이 하나님께 나아갈 수 있다는 것과, 하나님과 세상을 중재하는 자라는 사실입니다.50

부부교회는 제사장입니다. 그들은 무슨 조직이나 인간의 도움, 권위 등이 필요 없이 친히 하나님의 임재로 나아갈 수 있습니다. 이는 오로지 그리스도의 피로 말미암는 것입니다.

> 형제들아 우리가 예수의 피를 힘입어 성소에 들어갈 담력을 얻었나니 그 길은 우리를 위하여 휘장 가운데로 열어 놓으신 새로운 [생명의] 길이요 휘장은 곧 그의 육체니라(히10:19~20).

그리스도의 피! 이는 부부교회로 하여금 하늘 성소에 드나드는 제사장직을 부여하는 신적인, 그리고 유일한 권위입니다. 십자가 보혈 외에는 그 어떤 것도 하나님 앞에 권위를 인정받지 못하나이다. 그렇다면 교황권이나 교단회장, 교파전통 등은 가장 가난한 어느 부부교회보다 권위가 낮습니다. 그리스도의 피는 사람에 대한 것이지 교권을 위해 흘리신 것이 아니기 때문입니다. 하나님 나라에서는 지극히 작은 부부교회가 세상에서 제일 크고 권세 있다는 종교기관이나 인물보다는 큽니다.

다음으로 부부교회는 제사장으로서 하나님과 세상을 중재합니다. 이는 범죄한 인간들과 화목함을 회복하시려는 하나님의 의지와 행위를 이행하는 것으로, 화평의 복음이 되시는 그리스도를 말과 삶으로 전파하는 것입니다.

---

50 데렉 티드볼, "교회", 『IVP성경신학사전』, 576.

우리에게 화목하게 하는 직분을 주셨으니 곧 하나님께서 그리스도 안에 계시사 세상을 자기와 화목하게 하시며 그들의 죄를 그들에게 돌리지 아니하시고 화목하게 하는 말씀을 우리에게 부탁하셨느니라. 그러므로 우리가 그리스도를 대신하여 사신이 되어 … 간청하노니 너희는 하나님과 화목하라(고후5:18~20).

고로 제사장으로서 부부교회는 신인(神人) 화해의 중재자요 그리스도의 지체 높은 사신입니다. 이는 하나님의 말씀입니다. 그런데 부부교회가 하나님의 대사가 되는 것은 그리스도의 죽음과 부활을 통하여 새롭게 획득된 현실은 아닙니다. 다시 처음으로. 창조주께서는 세상을 창조하시던 바로 그때로부터 부부교회를 하나님의 보내신 자, 즉 사도(사명을 띠고 보냄 받은 대사)로 삼으셨기 때문입니다.

하나님이 이르시되 우리의 형상을 따라 우리의 모양대로 우리가 사람을 만들고 그들로 … 모든 것을 다스리게 하자 하시고(창1:26)

남자와 여자는 하나님의 뜻을 따라 피조세계를 함께 다스리도록 창조되었습니다. 그리고 이는 남녀 즉 최초의 부부에게 주어졌습니다. 개신교파들은 물론 로마 가톨릭이나 동방 정교회보다 오래 되었고 이스라엘 백성들보다도 기원이 훨씬 오랜, 저 최초 교회의 설립 목적은 '하나님의 대사요 그리스도의 사도로서 창조주의 성품과 뜻을 따라 땅을 가꾸고 돌보는 것'이었습니다. 창조주와 피조세계, 다시 말하면 하늘과 땅을 연결하고 중재하는 것이 교회의 사명이었습니다. 그리고 이 처음 교회는 부부교회였습니다.

여기서 하나 더 얻을 수 있는 통찰은, 어느 종교 권위자가 교권이
나 전통, 교리를 동원하거나 심지어 하나님의 이름을 망령되이 일컬
으면서 부부교회를 겁박하고 못 살게 구는 것은 마치 자식이 어머니
를 협박하고 괴롭히는 것처럼 인륜을 거스르는, 차마 보지 못할 그
리고 보고 있지 못할 일이란 사실입니다.

그런데 최초의 교회였던 부부교회는 최후의 유일한 교회로 또한
남을 것입니다. 모든 신자들이 그리스도와 혼인하는 그날에 교회
란, 머리와 몸이 온전히 연합된 오직 부부교회이리니. 아멘.

교회는 누구도 빼앗을 수 없는, 그리스도의 소유입니다. 그리스도
께서 교회를 위하여 자기를 내어주셨기 때문입니다(엡5:25). 부부는
누구도 빼앗을 수 없는, 그리스도의 소유입니다.

교회의 생명은 그리스도에게서 오고, 그가 친히 그 모퉁잇돌이
되어주십니다(엡2:20). 부부의 생명 또한 그리스도에게서 오고 그가
친히 가정의 받침돌이 되어주십니다.

하늘에 있는 영적 세력들은 교회를 통해 하나님의 지혜를 보게 됩
니다(엡3:10). 부부교회도 이러한 보여줌에 구체적으로 동참합니다.
부부교회의 사랑은 우주전시장에 진열되는 화폭입니다.

교회는 성령께서 거하시는 성전이요, 그렇기에 더럽혀져서는 안
됩니다(고전3:16~17). 부부교회도 거룩하게 보존되어야 할 성전입니
다. 부부의 침실은 제3자로 인해 더럽혀지지 말아야 합니다(히13:4).

교회가 거룩함은 "예수 안에서 거룩하여"진 것으로(고전1:2), 예수
께서 교회의 거룩함이 되어주심으로 말미암습니다(고전1:30). 이러한
새 현실에 따라 교회는 거룩함을 그 본연의 특질로 삼습니다. 예수

께서는 부부교회에게도 거룩함이 되어주십니다. 교회가 예수께 속하여 거룩해지듯 부부도 예수께 속하여 거룩해집니다. 또한 예수께서 거룩하시니 부부도 거룩할 것입니다.

교회는 성령에 의해 새롭게 태어난 사람들의 모임이라는 점에서는 '새로운 인류'(new humanity)요, 전에는 존재하지 않았으나 이제 그리스도 안에서 존재하게 된 "새 사람"(엡2:15)입니다. 그리스도 안에서 하나를 이루는 부부교회도 새로운 유형의 인류입니다. 한 남자와 한 여자가 한 몸을 이룰 때, 이전 것은 지나가고 새 것이 옵니다.

하나님은 구원받은 개인들을 그 상태로 두시는 것이 아니라 모아 구원의 공동체를 만드시나니 이것이 교회인 것입니다. 그리고 그 최소의 교회는 부부교회입니다. 교회 구성원들 사이의 특징은 무엇보다 서로를 향한 사랑입니다(요15:17). 부부교회도 사랑을 으뜸의 특징으로 갖습니다.

교회는 성령의 인도하심 아래 말씀과 기도, 성례, 찬양, 섬김, 권면, 용서, 회복의 공동체로 호흡합니다. 부부는 성령을 의지하여 말씀과 기도, 예배, 섬김, 수용의 행복을 누림이 마땅합니다. 그러한 누림으로만 결혼의 고비 고비를 넘어갈 수 있을 것입니다.

그리스도의 부활에 묶여 있는 교회는 복음을 전함으로 부활하신 주님의 함께하심을 보장받습니다(마28:18~20). 부부도 복음사역에 직간접으로 맘과 몸을 쏟을 때 주님의 함께하심을 더 깊이 체험할 것입니다. 그러니 부부여, 힘써 주의 일에 동참하는 것이 삶의 재미가 되지 않겠습니까?

교회는 '모이기'도 하지만 복음 전파를 통해 '모으기'도 하나니, 모이기와 모으기는 교회의 모내기입니다. 이렇게 교회는 주님과 묶이고, 서로에게 묶이며, 나아가 열방과 묶입니다.[51] 그렇게 부부도 서로 묶이고, 온 역사의 성도들과 묶이며, 선교를 통해 온 지역의 성도들과 묶입니다.

교회는 그리스도의 뜻을 대리하는 그분의 몸입니다. 그 구성원들은 인간 몸의 여러 기관들처럼 긴밀히 생명적으로 연결되어 있습니다(롬12:5). 이 생명은 정체되어 있지 않고 사랑함 가운데 계속 자라남으로 말미암아 그리스도의 장성한 분량이 충만한 데까지 이릅니다(엡4:13, 16). 그렇게 부부교회도 한 몸으로 끝없이 성장합니다, 그리스도의 형상을 좇아. 이 때문인지 혹자는 말하기를, "결혼은 행복이 아니라 거룩이다"라고 하는 가 봅니다.

교회는 그리스도의 보혈로 맺어진 새 언약의 증표입니다. 새 언약 아래 있는 부부의 견고한 연합도 그리스도의 피로 맺어진 것이니, 그것은 신성한 연합입니다. 그리스도 안에서의 이러한 영적 현실은 우리의 순종과 인내 가운데 성령의 능력으로 우리의 생활적 현실이 되어갑니다. 그것을 체험함이 신앙이요 행복일 것입니다.

여기까지, 하나님의 말씀 일부에서 발견하는 부부의 가치와 의미는 상상을 초월한다고 밖에는 더 말하지 못하겠습니다. 이는 주님의 지혜와 선하심 덕분입니다. 아아, 더 말하지 못하겠습니다, 주 앞에 엎드리는 것밖에.

시우

---

[51] Al Truesdale ed., Gregory Robertson, "Church (Ecclesiology)" in *Global Wesleyan Dictionary of Theology* (Kansas City: Beacon Hill Press, 2013), 109.

72 소울 메이트에서 미션 메이트로

일제 강점기의 성도들은 나라와 동포를 사랑하는 신앙으로 투철한 삶을 사시다 죽음을 받으셨습니다. 그분들의 이름을 하나하나 다 열거할 수 없습니다. 다만 그런 분들의 죽을 고생과 희생을 생각할 적에는, 인생에는 사랑과 함께 사명이 있어야 함을 떠올리지 아니치 못합니다.

오늘은 그때와는 무척이나 다른 시대이지요. 하지만 선조들의 피눈물의 수고는 헛되이 떨어지지 못하리이다. 그들의 피는 오늘 우리가 주의 나라를 향한 사명에 몸을 바치라고, 너도 행복한 피를 흘리라고, 끊임없이 외쳐주고 있나니.

우리의 사랑도 사랑에서 끝나면 아니 되고 사랑에서 사명으로 나아가며, 사명은 사랑 안에 있어야 하고 사랑은 사명을 낳아야 하겠나이다. 남녀의 진정한 사랑은 사명적 사랑이라 하겠습니다. 그것은 너랑 나만 짝짜꿍하는 소울 메이트(soul mate)가 아니라, 그것을 뛰어넘어 하나님께서 의도하신 바에 이르는 미션 메이트(mission mate)인 것입니다.

성경을 통해 이를 생각해봅시다. 죄와 흠이 없던 에덴의 때를 보면 최초 인간 남자를 하나님께서 창조하신 목적은 '땅을 가는 것'(창 2:5, 가꾸는 것)이었습니다. '경작하고 지키는 것'이었습니다(2:15). 이어서 그가 지켜야 할 계명이 주어지니, "선악을 알게 하는 나무의 열매는 먹지 말라"는 것이었습니다(2:17).

이후에 하나님이 보실 때에 "사람이 혼자 사는 것이 좋지 아니"하여 남자를 위하여 돕는 배필을 지으십니다. 그렇게 하와가 창조되고 아담은 하와를 노래하였습니다. 하나님이 맡기신 사명을 아담이 이루도록 돕는 짝이 주어지는 장면입니다. 그리고 아담은 돕는 배필을 사랑하면서 그녀와 함께, 받은 천명을 이루어야 했습니다.

에덴에서 이루어졌던, 두드러지게 중요한 두 주제는 노동과 관계였습니다. 혹은 사명과 사랑. 이를 위해 결혼이 제정되니 이는 서로 동역자가 됨이요 또한 동반자가 됨입니다. 결혼을 향한 하나님의 이러한 목적 앞에 스스로를 늘 점검하는 부부는 복이 있습니다. 하나님의 뜻에 부합한 것은 마음에 평안과 기쁨을 주니까요. 고로 연정의 남녀는 주의 사명을 함께 감당할 길을 모색하시고 그 꿈을 꾸는 가운데 맘껏 가슴 설레셔야 하옵니다.

구약 창세기는, 그리스도 안에서 '신세기'를 맞이합니다. 중대한 '새로이 됨'이 있었던 것입니다. "땅을 다스리라"는 최초의 명령은 그리스도 안에서 새 의미를 획득했습니다. "너희는 가서 모든 민족을 제자로 [삼으라]"(마28:19). 그리스도는 그의 제자들을 복음의 대사들로 삼아 "화목하게 하는 말씀"을 손에 쥐어주시고, 그것을 들고 땅과 하늘의 화해를 중재케 하셨습니다(고후5:19~20). 이 놀라운 화해는 그리스도께서 우리에게 "하나님의 의"가 되어주심으로 가능케 된 것입니다(고후5:21).

이러한 사명을 위하여 전진 '해야 함'만 아니라 전진 '할 수 있음'의 근거는 적어도 두 가지입니다. 먼저, 주님의 '선교명령'에 순종하는 제자들에게는 "내가 세상 끝날까지 너희와 항상 함께 있으리라"(마28:20)고 약속하신 사실입니다. 주님은 신실하셔서 하신 말씀을 번복하실 수 없고 거짓을 말씀하실 수도 없습니다. 그러므로 주님이 주신 사명을 좇아 사는 이들은 주님이 항상 함께하심을 믿음으로 받아야 합니다. 이렇게 하여 믿는 자는 사명을 위하여 전진해야 하는 것만 아니라 전진할 수도 있는 것입니다(또한 행1:8).

전진 '할 수 있음'의 다음 근거는, "내가 이 반석 위에 내 교회를 세우리니 음부의 권세가 이기지 못하리라"(마16:18)고 하신 약속입니다. 부활하신 주님의 교회는 사명을 이행함에 있어 갖은 어려움을 당할지라도 죽음의 세력에게 정복당할 수는 없습니다. 교회(믿는 자들의 모임)는 죽음을 이기신 분의 몸이기 때문입니다.

'사명'이 그리스도 안에서 이러한 신세기를 맞았다면 '사랑'은 어떠합니까? 마지막 유월절 전, 주님께서 제자들에게 주신 고별사는 이를 의심의 여지가 없이 보여줍니다.

"새 계명을 너희에게 주노니 서로 사랑하라. 내가 너희를 사랑한 것 같이 너희도 서로 사랑하라"(요13:34).

최후의 유언을 남기는 사람처럼 가장 간곡한 뜻을 밝히신 주님에게 있어 사랑이란, 주님의 사랑을 닮은 사랑이었습니다.

놀라운 것이 여기에 적어도 두 가지가 있습니다. 하도 놀라워 숨이 가쁩니다. 먼저, 누군가가 예수님을 사랑한다는 고백의 진정성은 그가 이웃을 사랑하는가에 달려 있고, 이웃을 사랑하는 만큼만 그는 예수님을 사랑한다고 말할 수 있습니다.

"너희가 나를 사랑하면 나의 계명을 지키리라"(요14:15).

"내 계명은 곧 내가 너희를 사랑한 것 같이 너희도 서로 사랑하라 하는 이것이라"(요15:12).

예수님께 속하는 사랑, 예수님 '의' 사랑이란 개인주의적, 자기중심적 사랑이 아닙니다. 그 사랑은 누가 나에게 잘해주어서 내가 느끼는 기분 좋음의 수준이 아닙니다. 근본적으로 그 사랑은 나를 향하는 것이 아니라 남을 향하는 것입니다. '날'이 아니라 '널'의 사랑. 누가 내 발을 씻겨주기를 기대하는 것이 아니라 내가 누구의 발을 씻겨주는 움직임. 친구가 날 위해 희생해주기를 기대하는 것이 아니라 내가 친구를 위해 희생하는 그러한 물론.

예수님의 사랑("내 계명")을 따르는 이들 안에 하나님은 사랑과 임재의 거처를 잡으십니다(요14:23). 하나님은 '날'이 아니라 '널'의 사랑을 하는 이들을 '사랑의 성전'으로 삼으시는 것입니다.

사랑에 관하여 다음으로 놀라운 점은, 우리가 예수님의 사랑으로 사랑할 때에는 그것이 이미 전도의 사명을 수행한다는 사실입니다. "(내가 너희를 사랑한 것 같이)너희가 서로 사랑하면 이로써 모든 사람이 너희가 내 제자인 줄 알리라"(요13:35).

여기서 "알리라"는 단순히 "저이들 예수를 믿는구나. 착하게 사네" 차원의 앎이 아닙니다. 이 앎은 '예수님을 알게 함'이요, 이는 결국 '예수님을 믿게 됨'입니다. 여기서의 '앎'은 '믿게 하는 앎'이요 '사랑의 앎'입니다.[52] 믿는 자들이 사랑할 때에 그것은 벌써 선교적 능력을 발하고 있습니다.

이렇게 볼 때에 사랑과 사명은 뗄 수 없는 짝입니다. 남편과 아내처럼 둘은 배필입니다. 사명이 없는 예수님의 사랑은 없고, 사랑이 없는 예수님의 사명도 없고. 우리는 사랑을 이루기 위해 사명을 부

---

[52] "아버지여 세상이 아버지를 알지 못하여도 나는 아버지를 알았사옵고 그들도 아버지께서 나를 보내신 줄 알았사옵나이다"(요17:25).

여 받고, 사명을 이루기 위해 사랑을 채움 받고. 이는 부부만 아니라 모든 믿는 자들, 아니 하나님이 지으신 모든 인간들의 생의 목적인 것입니다. 형님, 누님은 이 뜻을 이 땅에서도 이루옵소서.

시우

【추신】사랑은 여성적이고 사명은 남성적입니다. 여자는 본성적으로 사랑에서 의미를 느끼고 남자는 사명에서 가치를 찾습니다. 고로 아내는 남편을 위하여 좀 더 사명적이기를 노력하고, 남편은 아내를 사랑하고자 의식적으로 힘써야 합니다.

성경은 사랑과 사명을 모두 말합니다. 한쪽만 말하는 것, 즉 사랑만 강조하는 것은 순진한 바요 사명만 앞세우는 것은 잔혹한 바입니다.

"사랑이냐? 사명이냐?"는, "엄마냐? 아빠냐?"와 같습니다. 아들은 연약한 어머니를 먼저 챙겨드릴 것이요, 딸은 지친 아버지를 먼저 위해드릴 것입니다.

사랑과 사명 – 하나는 다른 하나를 위해 존재하고, 다른 하나 없이 이 하나가 존재하지 못합니다. 사랑과 사명이 함께 있을 때에만 열매라는 역사의 자손도 있을 것입니다.

73 부부의 선교사 부르심

　선교지는 참으로 신기합니다. 고된 현실이기도 하면서 또한 놀라운 간증 무대입니다. 선교지의 사람인 선교사도 놀랍습니다. 자기 재산은 하나도 없지만 모든 것이 자기 재산인 사람입니다. 사적 소유는 없지만 믿음 안에서 모든 것을 소유하는 사람이니까요.

　믿음과 순종으로 부부 선교사로 떠나는 분들은 그에 상응한 하나님의 은혜를 경험합니다. 그분들은 다들 간증거리, 믿음의 무용담이 있으시더군요. 그것을 들을 때 우리의 가슴이 두근거리지 않습니까. 더 늦기 전에 한 번 뿐인 인생을 주께 드리겠다고 마음이 불타오르지 않습니까. 세상의 영광에 안다리를 거는 통쾌함으로 기분 짜릿해지지 않습니까.

　이때 우리나라를 선교지라고 생각해봅시다. '선교지는 비단 바다 건너만이 아니라 이 땅부터가 선교지다!' 그런데 선교지에 특별한 은혜를 부어주셔서 놀라운 간증거리를 주시는 하나님이 아니십니까? 그렇다면 한국에서도 선교적 순종과 희생으로 나아간다면 기필코 하나님의 놀라운 은혜를 경험함으로 한국에서 역시 위대한 간증거리를 허락하실 것이라 믿을 수 있지 않습니까? 하나의 위대한 역사를 이 땅과 저 하늘에 남기도록 허락하시리이다.

　그러니 30대 동무들이시여, 그러한 믿음으로 남 나라 선교지로 가든지 아니면 내 나라를 선교지로 삼든지, 마지막 피 한 방울까지 장쾌히 내어바쳐야겠습니다. 그러한 승리의 환희와 영광을 우리가 누리도록 서로 격려하고 함께 기도하십시다. 부부는 이 기도와 봉사로 더욱 하나가 될 것입니다. 주님의 모든 부부들은 부르신 교회요 보내신 선교사입니다. 아멘.

시우

【추신】부부간에는 '다름'이 있습니다. 이 다름이란 선교사 훈련입니다. 부부는 서로의 다름 속에서 부딪치고 흔들리고 놀라고 울며 살아가는 동안 자기도 모르게 문화 적응력이 배양 되고 있습니다. 나의 '정답' 혹은 '하나의 답'이 배우자를 통해 '또 하나의 답'을 얻어가는 과정은 선교 프로그램의 일부입니다.

74 아흔까지 동지애

벗이여,

우리는 자신을 스스로를 20대와 비교하면서 늦었다(?)고 하지 않습니까? 그런데 '95세 어른의 수기'가 있어 여기 옮깁니다.

나는 젊었을 때 정말 열심히 일했습니다.
그 결과 나는 실력을 인정받았고 존경을 받았습니다.
그 덕에 65세 때 당당한 은퇴를 할 수 있었죠.
그런 지금 95번째 생일에 얼마나 후회의 눈물을 흘렸는지 모릅니다.
내 65년의 생애는 자랑스럽고 떳떳했지만,
이후 30년의 삶은 부끄럽고 후회되고 비통한 삶이었습니다.
나는 퇴직 후 이제 다 살았다. 남은 인생은 그냥 덤이다.
그런 생각으로 그저 고통 없이 죽기만을 기다렸습니다.
덧없고 희망이 없는 삶 … 그런 삶을 무려 30년이나 살았습니다.
30년의 시간은 지금 내 나이 95세로 보면 …
3분의 1에 해당하는 기나긴 시간입니다.
만일 내가 퇴직을 할 때 앞으로 30년을 더 살 수 있다고 생각했다면
난 정말 그렇게 살지는 않았을 것입니다.
그때 나 스스로가 늙었다고,
뭔가를 시작하기엔 늦었다고 생각했던 것이 큰 잘못이었습니다.
나는 지금 95세지만 정신이 또렷합니다.

결혼편

앞으로 10년, 20년을 더 살지 모릅니다.

이제 나는 하고 싶었던 어학공부를 시작하려 합니다.

그 이유는 단 한 가지 …

10년 후에 맞이하게 될 105번째 생일날!

95세 때 왜 아무것도 시작하지 않았는지 후회하지 않기 위해서 입니다.[53]

벗이여, 우리의 은퇴는 90세입니다. 멀리 보십시다. 세상에 눈 감아버리고 살지 않는 이상에야 우리 앞에 혼란스러운 미래와 경제적 위기가 놓여 있음을 볼 수 있을 것입니다. 동시에 융합과 복합의 가능성, 헤아릴 수 없는 자원들과 그 활용성, 네트워킹, 그리고 90세 장수라는 놀라운 이점들도 살필 수 있습니다. 역사의 통치자 하나님은 시대마다 어떤 문은 닫고 어떤 문은 여십니다.

30대인 우리에게는 아직 반세기 이상이 남았습니다. 과거에도 외길로 반세기를 가면 놀라운 열매들이 맺혔는데, 오늘 같은 시대에 외길로 반세기를 걷는다면 그 열매가 어떠하겠습니까. 중요한 것은 인내와 용기를 잃지 않는 것입니다. 믿음을 굳건히 하고, 사상을 바르게 하고, 열린 마음을 가지고, 삐죽 나온 입술을 집어넣고, 주님이 주신 달란트로 주인의 관심사를 위해 한 길로 매진하는 것입니다.

장수의 시대이기에 사랑과 사명은 더욱 큰 의미를 획득합니다. 그 긴 시간을 함께할 사랑의 동반자란 일생 최대의 선물이 아닙니까? 또한 그 장구한 세월에 둘이 하나로 주의 사명을 감당한다면 얼마나 많

---

[53] 동아일보 2008년 8월 14일자 오명철 기자의 칼럼.

은 일들을 이루겠습니까? 박해와 단명의 시대에는 가정보다는 홀로 사역에 열정을 태우는 것이 좋을 것이나(고전7:26), 장수의 시대에는 가정이 한 팀을 이루어 안정적으로 전진하는 것도 얼마나 좋겠습니까? 이 팀은 아흔까지 갈 것이고, 자손들이 그 팀에 합류할 것입니다!

  아흔입니다. 자그마치 아흔. 아흔에 은퇴하고 아흔에 눈 감으십시다. 후회와 실수와 상처는 과거의 무덤에다 묻어두고 매일 새 기분 새 생명으로 아흔을 향해 나아가십시다. 이전과는 다른 마음 다른 걸음 다른 눈빛으로 전진하십시다. 우리 주는 벗들을 통하여 선한 일들을 반드시 이루시리이다.

시우

【추신】 아흔까지 갈 것이라니 결혼을 스물아홉에 했느냐 서른에 했느냐 아니면 마흔에 했느냐 - 그런 차이는 큰 의미가 없고 자랑할 것도 아닙니다. 언제하든 앞으로 반세기 이상을 동고동락할 것이니 뜻이 맞는 사명의 동지, 마음이 통하는 친구 같은 동반자를 만나는 것이 중요하겠지요. 그러한 사람을 찾고 또한 그러한 사람이 되십시다. 당장 눈앞의 한두 살, 주변의 압박 - 그런 것에 휘둘리지 말고, 재미나게 같이 갈 수 있는 사람, 마음 좋게 동역할 수 있는 사람이어야 합니다. 반세기, 자그마치 반세기니까!

75 그리스도의 몸으로서 받은 부부 사명

그리스도께서, 하나님을 계시하고 사람들을 구속하기 위해, 몸을 취하여 세상 안으로 들어왔듯이, 그의 몸으로서의 교회는 복음의 전파를 위해 세상 안에 존재한다. 복음사역은 성령께서 이루시는 영역이며, 이에 대한 가장 위대한 표현은 우리 주께서 친히 교회에 준 지상대명령으로 나타난다. "그러므로 너희는 가서 모든 민족을 제자로 삼아, 아버지와 아들과 성령의 이름으로 세례를 베풀고, 내가 너희에게 분부한 모든 것을 가르쳐 지키게 하라. 볼지어다, 내가 세상 끝날까지 너희와 항상 함께 있으리라 하시니라. 아멘"(마28:19~20).[54]

오늘 아침 이 말씀을 읽고 한동안 멍하니 창밖을 바라보았습니다. 30대가 되도록 결혼을 안 하고 독처하고 있다면 아무래도 1인 생활의 편함에 익숙해지기가 쉽겠지요. 거기서 때로 풍요로움마저 느낄 수도 있습니다. 한국이 제공하는 문명의 이기를 이기적으로 누리는 것은 또 얼마나 편리합니까. 옆에 사람만 없지 얼마나 폼 나고 재미있습니까. 그러다 허전함이 무섭게 사무칠 수도 있지만 그것에 마저 조금씩 적응해가는 것이 인간 아닙니까. 그러다보면 '있지만 없는' 삶을 살고 있음을 느낄 것입니다. 고난의 곰팡이를 제거해가면서 방은 무척 깔끔해지고 퀴퀴한 냄새는 더 이상 나지 않는 듯하

---

[54] Orton Wiley, *Christian Theology* Vol. 3 (Kansas City: Beacon Hill Press, 1958), 126.

지만, 편안함에는 더욱 지독한 외로움과 허무의 늪팡이가 있다는 아이러니가 밀어닥치는 때가 있더이다. 말씀과 기도 생활, 예배와 교회 생활에도 눈에 띄는 거스름은 없지만 그렇다고 눈물도 감동도 결단도 회개도 없는 나날들이 벌써 언제부터였는지 헤아리지도 못할 정도일 수 있습니다.

결혼한 경우를 말하려면 저는 유추할 수밖에 없지만, 가정에 익숙해지면 점차로 거기에도 무디어짐이 질기어지지 않을까 합니다.

어느 경우든지 30대살이가 시작되고 그 고무줄이 조금씩 느슨해지면서 삶의 목적에 대한 뚜렷한 인식도 헐거워집니다. "왜 사는가? 무엇 때문에 사는가?" 많은 사람들이 많은 말들을 합니다. 천국 가는 것이라고, 사회의 변혁이라고, 개인의 행복이라고, 자아의 실현이라고 등등등.

그러나 이보다 더 견실하고 안전한 대답은 무엇입니까? 결혼을 했든 아직 안 했든 앞으로도 안 할 것이든 그런 입장에는 아무 상관도 없이 스스로 서는, 위대한 그 생의 목적은 무엇입니까?

그리스도께서는 세상 안으로 들어오시었습니다. 세상 밖에서 관람하시지도 비관하시지도 방관하시지도 않으셨습니다. 그분은 세상에 오시고자 인간의 몸을 취하셨으며, 이를 통해 하나님이 누구신지를 계시하시고 죄인들을 구원하셨습니다. 그런데 바울 사도는 믿는 우리가 '그리스도의 몸'이라 했습니다(고전12:27; 엡5:30). 그러면 우리는 그리스도께서 몸을 입고 이루시던 사역들을 세상 안에서 이어가야 할 것입니다. 몸은 몸의 일을 하는 것이요 몸의 일터는 이 세상이리니.

말과 사상의 홍수 속에 허우적대는 우리는 삶의 목적이 무엇인지

헷갈리거나, '수많은 정답들' 가운데서 오히려 답이 무엇인지 분명하지 못하게 됨으로 '적당히 잘 산 하루' 정도로 만족하며 귀한 나날들을 강 위로 흘러보낼 수도 있습니다. 세상에 익숙해진다는 것 – 스마트폰, 화장품, 예쁜 옷들, 맛있는 음식들, 더 멋진 몸매, 제반 분야의 지식획득, 생활의 더 높은 윤택함, 복잡한 할인혜택들, 고수익 투자방법론 등등에 둘러싸이면서 우리는 삶을 더 잘 알 것 같지만 오히려 갈피를 더욱 놓칩니다. 아, 그러나 더 깊은 것이 있습니다. 이런 때에 우리는 복음의 전파를 위하여 존재하는 사람들임을 매일 분명히 할 필요가 있습니다.

그런데 여기서 전파의 사명이란 '복음'에 있는 것이지 다른 것에 있음이 아님을 분명히 하고 싶습니다. 실상은 자기네의 신학체계를 전파하면서 복음을 전한다고 생각하는 것은 흔히 보는 일인데, 그 열의는 뜨겁다마는 사실은 이기적이고 위태롭다는 것을 자기네만 빼고는 누구나 볼 수 있지 않겠습니까.

그러나 복음의 전파! 우리는 이것을 위해서 사십시다. 결혼하여 돌진하든지 독신으로 돌진하든지, 복음의 전파입니다. 기업에 다니든지 집에 거하든지, 복음의 전파입니다. 말로, 행실로, 희생으로, 사랑으로 전하는 것 – 복음의 돌파입니다. 이를 위하여 30대를 걸고 여생을 걸어야겠습니다. 결혼도 독신도 연애도 목숨도 판단도 결단도 인간관계도 다 걸어야겠습니다.

우리는 그리스도의 복음을 전하기 위하여 세상에 왔고 또 복음을 전하기 위하여 믿는 자가 되었음을 확고히 하여, 누가 어찌하든지 날로 바뀌어가는 세상에서 누가 어찌할 수 없이 날로 늙어가는 몸으로 살아간다는 것의 의미를 늘 붙들어야 할 것입니다. 이 의미란 복음을 전하는 삶입니다. 그리고 복음을 전한다 함은 하나님이 누구신지를 전한다는 것이요, 그리스도의 십자가를 전한다는 것이며, 성령이 주시는 새로운 삶을 전한다는 것입니다. 이 푯대를 향하여 힘차게 달려가는 삶에 주님은 함께 달려주실 것입니다. 달려가는 삶은 달리러 가는 삶이니, 이는 십자가에로 달림이요 십자가에다 달림입니다. 내게 주어진 모든 상황과 환경 가운데서 복음을 전하는 것이요, 복음을 전하기 위하여 할 수 있는 모든 할 수 있음을 기울이는 것입니다.

주님, 오늘 우리의 모든 생각함과 움직임이 당신을 높이는 복음의 전파가 되게 하소서. 이때에 우리가 두 가지를 피하게 하소서. 하나는, 다양한 방식과 표현으로 복음을 전하는 것인데 자기에게 익숙한 한 가지를 고집하거나 그것을 남에게 강요하면서 자기가 하나님을 위하고 있다고 스스로를 속이지 않게 도우소서. 다른 하나는, 복음이 아닌 것에 복음을 섞어 그것을 복음이라 전하면서 정말 그것이 복음이라 믿어 자기를 속이고 남들까지 속이지 않게 도우소서. 이 두 가지가 지켜진 이상이라면 이제 먹든지 마시든지 주님의 복음을 위하여, 살든지 죽든지 주님의 복음을 위하여 전진케 힘을 주소서. 그리하여 우리의 30대는 오직 복음의 30대이게 하소서. 아멘.

시우

76 신명기 : 1년간의 밀월

K형제님 C자매님,

주님만이 나의 구주이시고 다른 어떤 관계나 일도 이를 대체할 수 없듯이, 남편과 아내만이 결혼 서약을 맺었기에 다른 어떤 사람이나 일도 이를 방해하거나 대신할 수 없습니다. 여기에는 교회 봉사도 포함됩니다. 결혼 서약의 이런 권위는 결혼의 제정자요 주례자이신 하나님 그분으로부터 오는 것입니다.

'하나님의 일'이라는 명분을 입은 '교회 일'이 부부 관계의 묶임에 틈을 낼 수 없습니다. 아무리 급한 일이라도 말입니다. 이렇게 생각해봅시다. 우리는 교회 일 때문에 국방의 의무를 저버려야 합니까? 그런 핑계로 나라 지키는 의무를 거부하지 않지요. 그런데 모세를 통해 하나님의 뜻이 이렇게 드러났던 적이 있습니다.

> 사람이 새로이 아내를 맞아하였으면 그를 군대로 내보내지 말 것이요 아무 직무도 그에게 맡기지 말 것이며 그는 일 년 동안 한가하게 집에 있으면서 그가 맞이한 아내를 즐겁게 할지니라(신24:5).

구약성경 신명기는 가나안 정복 전, 새로운 세대를 향해 주어진 모세의 고별 설교입니다. 신명기에서 두드러지는 내용은 언약 사상입니다. 하나님은 자신의 은혜로운 선택에 따라 자기 백성을 선택하시고 사랑하시며 땅을 약속하셨습니다. 그리고 백성들에게는 감사와 순종을 기대하셨고요. 이런 요구사항은 하나님께서 무언가가 부족하여 계산기를 두드리신 것이 아니라 하나님의 복된 성품을 닮아가도록 뜻하셨던 것입니다.

언약! 사랑의 관계! 하나님은 작고 약한 어느 고난의 민족을 택하시어 하나님의 복을 세상에 베푸시기로 하셨습니다(창12:1~3). 하나님은 이에 필요한 모든 은혜를 제공하시고, 또한 인간이 하나님과 교제하기 위해 필요한 사랑의 계명들을 주셨습니다.

가나안 입성. 이어질 전쟁들. 이에 앞서 모세는 하나님과 이스라엘의 언약 관계를 상기시킵니다. 그런데 신명기 24장 5절이 조금 기이하게 들리는 것은, 공동체의 사활이 걸린 대업을 앞두고서 갓 결혼한 자는 군대에 보내지 말라고 한 사실입니다. 허드렛일이나 신경 쓰이는 다른 사항들로부터도 면제해주었습니다. 대신 그가 해야 할 일이란 몸 편히 맘 편히 아내를 기쁘게 해주고 또 아내를 기뻐하는 것이었습니다.

이 구절 직전에는 이혼에 관한 율법이 나옵니다(신24:1~4). 이혼에 대한 그 계명은 하나님의 본래적 뜻이 아니라, 하도 백성들이 완악하여서 모세가 임시적으로 허용한 것이었습니다(마19:7~8). 모세는 곧이어 그런 이혼이 일어나지 않도록 보완하는 법을 발표하니, 위에서 본 구절 그대로입니다. 다른 모든 의무들을 면제해줄 정도로 중요한 것은 신혼부부의 '꼭 묶임'이었습니다. 남자가 부모를 떠나 그의 아내와 합하여 둘이 한 몸을 이루는 명(창2:24)은 가장 세심하고도 철저하게 지켜져야 했습니다.

신명기 24장 5절에 담긴 하나님의 성품은 어떠합니까? 가나안 정복이라는 긴박한 과업도 하나님께는 어려운 일이 아닙니다. 그러나 남편이 아내의 마음을 사랑으로 정복하는 것은 더욱 중요하게 보시는 걸까요? 오늘날로 말하면 신혼부부는 돈벌이도 교회봉사도 다 그만두고 그저 아내랑 알콩달콩 지내보라는 것이니까? 아무리 먹고 사는 일이 중요하고 교회 일이 산더미 같아도 가나안 점령의 전시 상황보다는 덜 급박하지 않겠습니까?

신혼부부에 대해서는 가나안 정복도 미루어주실 정도로 생각해 주셨습니다. 아내를 즐겁게만 해주라고 말입니다. 고로 부부의 행복은 하나님이 보장하신 권리요 법으로 명령된 의무입니다. 이혼은, 전시체제임에도 예외를 주면서까지 막아야 할 그것이었습니다. 그렇다면 어느 인간이나 조직이 하나님의 이러한 뜻을 거스를 수 있겠습니까?

좋음! 행복! 기쁨! 희열! 웃음! 신남! 들뜸! 설렘! 뿌듯함! 이런 즐거움들은 하나님과 언약 관계 안에 있는 이들에게 바로 하나님께서 누리게 하시는 감정들이었습니다. "··· 너희와 너희의 가족이 즐거워할지니라"(신12:7). "너희의 자녀와 노비와 함께 너희의 하나님 여호와 앞에서 즐거워할 것이요 네 성중에 있는 레위인과도 [즐거워할]지니"(신12:12). "너와 네 권속이 함께 먹고 즐거워할 것이며"(신14:26). "객과 고아와 과부가 함께 즐거워하되"(신16:14). "··· 너는 온전히 즐거워할지니라"(신16:15). "··· 일 년 동안 한가하게 집에 있으면서 그가 맞이한 아내를 즐겁게 할지니라"(신24:5). 하나님의 언약 속에 있는 신혼부부는 서로의 사랑을 통해 하나님이 주시는 즐거움을 누려야했습니다. 이는 하나님의 말씀입니다.

부부 초기는 특별한 시기입니다. 사랑의 비를 맞으며 둘은 맹세 서약과 함께 결혼 언약을 맺었지요. 사랑의 비를 머금은 그 땅이 단단히 다져지기 위해서는 시간이 필요합니다. 대화의 시간, 맞추어 가는 시간, 서로를 배우는 시간, 자기를 보여주는 시간, 자기를 돌아 보는 시간, 친밀함이 '해저'까지 닿는 시간. 구약 율법은 전쟁 상황 에서도 일 년을 주었는데 그런 기간이 중요한 것이 아니라 둘이 '하나로 충분하게 다져짐'이 중요하겠지요. 40년간 커플들을 상담해온 휘트 부부는 이 시기에 대해 이렇게 말했습니다.

> 결혼한 후 처음 몇 주는 젊은 부부에게 아주 중대한 기간이다 … 두 사람이 서로 적응하는 시간을 확보하라고 강권하고 싶다. 그 기간 중에 당신은 지금까지 사용하던 어떤 방법보다 더욱 분명하고 효과 적인 의사소통의 전용선을 확보하게 될 터인데, 당신의 인생에서 이런 기회는 두 번 다시 오지 않을 지도 모른다. 만일 신혼 초에 상대방을 알아 가지 못한다면 시간이 갈수록 그런 의사소통의 전용선이 점점 차단되는 것을 경험할 것이다 … 결혼 안에서 서로 돌보는 올바른 관계 유형을 확립하기 위해 [이 시기에] 상대방에게 집중하라.[55]

신혼남녀를 위한 주변의 배려가 필요합니다. 교회는 부부가 '둘의 관계'와 '교회 봉사' 중 하나를 골라야 하는 가혹한 시험대에 오르지 않도록 헤아려주어야 합니다. 두 사람은 한 몸이 되었고 이 한 몸의 생명은 서로의 관계입니다. 하나님이 우리에게 주신 생명을 잘 지키고 더욱 풍성하게 해야 하듯, 결혼 서약을 통해 하나가 된 두 사람의 관계적 생명은 소중히 지켜져야 합니다.

---

[55] 휘트 부부, 『즐거움을 위한 성』, 27~28.

그럼 어디까지 선을 그어야 할까요? 남편과 아내가 서로 충분히 만족하거나, 이 정도면 되었다 하는 동의가 마지노선입니다. 교회 봉사나 돈벌이나 기타 요구들이나 다른 관계들은 이 선을 넘을 권리가 신으로부터 허용되지 않았습니다. 모든 결혼의 주님께서는 그 선이 침범되는 것을 기뻐하지 않으시리이다.

직장이 결혼을 위해 있는 것이지
결혼이 직장을 위해 있는 것이 아닙니다.
주일이 사람을 위해 있는 것이지
사람이 주일을 위해 있는 것이 아닙니다.

1년간 친밀감을 쌓는데 집중했던 부부는 곧 들어갈 가나안의 음란한 이방 종교의 유혹을 이겨낼 수 있지 않았을까 생각해봅니다. 가나안 종교 의식에는 음행이 수반되곤 했다는데, 종교의 '성'(聖)과 쾌락의 '성'(性)을 엮어 세트로 팔았던 것입니다. 우상종교는 지지층을 확보하기 위하여 음행으로 마케팅을 했고, 이 성적 난잡함의 서비스제공은 여호와 하나님이 아닌 우상 신에게로 나아가게 만드는 미끼가 되지 않았겠습니까. 이렇게 망가지지 않기 위해 1년간 부부가 견고하게 하나가 되는 것은 선하기만 한 게 아니라 지혜롭기까지 한 게 아니었을는지.

그럼 오늘 우리는 1년간 신혼여행을 가면 어떨까요? 사치스러운 여행이 아니라 선교지를 탐방하거나 가난한 순례 형식으로의 1년이라면? 유혹이 도처에서 혀를 날름거리는 오늘날이기에 1년 신혼여행은 조금도 사치가 아닐 듯합니다. 부부가 접착제로 딱 붙여지지 못한 상태로 유혹의 홍수 복판에서 바쁘게 허우적대는 것보다, 서로의 관계가 단단히 여물도록 1년을 투자하는 것이 평생을 놓고 볼 때에 훨씬 이득일 것입니다. 20~30년의 노후를 위해서 반평생을 쏟는다는데, 일평생을 위해 1년을 투자 못하겠습니까? 세상을 두려워 않고 둘만의 시간을 가까이 누림은 자기도 모르는 사이 율법에의 순종이 되는 것입니다.

두 분 사이에서 점차로 커지는 '좋음'이란, 그 자녀들을 향한 하나님의 좋으심을 체험케 하는 신앙적 사건임을 기억하시어, 두 분은 사랑하시되 일년 간 사랑하시므로 일생 간 사랑에의 기초를 일층 더 다지소서.

시우

77 잠언 : 아내 품의 애력(愛力)

벗이여,

종교성 강한 이들에게 매력적이었던 금욕주의적 신앙은 기독교만 아니라 여타 종교에서도 발견됩니다. 아, 그것은 얼마나 영웅적입니까! 다행이 기독교는 그러한 인간적 전통에 발목이 묶이지 않게 하는 건강한 '몸의 영성'의 출구를 열어두고 있습니다. 금욕은 육욕과 동전의 앞뒷면이나, 그리스도 안에서는 왜곡된 욕망도 억압된 욕망도 모두 섬김의 거룩한 욕망으로 새로워져갑니다. 남편과 아내 사이의 성적 친밀함까지도 터부시하는 이른바 경건에 대하여 하나님의 말씀은 하품을 하고 계십니다. 잠언 말씀은 이렇게 명령합니다.

그는 사랑스러운 암사슴 같고 아름다운 암노루 같으니 너는 그의 품을 항상 족하게 여기며 그의 사랑을 항상 연모하라(잠5:19).

이는 남녀칠세부동석의 그늘 아래 사셨던 우리 어르신들의 근엄하신 번역입니다. 히브리어 성경을 꺼내올 것도 없이 영어 성경만 보아도 놀라움 그 자체인데. 후반절만 한번 보십시다.

그녀의 (젖)가슴이 모든 때때에 너를 만족시키게 하라; 그녀의 사랑으로 항상 들떠있어라(NASB).

그녀의 (젖)가슴이 모든 때때에 너를 만족시키기를!
네가 항상 그녀의 사랑으로 포로 되어 있기를(NET)!56

그녀의 (젖)가슴이 항상 너를 만족시키게 하라.
그녀의 사랑 안에서 길을 잃어버리라, 영원히(CSB).

그녀의 (젖)가슴이 모든 때때에 너를 만족시키게 하라.
항상 그녀의 사랑으로 얼빠져 있으라(CJB).

그녀의 (젖)가슴이 항상 너를 만족시키기를!
너는 늘 그녀의 사랑으로 중독되어 있기를(NIV)!

우리말로 된 성경 중에서는 그나마 다음의 번역들이 느낌을 좀 더 충실히 전달해주고 있습니다.

그 여자는 너의 사랑스러운 암사슴, 우아한 영양. 너는 언제나 그의 가슴에서 흡족해하고 늘 그 사랑에 흠뻑 취하여라(천주교 성경).

사랑스러운 암사슴처럼 애교가 넘치고 귀여운 암노루처럼 부드러우니, 그 품에 파묻혀 한결 같이 그의 두 팔에 안겨 그 속에서 흡족하게 웃어라(현대인의성경).

---

56 '사가'라는 동사('포로 되다')는 술에 취했을 때처럼 "길에서 벗어나다; 정처 없이 거닐다; 비틀거리다"를 의미합니다. 그것은 상대방에게 넋을 빼앗긴 연인이 느끼는 황홀경의 기쁨을, 비틀대는 걸음걸이로 표현하여 보여주는 것입니다. 또한 "그녀의 사랑으로 항상 도취/중독되어 있으라"(비교, NRSV)를 의미할 수도 있습니다 (NET 낱말 해설).

결혼편 *293*

저도 번역해보았습니다(문자적으로).

그녀의 가슴이 너를 모든 때때에 만족시키게 하라.
끊임이 없이 계속적으로 그녀의 사랑으로 비틀거리라.

성경은 거룩하신 하나님의, 살아있는 말씀입니다. 성경에서 남편은 아내의 사랑에 흠뻑 취할 것을 명령 받습니다. 남편은 아내의 가슴으로 인하여 자기가 만족되게 할 의무가 있습니다. 그것도 "항상"입니다. 벗이여, "항상 기뻐하라" 그리고 "쉬지 말고 기도하라"는 말씀은 익히 들었는데, "아내의 품으로 항상 만족되게 하라" 그리고 "쉬지 말고 아내의 사랑에 취하라"도 있습니다.

하나님께 순종키 위해 항상 기도하는 분이시여, "기도 기도 기도" 외치시는 경건자시여, 그 '항상의 기도'만큼이나 아내의 품으로 '항상의 만족함'을 누리시오, 그것은 신성한 의무이니. 기도는 '한 번의 항상'이었지만 아내의 품(사랑)은 '두 번의 항상'으로 나옴도 기억해주시오.

남편이여, 아내의 사랑의 포로가 되시오. 아내의 사랑이라면, 아내의 가슴이라면, 일상을 일탈하시오. 그때에는, 거기서는, 아내의 사랑으로 거나하게 취하여 비틀거리며 걷는 그대여야 하오. 그리스도 안에서 길을 발견하듯, 아내사랑 안에서는 길을 잃어버림이 거룩한 말씀이오. 길도 시간도 오늘도 내일도 심지어 자기 자신까지 다 잃어버리시오. 은밀함 안에서 하는 아내사랑은 안 해서 문제요. "무릇 아내의 품에 오는 자가 자기 부모와 친구와 교회와 업무와 걱정과 오늘과 내일과 더욱이 자기 자신까지 잃어버리지 않고서는 능히 그 품을 누리지 못하리라." 그저 아내의 사랑에 취하고 미치어 더 이상 그대는 없을 것이요, 행복의 바다에 둥둥 떠 있을 것이오. 사랑으로 얼빠진 사람이 되는 시공 – 그곳이 바로 아내의 품이라니, 이는 권위 있는 잠언 말씀이올시다.

  아내의 가슴은 남편에게 있어서는 세상에서 가장 풍성한 과수원이요, 나만 아는 관광지이며, 은밀한 골목길, 신성한 예배당, 천국 찬송이 울려 퍼지는 환희의 무대이외다. 물질과 명예와 자랑과 교만과 허영과 환상과 음란의 잡것들은 아내의 가슴에서 싸대기를 맞고 달아나는 것이었나이다.

  오 그리스도인이여, 성경의 사람이여! 항상 기뻐하시오. 쉬지 말고 기도하시오. 이는 하나님의 말씀이오. 마찬가지로 항상 기뻐하시오, 아내의 품을. 쉬지 말고 방문하시오, 아내의 가슴을. 이는 하나님의 말씀이오. 한 번의 기도 무릎마다 아내의 가슴을 두 번 기억하시오. 그리고 아내의 품에서 아담의 하와찬가를 부르시오. 남편과 아내에게만 허락된 그 찬송을 부르시오. 그때에 우리 창조주께서는 '보시기에 심히 좋았더라'의 굵은 자막을 붉은 하트와 함께 내려 보내주실 것이오. 아멘.

  "네가 젊어서 취한 아내를 즐거워하라"(잠5:18).

시우

78 전도서 : 허무의 천적

벗이여,

　사랑과 결혼이 인간에게 가장 매력적인 주제가 되곤 하는 것은 아마 인생의 행복이 그것에 의해 좌우된다고 우리가 생각하기 때문일 것입니다. 어떻게 사랑으로 결혼생활을 꾸릴 것인지가 행복의 성패를 가름한다는 믿음이지요. 널리 퍼져 있는 이런 생각을 '전도서의 방'으로 끌고 들어가 봅시다. 입구에는 이렇게 쓰여 있습니다.

　"모든 것이 헛되도다!"

　전도서는 인생의 행복이나 성공이란 '사람 하기 나름'이라는 일반적인 신념에 물음표를 던집니다. 아니 오히려, 반대의 마침표를 찍습니다.

> 현실 경험이 [일반적 행복론과] 어긋나는 수가 너무 잦고, 해 아래 그 어떤 사람도 계속해서 행복을 누리지는 못한다. 아무리 늦어도 죽는 순간에는 모든 것이 끝장난다. 그렇다면 사람의 삶에서 도대체 무슨 의미를 찾아볼 수 있단 말인가?[57]

　엄청난 대가를 지불해도 얻지 못하며, 얻지 못하면 불행해질 것 같은 두려움마저 주는, 행복이라 이르는 것! 그것은 계속 누릴 수도

---

[57] 『관주・해설 성경전서』, 구약 947.

없을뿐더러 오히려 현실은 행복과는 거리가 먼 것이 인생이라면, 그럼 결혼도 이를 피해가지 못하겠지요. 결혼의 기쁨은 잠시요, 결혼의 현실은 행복이 아니라 괴로움이며, 그렇다고 노력한다고 그게 내 뜻대로 바뀌는 것도 아니라면, 인생이니 결혼이니 이것들이 다 무엇이겠습니까.

게다가 죽음. 잘 살아보겠다는, 행복해보겠다는 그 모든 소망과 기대를 끊어주고 그 시도를 비웃는 것이 죽음 아닙니까? 그러니 사는 날 동안 무슨 영원한 가치와 의미를 느낄 수 있겠습니까? 저자가 이렇게 한탄할 만도 합니다.

> 전도자가 이르되 헛되고 헛되며 헛되고 헛되니 모든 것이 헛되도다.
> 해 아래에서 수고하는 모든 수고가 사람에게 무엇이 유익한가(전1:2~3).

해 아래 우리네 사는 공간에서 하는 모든 노력들이 결국에는 바람처럼 사라질 것이요 덧없이 흘러갈 것이라면? "헛되다"는 한마디 외에는 달리 말할 것도 없겠습니다.

참으로 그러하지 않습니까. 그렇게 귀엽던 5살 아이는 30이 되자 이기심으로 더 이상 귀여울 것 없어졌고, 꽃다움을 자랑하던 낭랑18세는 20년이 흐르자 외모로만 본다면 나락38세의 화장품을 자랑하고 있지 않습니까. 어려서 총애를 한 몸에 받던 수재도 혼란스런 가치관과 나른한 대중문화의 플라스크(flask) 안에서 달궈지다보니 어느덧 대단할 것 하나 없는 뻔한 부류로 편입되어 있는 것이 아닙니까. 소위 대기업의 주인공이 되어 그것으로 나름의 자부심을 삼아본들, 대리 위에 과장 있고 과장 위에 차장 있으며 차장 위에 부장,

상무, 전무, 사장, 회장 있는 것이니, 그 위에는 또 다른 누가 있어 이도 우스운 일이 아니겠습니까. 또는 거의 그럴 일은 없지만 30대 여성으로서 굉장히 재력 좋은 남자를 만나 결혼했다고 쳐봅시다. 그 남자가 결혼 5년차에 이르자 '싱싱한 것들'에게 눈을 힐끔힐끔하더니 그이의 재력에 반한 20대 젊은 것들이 꼬리를 흔들어 그곳이 공용낚시터가 된다면, 그이와 결혼하게 만들었던 바로 그 이유가 결국 그이와 이혼하게 만드는 바로 그 이유 되어준 것이니 이 무슨 어리석은 일입니까.

아니면 좀 긍정적으로, 혹 남편이 교단회장이나 회사 간부 또는 정부기관 고위직에 올라 부지런히 일하여 많은 업적과 재산을 얻었다고 해봅시다. 그런데 그 재산은 하나도 수고하지 않은 방탕한 아들에게로 넘겨지고 그놈은 그것을 주색잡기에 허비해버리니 아비의 일생 수고가 헛것이 아니면 무엇이겠습니까. 고생이라도 없었으면 덜 억울할걸. 또한 가족들을 사랑할 새도 없이 일했던 그이. 하여 그이 죽어도 가족들은 그리 슬프지도 않으니, 후손들이 그를 아쉬워함은 물론이요 기억함도 없습니다. 이 무슨 허망한 일이란 말인지요!

> 인생은 모든 것을 삼켜버리고
> 죽음은 이 모두를 무용으로 돌리누나

모든 것이 헛되도다, 하지만

전도서에서 '헛되다'('덧없다'나 '의미 없다'를 의미합니다)는 낱말은 38회 사용됩니다. 이렇게 헛되고 덧없는 해 아래 인생에서 전도자는

무엇이 영속적인 가치(유익)를 지닌 것인지 찾고자 애씁니다.[58]

지금 우리의 관심사에만 연결해보면, 과연 이 징글징글한 인생에서 결혼은 유익이 있는가? 산다는 것의 피할 수 없는 허무함, 그 집요한 무상함이 결혼이라는 생의 주제까지도 삼켜먹는 것은 아닌가? 결혼에는 하늘까지 이어지는 의미, 즉 '하나님께서 부여하신 가치'가 있는가?

전도자는 해 아래 행해지는 제반 분야들을 직간접으로 경험해본 뒤 결론을 내렸지요. 죽음 앞에서는 "모든 것이 일반이라"(9:3)고. 만인은 철저히 평등한 위치에 있습니다, 고요한 사망의 대기실에서.

그런데 그 결국적 죽음이 사람을 허무함으로 몰아넣을 수도 있지만, 혹은 반대로 죽음이 기다리기에 오늘을 더욱 의미 있게 보내야 한다는 사상으로 발전할 수도 있는 것입니다. 전도자도 이를 보았습니다. 그는 죽음이 모든 사람을 기다리고 있다는 사실로 인하여 오히려 인생을 더욱 철저한 기쁨으로 살아갈 것을 말했습니다.

> 너는 가서 기쁨으로 네 음식물을 먹고
> 즐거운 마음으로 네 포도주를 마실지어다.
> 이는 하나님이 네가 하는 일들을
> 벌써 기쁘게 받으셨음이니라.
>
> 네 의복을 항상 희게 하며
> 네 머리에 향 기름을 그치지 아니하도록 할지니라.

---

[58] Richard Schultz, *Ecclesiastes* (The Baker Illustrated Bible Commentary, Grand Rapids: BakerBooks, 2012), 582. 이후 BIBC로 줄여 씀.

네 헛된 평생의 모든 날
곧 하나님이 해 아래에서 네게 주신 모든 헛된 날에
네가 사랑하는 아내와 함께 즐겁게 살지어다.
그것이 네가 평생에 해 아래에서
수고하고 얻은 네 몫(상급)이니라.

네 손이 일을 얻는 대로 힘을 다하여 할지어다.
네가 장차 들어갈 스올에는 일도 없고 계획도 없고
지식도 없고 지혜도 없음이니라 (전9:7~10).

"음식물", "포도주", "의복", "향 기름", "사랑하는 아내" 그리고 손이 하는 "일" 등은 "헛된 평생의 모든 날"의 무의미에 함몰되지 않고 하나님이 주신 삶을 긍정하며 전진토록 하는 "몫"(상급, 보상)으로 제시됩니다. 이는 하나님이 주신 선물로서 하나님이 진작("벌써") 승인해주신 것이요(9:7) 선물로 주신 "몫" 입니다(3:13, 5:19). 비록 오늘 이 고통스럽고 내일은 막막할지라도 하나님은 이 몫으로 우리를 위로키로 하셨던 것입니다.

하나님을 [경외]하라는 요청은, 전도자가 후렴구처럼 반복하는 즐기라는 강력한 요청에 의해 균형을 이룬다(전2:24~25; 3:12~13; 5:19~20; 8:15; 9:7~8; 11:8, 10). 이 요청은 처음에는 확신의 형태지만 나중에는 명령의 형태를 띤다. 전도서 9:7~9은 음식과 술과 배우자를 기뻐하는 것은 인생의 실망을 진정시킬 뿐만 아니라 하나님이 승낙하신 태도라는 점을 강조한다(참조, 5:20). 자신의 일을 기뻐하고(3:22; 5:18~19),

근면하게 일하며(9:10; 11:1~6), 선을 행하는 것(3:12)이 사람의 본분이다. 이렇듯 두 가지 특징(하나님을 공경하는 것과 일상적인 경험에서 즐거워하는 것)이 서로 균형을 이루지 못하면 인생은 헛수고일 뿐이다.[59]

전도서는 결혼에 대해 특정 가르침을 주기보다는, 덧없는 인생에 의미를 가져다주는 몫으로서의 결혼의 즐거움을 제시하고 있습니다. 아내와 재미나게 살아감은 인생의 무상함과 막막함의 짙은 안개를 뚫고 들어오는 행복의 빛입니다. 하나님을 경외함은 아내를 즐거워함과 경쟁하는 것이 아닙니다. 이 둘 모두가 명령된 것으로 서로 균형을 이루어야 합니다. 아내는 하나님이 주신 것이요, 아내를 즐거워하라는 말씀도 하나님이 주신 것이니 고로 아내를 사랑함은 하나님을 경외하는 순종입니다. 하나님 경외와 아내 사랑, 둘 중 하나라도 없으면 인생은 허무와 고통과 무의미의 미궁에 빠집니다.

하나님은 우리가 살아갈 공간을 주신 창조주(전12:1)이십니다. 가장 지혜로운 인간도 다 알아낼 수 없는 주권자이십니다. 그리고 최종적으로 모든 인생의 선악을 평가하실 심판자이십니다(전12:14). 그러니 우리는 하나님의 창조세계(아내, 노동, 음식물과 포도주, 의복과 향 기름 등으로 환유되는)를 즐거이 누리고, 하나님의 주권적 일하심을 신뢰함으로써 허무에 굴복하지 않으며, 결산하실 하나님을 생각하면서 살아있는 오늘에 그분을 경외할 것입니다. 이렇게 보면 해 아래 팽배한 헛됨으로부터 우리는 건짐을 받을 수 있습니다.

오늘 우리, 얼마나 공허한 30대요 외로운 혼자 삶입니까? 좋은 음

---

[59] 로버트 슐츠, "전도서", 『IVP성경신학사전』, 315.

식을 많이 먹어 기름기 흐르는 사람이라도 생의 의미는 먹지 못하여 말라죽어갑니다. 전도자는 누구도 빠져나갈 수 없는 이 허무 가운데 '의미'를 제시합니다. 그것은 겁먹은 자의 세상 도피나 분노한 자의 세상 부정이 아니라, 하나님을 경외함으로 세상에서 적극적으로 그리고 즐겁게 살아가라는 것입니다. 이렇게 하여 전도서는 오늘날에도 매우 필요한 책이 됩니다. 특별히 결혼과 관련해서는, 배우자는 피할 수 없는 허무로부터 상대를 건져주도록 보냄 받은 하나님의 선물이니 외롭고 헛된 세상에서의 돕는 배필임을 확신시켜 줍니다. 배우자 자신의 역할 인식에 대해 어느 상담가는 말하기를,

> 남편과 아내는 결혼을, 한 인격을 독특하고 특별한 방식으로 섬길 수 있는 기회, 즉 배우자가 그리스도 안에서 안전하고 중요한 존재로 자신의 가치를 더욱 온전히 느끼도록 내가 하나님의 도구로 사용되는 기회로 여겨야 합니다.[60]

수많은 동식물 벗들을 가졌던 아담이라도 하와가 없고서는 충족되지 못할 빈공간이 있었습니다. 그 공간은 창조주 하나님께서 보시기에 좋지 아니하였으니, 인간의 옆구리는 인간만이 채울 수 있게 남겨두시었던 것입니다. 마침내 뼈 중의 뼈요 살 중의 살인 하와가 나타났을 때에야 아담은 하나 되는 충족을 경험하였습니다. 이를 '허무의 극복'이라 할 수 있을까요?

밤 12시 네온사인 아래 더없이 피곤하고 외로운 대도시 감옥의 영

---

[60] 래리 크랩, 『결혼건축가』, 80.

혼들. 아담이 불렀던 사랑의 찬가로 돕는 배필 하와를 즐겁게 간질일 때에, 그리고 하와의 사랑으로 아담의 뼈와 살이 즐거이 흐드러지게 할 때에, 그때에라야 시대적 허무의 괴물은 얼씬하지 못하게 되는 것이었습니다.

얼마나 소중한가요. 짝과 즐겁게 살 수 있음은 오늘의 불합리함과 내일의 불확실함에 대한 보상이요, 등불입니다. 다른 거창한 일들을 중지하고 먼저 배우자와 재미나게 지낼 것입니다. 이는 거룩한 말씀의 명령입니다. 그 하나님은 우리의 인생을 판결하실 것입니다. 심판주를 경외하여 아내와 즐겁게 살아갈 때에는 '헛되고 헛되니 헛되고 헛되지', 않습니다. 남편과 아내의 사랑을 통해 헛됨을 참됨으로, 부족을 충족으로 바꾸어주시기로 한 창조주 하나님께서 생의 주권자이신 까닭입니다. 할렐루야, 우리 주를 찬송하십시다.

"그런데 아내와 즐겁게 살기만 하면 세상은 어떻게 됩니까? 하나님 나라와 그의 의는 어떻게 구할 것이며, 언제 가서 만민을 제자로 삼아 주의 법도를 따라 살게 할 것입니까?"

인간이 창조된 것은 그저 "부부여, 행복하여라"를 위해서가 아닙니다. 사명을 맡기시기 위해 창조하셨다는 것은 성경의 기본사상이지요(창1:26~28). 이에 불순종할 수 없습니다. 그럼 세상을 즐겁게 산다고만 하면 이런 사명들은 어찌 되는가? 이에 전도자는 답합니다.

> 나는 사람이 사는 동안 기뻐하고 선을 행하는 것보다 나은 것이 아무 것도 없으며, 사람이 먹고 마시며 자기가 수고하는 모든 일에 만족을 느끼는 이것이 하나님의 선물임을 알게 되었다(3:12~13, 현대어성경).

내가 관찰해보니, 하나님께서 주신 자신의 [그 짧은] 생애 동안 먹고, 마시며, 자신이 하는 일에서 보람을 느끼는 것이 행복이요, 적절한 일이다. 그것이 [그의 보상]이기 때문이다(5:18, 아가페 쉬운성경).

네가 무엇을 하든지, 네게 주어진 일은 온 힘을 다 바쳐 힘껏 하여라(9:10, 쉬운말성경).

전도서에서 '수고'(노동, 일)는 매우 중요하게 사용되는 낱말입니다. 해 아래 수고가 너무 많기에 그것이 피곤하며(1:3), 나의 수고에 대한 열매를 후손들이 헛되이 사용할 것을 생각하면 탄식만 나올 따름이요(2:18~23), 사람들이 열심히 일하는 것도 결국 남을 부러워하여 앞서려는 마음(4:4)에서임을 생각할 때에 수고란 더욱 허망할 따름입니다.

인간은 수고의 고난을 그 운명으로 받아 태어났습니다. "너는 네 평생에 수고하여야 그 소산을 먹으리라"(창3:17). 누구도 생의 마지막 순간에서 죽음을 벗어나지 못하듯, 누구도 생의 지금 이 순간에서 수고를 피하지 못합니다. 누구는 돈이 많아서 수고를 피할 수 있다고 생각할지 모르나 많은 돈의 관리야말로 수고스럽고 마음을 가난하게 만든다는 것은 이미 제법 알려진 사실이죠.

그런데 인생에서 피할 수 없는 이 '수고'는 어떤 경우에는 "좋은 상"(4:9)을 가져다줍니다. 또한 바람직한 경우가 있으니 과욕을 버리고 마음을 지키면서 하는 수고입니다(4:6). 삶의 수고가 허무한 고난이 아니라 의미 있는 보람이 되게 한다면 이보다 사람에게 행복을 주는 것은 인생에 없을 것입니다(2:24). 이렇듯 수고는 우리의 여김과 대함에 따라 "하나님의 선물"이 될 수도 있는 것입니다(3:13).

수고 아래 있는 인간이여! 해 아래 산다는 것, 호흡이 있다는 것, 그것은 수고의 고난이 있다는 것이지요. 그러나 하나님을 경외하고 하나님이 주신 하루하루를 진득하게 맛보며 살아가는 이들에게는 수고가 고통에서 보람으로, 무의미에서 유의미로 바뀌고 맙니다.

전도자는 죽음에 대한 그의 생각을 최종적으로 최고조의 기쁨을 추천함으로 결론짓는다. 여기서는 이것이 명령형 책무로 주어진다(9:7~9): 즐거운 마음으로 먹고 마시라! '잔치 옷'을 입고 머리에 기름을 발라 인생을 끊임없이 누려라. 이 기쁨을 너의 배우자와 나누어라! 이는 무절제한 방종에 대한 면허증이 아니다(11:9과 비교). 이는 정력적이고, 기술적이며, 빈틈없는 노동에의 요구로 서로 평형을 이룬다(9:10).[61]

노동과 즐거움 사명과 사랑

'아내와 더불어 즐겁게 살아감'이 '하나님을 경외하는 것이 아님'이 아니듯, 그것은 또한 '하나님 나라를 구하지 않음'이 아닙니다. 사람은 사람을 위해 존재하지만 사람을 위해 존재하기 위해서는 사랑과 함께 사명이 필요합니다. 할 일이 있어야 합니다. 노동은 하와가 주어지기 이전부터 주어졌던 것입니다(창2:15). 일은 하나님께서 내리시는 것이요 고로 하나님께 대한 봉사이며 따라서 신성한 것입니다.

사랑이 인생의 중대한 영역이듯 사명(노동, 일)도 또 하나의 필수적

---

[61] Richard Schultz, *Ecclesiastes* (BIBC), 599.

영역입니다. 둘은 서로 경쟁대상이 아니라, 우리가 무의미의 세상에 함몰되지 않도록 싸워주는 동맹군입니다. "한 사람이면 패하겠거니와 두 사람이면 맞설 수 있나니"(전4:12).

몹시 열정적이지만 서로 몹시 냉랭한 부부보다, 사랑하느라 걸음이 조금 더디지만 서로 몹시 따듯한 부부가 주님의 사역도 더 많이 더 끈질기게 하지 않겠습니까? 하나님이 주신 배우자를 소홀히 하는 '둘이 둘'인 토끼보다 하나님을 경외하며 서로 사랑하는 '둘이 하나'인 거북이가 어떠할까요? 전도자는 이렇게 말합니다.

"두 손에 가득하고 수고하며 바람을 잡는 것보다 한 손에만 가득하고 평온함이 더 나으니라"(전4:6).

결론 : 현재적 삶

결론으로 남는 것은 각 사람에게 한 날 한 날이 가져다주는 바를 즐거워하라는 권고이다(2:24 참조). 그것이 사람의 몫, 곧 하나님이 사람에게 베풀어주신 행복의 몫이다.[62]

전도자의 결론이 얼핏 보기에는 부정적이고 절망적이다. 그렇지만 궁극적으로 전도자는 하나님만이 모든 사물의 의미를 아신다는 것을 우리에게 알리려고 한다. 사람은 주제넘게 자기가 삶의 모든 수수께끼의 해답을 아는 체하지 말고 경외심을 품고 하나님의 결정을 인정하며 또 하나님이 사람에게 나누어주시는 바를 전폭적인 신뢰와

---

62 『관주 · 해설 성경전서』, 구약 951.

기쁨 가운데서 누리면 된다. 어제와 내일에 대해 공상하기보다는 오늘을 의식하면서 살면 된다. 나머지 모든 것은 안심하고 하나님께 맡길 수 있다.[63]

결론은, 현재적 삶입니다. 세상에는 어쨌든 불의와 악이 판칠 것이요 설명할 수 없는 일들이 개인과 집단을 덮칠 것입니다(9:11). 그런 날이 오면 오게 할 것이요 다만 오늘 하나님을 경외하며 창조주께서 주신 하루와 그에 속한 모든 것을 최대로 누릴 것입니다.

> 젊은이들이여, 한창 젊을 때에 네 젊음의 날들을 기뻐하고 즐겨라.
> 네 마음이 원하는 데로 어디든지 가보고,
> 네 눈이 원하는 데로 무엇이든 보도록 하여라.
> 그러나 네가 행하는 그 모든 일들에 장차
> 하나님의 심판도 있다는 것을 잊지 말아라.
> 그러므로 너는 마음속의 근심을 떨쳐내고,
> 네 육체가 상하도록 고통을 주지도 말아라.
> 언젠가는 활기 넘치는 네 팔팔한 젊음도
> 덧없이 지나가고 말 것이기 때문이다 (전11:9~10, 쉬운말성경).

산다는 것은 무엇인가? 왜 우리는 살고, 어떻게 살고 있어야 하는가? 구원론적 인생관은 창조론적 인생관으로 보완을 이루어야 합니다. 고난이요 투쟁, 허무와 불합리함의 인생에서 우리가 해야 할 것

---

[63] 같은 책, 구약 947.

은 자기 일에서 보람을 느끼고 이웃에게 선을 행하며 아내와 누리는 즐거움으로 하루하루에서 최대로 꿀맛을 맛보는 것입니다.

그런데 여기서 그치지는 않습니다. 이러한 즐거움은 '여호와 경외'와 균형을 이루어야 합니다. 이것이 없으면 예수님께서 하신 말씀처럼, 하나님 나라에 대해서는 무관심하고 그저 자기의 이기심을 따라 "먹고 마시고 장가 들고 시집 가고"(마24:38~39) 하는 상태에 있는 것입니다. 그러나 여호와 경외는 허무한 삶과 의미 있는 삶을 구분지어 줄 것입니다.

주님을 찾음으로 하루를 시작하고 주님께 감사함으로 뿌듯하게 침상에 눕는 하루하루, 그 매일매일의 행복한 내적 포만감! 지금 우리의 관심사인 결혼과 관련해서 말한다면, 하나님이 "몫"으로 주시고(전9:9) 또 짝지어주시기까지 한(마19:6) 배필에게 날마다 충분한 관심과 우선적 사랑을 공급하는 섬김과 그 즐거움!

벗이여, 아내를 기쁘게 해주기 위해서는 먼저 내가 아내를 기뻐해야 할 것은, 마치 하나님을 기쁘시게 하기 위해서는(엡5:10) 먼저 내가 하나님을 기뻐해야 하는 것(시37:4)과도 같습니다. 그런고로 늘 아내로 기뻐하고 또 아내로 목마르기 위하여 자기 마음을 잘 보존할 것입니다. 아내에게라면 모든 면에서 유익을 끼치기 위해 나의 내면과 외면을 모두 갈고닦아 나를 아내에게 선물하는 것! 이를 위한 시간을 확보키 위해 성공욕심을 꺾어버리는 것! 야심도 버리고 시선의식도 버리고 인생의 실질적 행복인 사랑, 그것도 정신이나 심리에 국한된 사랑이 아닌 '나의 인간됨의 전체'로써 사랑하는 것! 만약 두 배우자가 이런 뜻과 의지와 태도와 생활을 가지고 있다면 둘은 세상에 하나님의 나라를 임하게 하고 있는 것입니다.

이렇게 해서 과연 무슨 생산성이 있어 세상을 변화시킬 수 있을까, 할지 모르나 이는 하나님께서 여자 안에 심어놓으신 잠재력의 가치를 모르고서 하는 소리가 아닐까 합니다. 남편으로부터 사랑과 신뢰를 받는 아내가 어디까지 갈 수 있는지는 잠언 31장 10절 이하를 참고하면 충분하리이다.

당장 월세와 카드빚 갚기로 고통스러운 오늘 우리들. 조금 덜 일하고 조금 더 아내와 즐겁기 위해서는 소박한 생활로 내려가는 방법이 있습니다. 아내와 산책하는데 무슨 큰돈이 들며, 아내를 안아주고 사랑하는데 무슨 비용이 있겠으며, 커피숍에서 나란히 앉아 손잡고 이야기 들어주는 데는 커피 한 잔 값이면 충분하지 않습니까.

이렇게 해서 얻는 행복과 즐거움은 하루 12시간 노동으로 월 900을 벌어 빠듯한 시간 속에서 찰나적 즐거움을 아내에게 선사할 때의 행복보다 훨씬 아내의 마음에 드는 것입니다. 불신자의 책이기는 하지만 약간의 참고를 해본다면,

> 사랑의 선물은 크고 작음에 관계없이 같은 점수로 처리된다. 어떤 선물이든 똑같은 가치를 지닌다. 그런데 남자는 자그마한 선물이 1점이라면 큰 선물은 30점쯤 될 걸로 생각한다. 여자들의 계산 방식을 모르는 그는 자연히 큼직한 선물 한두 가지에 힘을 다 기울이게 된다. 여자들에게는 사소한 것들도 큰 것 못지않게 중요하다는 것을 남자들은 알지 못한다. 다시 말해서 단 한 송이의 장미꽃만으로도 집세를 제 때에 지불하는 것과 맞먹는 점수를 얻을 수 있다.[64]

---

[64] 존 그레이, 『화성에서 온 남자 금성에서 온 여자』, 182.

우리의 30대는 생각보다 훨씬 빠르게 지나갈 것입니다(전11:10). 우리의 탈모는 생각보다 훨씬 신속할 것입니다. 그런 인생에서 허무하게 될 것들을 붙잡기 위해 발버둥치기보다, 하나님을 경외하고 그분과 동행함이 좋지 않겠습니까. 하루하루를 가장 소중히 살아내십니다. "있을 때 잘하라"는 말처럼 살아있는 '지금' 이 순간에 의미 있는 일을 해야지 헛된 죄악으로 시간을 허비해서는 아니 됩니다.

외적인 큰일을 좇아 배필과의 사랑을 희생시키지 말고(전4:6), 매일이라는 일상 가운데 행복을 만지고, 만나고, 만들라고 전도자는 '명령'합니다(전9:9). 이에 순종하는 부부는 하나님의 심판대 앞에서 칭찬을 받을 것입니다. 서로를 하루하루 어떻게 사랑했는지는 심판주 하나님께서 훗날 결산하실 때에 사용할 자료와 증거가 될 것입니다.

시우

【추신】 전도서의 사상에 대하여 통찰을 주는 글들이 있어 덧붙여봅니다.

우리의 목표는 이것이다. 우리에게 주어진 이 삶을 최대한 의미 있게 사는 것, 자부심을 느낄 수 있도록 올바르게 사는 것, 죽은 후에도 우리의 일부가 영속되도록 올바르게 행동하는 것 – 오스왈드 스펭글러

열정은 사람을 현재에 완전히 가둬서 그에게 시간은 매 순간이 단절된 '현재'의 연속이 된다 – 수 햅펀

돈이 다 무슨 소용인가? 사람이 아침에 일어나고 밤에 잠자리에 들며 그 사이에 하고 싶은 일을 한다면 그 사람은 성공한 것이다. – 밥 딜런

사람들은 삶에 추진력을 얻기 위한 무엇을 찾고 또 찾는다. 자족하는 사람은 거의 없는 듯하다. 뭐라고 말할 수 없는 이상한 내적 공허함은 어딘가 불충분하다

는 느낌을 안겨준다. 그리스도께서 그 공허함을 채우신다! 완전한 하나님이신 예수인지라, 믿음으로 말미암아 그분과 연합된 우리들은 그분 안에서 내적 충족감을 맛볼 수 있다. "너희도 그 안에서 충만하여졌으니 그는 모든 통치자와 권세의 머리시라"(골2:10) … 그대는 이제 새 사람! 생명을 얻었고 하나님 안에서 만족을 누린다네. 모험을 감행해보시라 – 하나님, 인도하시리니. 넉넉하게 베풀어보시라 – 하나님, 공급하시리니. 아낌없이 사랑해보시라 - 하나님, 북돋우시리니. "할 수 있다"고 더 많이 말해보시라 – 하나님, 그대를 놀라게 하시리니. – NLT Life Application Study Bible 골로새서 2장 10절 해설

행복 별거 아니더라
함께 밥을 먹을 수 있는 누군가가 있다는 것.
맛있는 것이 보이면 자연스레 생각나는
누군가가 있다는 것.
그게 바로 행복이더라.

행복 별거 아니더라.
밤늦도록 공허한 마음도 열어 보일 수
있고 때론 전화 걸어
아무 말 없이 울어도 조용히 들어줄 수
있는 누군가가 있다는 것.
그게 바로 행복이더라.

행복 별거 아니더라.
사람으로 태어나
창조주가 지으신 만물의 아름다움을 느끼며
사랑하는 이와 함께 먹고, 싸고, 울고, 웃으며
즐겁게 살다 가는 것.

오늘도 살아있는 것.
이 시간도 살아있는 것.
그게 바로 행복이더라.

– '행복 별거 아니더라', 이소나

79 말라기 : 하나님께서 얼굴을 가리실 때

너희는 주의 제단 앞에서 부르짖기를,
"주께서는 어찌하여 우리가 바치는 제물을 외면하시고, 우리의 손에서 제물을 기쁘게 받지 않으십니까?" 하면서, 크게 울고 탄식한다.
그러면서 너희는,
"주여, 도대체 왜 그러십니까?"라고 묻는다.
그 까닭은 이러하다. 너와 네가 젊은 날에 얻은 네 아내 사이에 맺은 혼인 서약, 곧 일찍이 주께서 증인이 되신 그 혼인 서약을 네가 깨뜨렸기 때문이다. 그녀는 네 동반자이고, 너와 신성한 언약으로 맺어진 네 아내인데도, 네가 신의를 저버리고 네 아내를 배신하였기 때문이다.
너와 네 아내를 하나 되게 하신 분은 바로 주님이 아니시냐? 주께서는 더 많은 아내들을 충분히 지을 수 있었는데도, 오직 한 남자를 위해 한 아내만을 그의 짝으로 짓지 아니하셨느냐? 어찌하여 오직 한 아내만을 지으셨는지 아느냐? 그것은, 주께서 너와 오직 하나뿐인 네 아내를 통해서 경건한 자손을 얻기 위함이다. 그러므로 너희 각자는 너희 마음을 잘 간수하여, 젊어서 얻은 너희 아내를 절대로 배신하지 말라!
이스라엘의 하나님이신 나 주가 밝히 말한다.
"나는 이혼하는 것을 미워한다. 또한 아내에게 폭력을 휘두르며 학대하는 자도 내가 미워한다. 이것은 나 전능한 만군의 주의 말이다. 그러므로 너희 각자는 너희 마음을 잘 간수하여, 아내에 대한 신의를 저버리지 말라!" (말2:13~16, 쉬운말성경)

80 에베소서 : 결혼의 비밀

결혼에 대한 마지막 편지를 씀에 있어 나는 다시 무력함을 절감하나이다. 이날까지 많은 말들을 떠들어댔지만 그럼에도 내가 아는 것은 하나도 없고, 다만 그 이야기들 중에서 벗에게 두어 가지라도 유익이 되었기만 바랄 따름입니다.

이 편지는 성경의 위대한 진리를 나의 연약한 팔이 인내하는 만큼만이라도 형매님들 앞에 풀어놓으려는 것입니다. 주의 영이시여, 이 일을 도우사 벗들을 축복하옵소서!

에베소서 5장 21~33절까지는 창세기 2장이나 아가서 등에 못지않은, 아니 어쩌면 성경에서 가장 놀랍도록 부부 관계를 다루는 장소라 하겠습니다. 이 구절들이 세상에 존재하는 한 결혼에 담긴 하나님의 뜻은 조금도 빛바랠 수 없습니다. 결혼에 대하여 이처럼 높고 깊은 사상은 인류역사상 그 어느 인간의 손에서도 나오지 못했습니다. 그도 그럴 것이, 여기서 남편과 아내는 그리스도와 교회의 관계라는 지고의 차원에 기댐과 맞댐과 잇댐을 얻고 있기 때문입니다.

그럼 단순하고 분명한 방식으로 이 구절들을 음미해보십시다.

그리스도를 경외함으로 피차 복종하라(엡5:21).

에베소서 5장 21~33절까지 이어지는 '가정생활 지침'의 기본 토대는 21절, "그리스도를 경외함으로 피차 복종"에 있습니다. 당시에 여자나 아이들 또는 노예가 남편, 아버지, 주인에게 복종함이야 두 말의 나위가 없는 일이었으나, 그리스도인들은 남자도 "피차 복종" 하라 하였으니 이는 시대를 거스르는 '불편한' – 특히 남자들에게 – 새 윤리였던 것이지요.

그런데 이 요구가 권위를 갖는 것은 바로 "그리스도를 경외함" 때문입니다. 남편과 아내가 서로 복종해야 하는 것은 '좀 잘 대해주자'는 인간적 발상이나, '그래야 저 사람도 내게 잘하지' 하는 계산적 수준이 아니라, 그리스도께서 나의 구주이시오 내가 그분을 높이 모시는 때문에서입니다.

'나는 주님으로부터 구원의 절대적 은혜를 입은 죄인인가? 주님의 그 은총에 죽도록 감사를 드리는가? 그 정도로 주님을 사랑하는가?' – 이런 질문들에 대한 동그라미/엑스 표는 연약한 상대방에게 내 뜻을 맞추어줄 수 있는지에 달린 것입니다.

나는 여기서 기독교가 얼마나 실제적이고 구체적이며 현실적인 신앙인지 놀라지 않을 수 없습니다. 보이지 않는 하나님께 대한 믿음은 보이는 사람들에 대한 사랑으로 표현되어야 합니다. 가히 믿음과 사랑은 기독교의 절대조건입니다.

이 사랑은 믿음을 보충하기 위한 사랑이 아니라, 그리스도를 경외하는 믿음에서 자연스럽게 흘러나오는 열매입니다. 그렇다면 부부가 서로에게 복종하겠다며 끙끙 애쓰는 고생보다 더 나은 방법은, 그리스도를 경외하는 마음을 가짐으로 거기서 자연히 순종의 열매들이 맺히게 하는 것이겠습니다.

경외하기 위해서는 그분의 말씀을 존중해야 하리니, 서로 사랑하고 서로의 짐을 져주라는 명령에 순종하는 것입니다(요일4:7; 갈6:2).

때로 인간적으로는 싫은 감정일 수 있으나 내 구주 그리스도께 대한 경외와 사랑으로 말미암아 상대에게 복종하게 됩니다. 이렇게 서로 복종하면 둘 사이에 사랑이 다시 싹트지 않겠습니까? 그럼 그 사랑은 이전보다 더 힘 있고 화사하지 않겠습니까? 사랑의 꽃이란 그리스도를 경외함의 밭에서 봄을 만나는가 봅니다.

아내들이여 자기 남편에게 복종하기를 주께 하듯 하라(엡5:22).

일단 이 구절의 의미는 분명합니다. 여기서는 조금 색다른 물음을 던져보고자 합니다. 질문인즉, '주님을 전심 다해 사랑하는 사람으로서 어떻게 남편을 사랑할 수 있는가? 이는 주님께 대한 충성과 사랑의 약화가 아닌가?'

이러한 생각에 평생을 독신으로 지내기로 한 분들도 있었습니다. 그 뜻은 높게 살 것입니다만 우리는 하나님의 백성이기에 우리의 모든 결정과 행동이 하나님의 말씀에 근거하게 해야 합니다. 그렇다면 이 구절은 그러한 '사랑의 가름'이 뭔가 놓치고 있음을 보여줍니다.

22절을 그리스어 성경의 어순 그대로 읽으면 "아내들이여, 자기 남편에게, 주께 하듯이"가 됩니다("복종하기를"이란 표현은 21절로부터 암시된 것입니다. 24절에는 분명하게 이 단어가 나옵니다).

"아내들이여, 자기 남편에게, 주께 하듯이" – 여기서 주님께 대한 순종과 자기 남편과의 관계는 뗄 수 없이 엮여 있습니다. 그리고 이러한 계명을 주신 분은 바로 주님 자신이셨습니다.[65]

---

[65] 이 편지는 사도 바울의 것이나, '보냄을 받은 자'란 의미의 사도는 오직 보내신 이의 뜻만을 전했습니다. 고로 사도의 말씀이란 그들의 말이 아니라 보내신 분인 주님의 말씀이 됩니다.

부부 사이에 대해 성경으로 밝혀진(객관적, 보편적으로 제시된) 주님이 원하시는 뜻은, 주님께 하듯이 남편에게 하는 것입니다. 고로 아내가 주님을 생각하면서 남편에게 충정을 바치는 것은 주님을 기쁘시게 하는 길입니다. "자기 남편에게 주께 하듯이!" 그렇다면 누가, 하나님 사랑과 남편 사랑을 대척적인 경쟁구도에 올려놓을 수 있겠습니까? 누구 맘대로?

이때 질문이 들 수 있습니다.

"그런데 주님께서 말씀하시기를, '아버지나 어머니를 나보다 더 사랑하는 자는 내게 합당하지 아니하고 아들이나 딸을 나보다 더 사랑하는 자도 내게 합당하지 아니하다'(마10:37)고 하시지 않았습니까? 이건 경쟁구도에 놓고 하신 말씀이 분명하지 않습니까?"

이 구절만 본다면 그럴지 모르겠습니다. 단, 성서해석은 한 구절만 뽑아서 "나 맞지?" 하는 것이 아니라 문맥 가운데 의미를 찾아야 함이 상식임은 모두가 동의할 것입니다. 인용된 말씀의 바로 앞 구절만 보아도 상황이 한눈에 파악되지요.

　　　사람의 원수가 자기 집안 식구리라(마10:36).

예수님 따름을 반대하는 상황인 것입니다. 그럴 때에는 "자기 집안 식구"("아버지 … 어머니 … 아들 … 딸")를 주님보다 더 사랑하는 것은 주님께 합당치 않습니다. 하나님 나라는 가장 끈끈한 가족 간의 유대라도 제지할 수 없는 궁극의 우선순위임을 분명히 하신 것이지요.

그렇다고 "반대하는 식구들은 대적하라"는 의미는 물론 아닙니다. 신약 다른 곳의 말씀을 참고해보면 오히려, "말씀을 순종하지 않는" 배우자라도 그에게 기독교적 순종과 섬김을 나타내라고 베드로 사도는 권면했습니다(벧전3:1).

지금 우리의 논의에 이런 이해를 접목시키면 그 의미는 참으로 풍성해집니다. 주님을 따르는 것을 반대하는 식구보다 주님을 더 사랑한다는 것의 의미는, 그 반대자들에게마저 주님께 하듯 섬김을 계속한다는 것입니다! 다시 말하노니, 주님을 따른다는 결의의 의미는, 주님을 사랑하지 못하게 막는 남편에게도 주님께 하듯 한다는 것입니다!

주님 따름을 반대하는 배우자에게도 그렇다면, 제자의 길을 격려하고 함께하는 남편에게는 얼마나 더욱 주께 하듯 해야겠습니까? 여기에 무슨 경쟁구도를 하나님께서 심으셨습니까? 오히려 하나님의 말씀에 순종하는 거룩함과 아름다움이 아닙니까? 그렇다면 대체 누가 '경쟁구도'라는 인위를 만들어냈던 것입니까? 그러나 더욱 불쌍하게 누가, 그런 인위를 위해 평생을 바친 것입니까? 그러나 더더욱 슬프게끔 누가, 그런 인위를 위해 남들의 평생까지 붙들어놓으려 하는 것입니까?

나의 사랑을 받지 못하면 '삐치시는' 분으로 주님을 몰아가는 신학을 경계해야 합니다. '내가 남편에게 너무 잘해주면 주님이 질투하시는 거 아닌가?' 하는 생각은 성경으로 뒷받침이 되지 않는다는 점에서 보류되어야 하는 것만 아니라, "주님께 하듯 남편에게 하라"고 하나님의 뜻이 분명하게 계시되었다는 점에서 그런 생각은 폐기하는 것이 하나님을 경외하고 그분께 순종하는 경건이 됩니다.

최후의 보루로 고린도전서 7장을 들고 나오면서 이런 정당한 질문을 던질 분들도 있을 것입니다.

"하지만 주의 사도는 말씀하시기를, '장가가지 않은 자는 주의 일을 염려하여 어찌하여야 주를 기쁘시게 할까 하되 장가간 자는 세상을 염려하여 어찌하여 아내를 기쁘게 할까 하여 마음이 갈라지며, 시집가지 않은 자와 처녀는 주의 일을 염려하여 몸과 영을 다 거룩하게 하려 하되 시집간 자는 세상 일을 염려하여 어찌하여야 남편을 기쁘게 할까 하느니라'(고전7:32~34) 하지 않았습니까? 여기서는 둘을 경쟁적으로 놓고 남편을 기쁘게 하는 것은 주님을 기쁘게 하는 것과 대립한다고 하지 않습니까?"

이에 대해 대답해봅시다. 먼저 이 질문은 옳지 않은 비교 조건을 제시하고 있습니다. 본문 어디에, "남편을 기쁘게 하려는 노력은 주님을 기쁘게 하려는 것과 대립 된다"고 주장합니까? 없습니다. 본문은 그런 주장을 하지를 않습니다.

오히려 말하려는 바는, "시집 장가간 이들은 주님과 세상 일 사이에서 마음이 갈라질 수 있다"입니다. 그렇다고 항상 그렇다는 '필연'으로 못 박는 것이 아니라 '대체로' 그렇다는 것이지요. 더 중요하게는 상황적 조건이 전제되어 있는데 "곧 임박한 환란"(7:26)입니다. 또한 목적적 조건도 있으니 "마음이 갈라지[지 않고] … 흐트러짐이 없이 주를 섬기게 하려 함"(7:35)입니다. 그리고 이 모든 권면은 "너희의 유익을 위함이요 너희에게 올무를 놓으려 함이 아니니", 즉 우리에게 주님을 섬기는데 유익한 제안을 하는 것이지 우리의 양심을 무겁게 하려는 것이 아닙니다.

우리의 관심사와 연결해 종합해보면, 배우자를 섬김이 주님을 섬기는 것과 경쟁한다는 의미는 없습니다. 중요한 것은 흐트러짐 없이 주님을 섬기는 삶입니다. 이 숭고한 목적은 우리를 밧줄로 매는 올무로 작동하는 것이 아니라 반대로 우리에게 유익이 되도록 봉사하려는 것입니다.

바울은 여기서 우리 개인의 판단과 선택을 존중하면서도 곧 닥칠 박해를 생각하니 자기가 볼 때에 더 좋은 견해를 제시했습니다. 이는 '특수한 상황'("곧 임박한 환난")에서 주어진 말씀인데 반해, 에베소서 5장은 결혼에 대해 일반적으로 주어진 가르침입니다. 거기서 결혼은 세상에서 가장 신비롭고 영원하며 놀랍고 아름다운 관계('그리스도와 교회')를 비추어주는 그림으로 나옵니다(엡5:31~32). 하나님의 형상을 지닌 인간을 보며 창조주 하나님을 생각하듯이, 부부를 보면서는 그리스도와 교회의 신비적 연합의 관계를 보도록 되어 있었다는 것입니다.

고린도전서 7장은 박해나 환란의 상황에서 적용될 수 있는 말씀이요, 에베소서 5장은 일반적인 시대에 보편적으로 따라야 할 가르침입니다. 그렇다면 우리는 에베소서 5장을 기초로 결혼관을 성립할 것이요, 고린도전서 7장은 특수 상황에서 호소력을 갖게 해야 할 것입니다. 또한 후자의 경우라도 사도 바울의 태도를 따라, 강압이나 의무감, 회유가 아닌 스스로의 판단과 선택을 존중하는 자발성과 책임성을 강조해야 할 것입니다.

남편을 사랑으로 섬기며 그 마음에, '그럼 주님은 어떻게 되는가' 하고 가책을 갖는 것은 성경적 기독교라기보다 '덮은 성경 기독교'에 가까우니, 우리는 성령의 도우심을 구하여 그런 마음이 변화되도록 간구하고, 주님을 신뢰함으로 진리의 말씀을 따라 우리의 눈과 마음을 교정할 것입니다.

결혼한다고 주를 흐트러짐 없이 섬기지 못하는 것은 아니지만 아무래도 그런 섬김에 방해가 되는 자잘한 일들이 생긴다지요. 고로 부부는 "흐트러짐이 없이 주를 섬기게 하려 함"이라는 신앙의 큰 뜻을 훼손하지 않고 오히려 이루는 방향으로 나아감을 철두철미하게 목표해야 할 것입니다.

그렇다고 생활상 방해물들이 상대적으로 적다는 독신이라 하여 저절로 주를 흐트러짐 없이 섬기게 되는 것은 아니지요. 그러니 결혼한 이는 어떻게 우리가 함께 최대한 세상 일에 대한 염려를 줄이면서 더욱 주님 섬길 수 있을지를 고민하고, 결혼하지 않은 이들은 어떻게 나만의 이 시간을 주님 섬기는데 더욱 적극적으로 쓸 수 있을지를 고민해야 합니다. 이것이면 족하겠고, 혼자인 자와 혼인자 사이에 화평과 연합의 정신이 임할 것입니다.

에베소서로 돌아가면, 주님을 흐트러짐 없이 섬기는 일 중 하나는, "아내들이여 자기 남편에게 복종하기를 주께 하듯 하라"는 말씀에 순종하는 것입니다(곧 나오겠지만 남편들은 아내를 목숨 걸고 사랑하는 것이 '주님을 흐트러짐 없이 섬기는 일'이 됩니다). 하나님의 뜻이 이러하시다면 배우자에게 충실하기 원하는 부부들의 마음은 더욱 자유감을 맛봅니다. 결혼하여 주님을 한마음(single-mindedness)으로 따르기 위해서 아내는 남편을 주님께 하듯 섬기고 남편은 아내를 주님의 사랑으로 아낍니다. 서로를 사랑하고 존경함으로써 모든 결혼의 주례자이신 하나님을 섬기고 그분께 영광을 돌리는 것입니다.

> 이는 남편이 아내의 머리 됨이 그리스도께서 교회의 머리 됨과 같음이니 그가 바로 몸의 구주시니라 그러므로 교회가 그리스도에게 하듯 아내들도 범사에 자기 남편에게 복종할지니라(엡5:23~24)

5장 22~24절은 아내에게 주는 권고이고, 25~32절은 남편과 관련되며, 21절과 33절은 공통으로 해당됩니다.

바울 사도는 남편이 아내의 머리가 된다고 합니다. 고린도전서 11장 3절에서도, "각 남자의 머리는 그리스도요 여자의 머리는 남자요." 그럼 이 '머리 됨'의 의미는 무엇일까요?

에베소서 1장 22절에 보니 하나님께서 그리스도를 "만물 위에 교회의 머리로" 삼으셨다고 합니다. 여기서 '머리'는 주권, 주인 됨을 의미합니다. 그리스도는 저 광대무변한 우주의 주님이십니다.[66] 곧 이어 23절은, "교회는 그의 몸이니"라고 합니다. 이때에 머리는 그 몸과 불가분의 연합성을 가진 것입니다. 머리이신 이 그리스도는 "모든 것을 넘치도록 채우시는 분"(쉬운성경)이십니다.[67] 이렇듯 머리는 지도력이나 채움의 공급원을 상징합니다.

그리스도는 교회의 '머리'요 남편은 아내의 '머리'입니다. 머리는 '이끄는 권한'과 '돌보는 책임'이 있습니다. 아내에 대해서만 말하자면, 그리스도를 경외함으로 머리인 남편에게 복종하라고 합니다.

조금 궁금한 것은, 바울 시대와 오늘 우리의 때가 굉장히 다르기에 이 말씀을 어떻게 받아들여야 하는 지입니다. 아시아주(province of Asia)의 수도요, 로마 제국의 가장 크고 중요한 도시 중 하나였던 에베소. 그 문화권에서 남자들은 30세 전후로 결혼하고 여자들은 십대

---

[66] 머리를 지도력, 권위와 관련시켜 좀 더 생각해보면, 네로 황제는 로마의 '머리' 라 불리기도 했습니다. 구약 사사기의 길르앗 백성들은 입다를 "자기들의 머리와 장관"(삿11:11)으로 삼았습니다. 우리말 '우두머리' 를 생각하면 될 듯합니다. 그리고 "그리스도는 모든 통치와 권세의 머리"(골2:10, 새번역)라고 합니다.

[67] "온 몸은 머리이신 그리스도로부터 각 마디와 힘줄을 통하여 영양을 공급받고, 서로 연결되어서 하나님께서 자라게 하시는 대로 자라나는 것입니다"(골2:19, 새번역). 머리는 몸과 연합하여 몸의 성장과 유익을 위해 기능합니다.

나 그 초반에 혼인했다고 합니다.[68]

이런 경우 남편과 아내의 지식, 경험 등의 차이는 상당했겠지요. 오늘날은 아무리 눈에 콩깍지가 쓰여도 30세 남편과 15세 아내를 만나는 경우는 거의 없지 않습니까.

또한 오늘날 한국은 남녀의 교육 수준이 동등합니다. 일각에서는 여성이 더 높다고도 합니다. 소득 수준에서는 불균형이 다소 있다지만 전문직 여성들의 활약은 눈부십니다. 30대 남녀의 만남 가운데 여성이 학력도 경제력도 더 튼튼한 경우가 적지 않습니다. 30세 남(男)과 15세 여(女)가 아닌 것이죠. 경제력과 지성에 있어 남자와 대등한, 또는 우월한 대상과의 마주함입니다. 이런 때에도 아내가 남편에게 "주께 하듯" 복종할 수 있습니까? 이러해도 남편을 '주님처럼' 모실 수 있습니까? 한심하게 여기는 정도는 아닐지라도, 남편의 생각과 마음을 훤히 꿰뚫고 있다고 자부하는 아내가 남편을 향해 존경심을 과연 가질 수 있느냐는 것입니다.

어떤 부분으로 인함이든지, 남편을 존경하지 못하는 아내는 행복하기는 어려울 것입니다. 남편에게 존경을 주지 못함으로 스스로 사랑을 받지 못하도록 봉사하는 게 되니까요. 또한 오늘처럼 남편이 경제적으로 어려움을 겪는 때에 남편을 그 경제력 때문에 존경하지 못한다는 것은, 그 자신의 마음이 실제로는 무척 세속적이라는 것을 드러내주는 꼴이 아니겠습니까? "그리스도를 경외함"은 자기의 세속적 욕구만도 못한 것이 된다고 고백함이 아닙니까? 기독교 신앙은 구겨져 쓰레기봉투에 던져집니다.

---

[68] 크레이그 키너 지음(신약), 정옥배 외 2인 옮김, 『IVP성경배경주석』(서울: 한국기독학생회출판부, 2012), 1844.

가뜩이나 힘든 오늘입니다. 남편들의 어깨가 무겁습니다. 마음은 쪼그라듭니다. 그런 때에 아내까지 가세합니다. 아내는 동지가 아니라 원수 역을 맡습니다. 슬픈 시간들입니다. 아내를 사랑할 수 없게 아내가 등을 밀어주는 모양입니다. 남편이든 아내든 한 사람의 불순종으로 말미암아 얼마든지 불행한 가정을 이룰 수 있습니다.

아내더러 "남편에게 복종하라"는 명령은 바울 당시에는 당연지사였으나 오늘날에는 받아들여지지 않습니다. 바울의 때 "아내를 사랑하라"는 명령이야말로 낯설고 거북한 말이었는데, 당시 그리스도인 남편들은 '불편함에도 불구하고' 이에 순종해야 했습니다. 그리스도를 경외하는 존재라는 이유에서 말입니다(엡5:21).

바야흐로 상황은 뒤집어져 오늘날은 "남편이 그다지 존경스럽지 않음에도 불구하고 그리스도를 경외함으로 그에게 복종하고 그를 존경하겠느냐"는 질문을 아내들에게 던집니다. 어찌하시렵니까? 주님을 두려워하는 아내라면 남편의 경제력이나 지적 수준과 상관없이 남편의 말에 순종하고픈 열의를 가질 것입니다. 남편을 세워주고 높여주면서도 자기가 원하는 쪽으로 회유하거나 변화시키려 들지 않을 것입니다.

기억하십시다. 현재 연약한 상태에 있는 상대를 돌보지 않으면 언젠가 자기가 연약해지는 때에 돌봄을 받지 못할 것입니다(비교, 잠 21:13). 잠깐 잘 나갈 때 힘써 어려운 쪽을 섬기는 것이 기독교입니다. "다른 사람들은 평안하게 하고 너희는 곤고하게 하려는 것이 아니요 균등하게 하려 함이니"(고후8:13). 기독교는 남녀의 우위권 주장이 아니라, 연약한 자를 향한 자발적 권리 포기요 자기 복종입니다.

남편들아 아내 사랑하기를 그리스도께서 교회를 사랑하시고 그 교회를 위하여 자신을 주심 같이 하라. 이는 곧 물로 씻어 말씀으로 깨끗하게 하사 거룩하게 하시고 자기 앞에 영광스러운 교회로 세우사 티나 주름 잡힌 것이나 이런 것들이 없이 거룩하고 흠이 없게 하려 하심이라. 이와 같이 남편들도 자기 아내 사랑하기를 자기 자신과 같이 할지니 자기 아내를 사랑하는 자는 자기를 사랑하는 것이라. 누구든지 언제나 자기 육체를 미워하지 않고 오직 양육하여 보호하기를 그리스도께서 교회에 함과 같이 하나니, 우리는 그 몸의 지체임이라(엡5:25~30).

남편에게 주신 말씀은 아내에게보다 약 3배 분량이 됩니다. 아내에게 '복종'이 강조되었다면(또한 33절의 '존경'), 남편에게는 '사랑'이 두드러집니다.

사랑! 남편이 아내를 고문하는 가장 효과적이고도 제일 흔한 방법은 아내에게 사랑을 주지 않는 것이라죠. 남편이 아내에게 무시를 당할 때 그 최대의 복수극은 사랑을 철회하는 것이며, 이는 계획적이 아니라 본능적으로 이루어지는 무관심입니다. 아, 죄로 인한 우리의 타락을 여기서 봅니다. 여자는 남자를 교묘히 자기 뜻대로 부리려 들고(창3:16), 남자는 무관심의 고문으로 여자를 말라죽게 합니다. 이렇게 하고 있는 자기의 모습을 보는 즉시로 무릎을 꿇고 주님께 회개함이 자기를 살리고 또한 가정을 복되게 하는 길입니다.

하지만 남편에게 주어진 사랑의 명령은 고작 '복수거부' 수준이 아닙니다. 그 사랑의 특징은 그리스도께서 교회를 향해 보여주신 사랑입니다. 십자가에서 "자신을 주심" 차원입니다. 이러한 사랑의 목적은 "거룩하고 흠이 없게 하려 하심"이요 "양육하여 보호하기"

위함입니다. 즉, 아내에게 주어야 할 남편의 사랑은 그 목적에 있어 아내의 거룩함과 보살핌을 위하는 것이요 그 밀도에 있어서는 목숨을 내어주는 만큼입니다.

여기서 남편의 '머리 됨'이 무엇인지 좀 더 짐작할 수 있습니다. 그리스도께서 교회를 위하여 사랑으로 자신을 내어주신 것처럼 남편은 아내의 영육을 보존하고 풍성케 하기 위하여 자기를 내어주는 머리 됨입니다. 그리스도께서 먼저 보여주신, '자기 목숨을 주는 식으로 섬기는 사랑'입니다(막10:45). 이 사랑은 상대방의 유익만을 구하고 그를 위해 자기를 부어 바칩니다. 이 사랑의 목표는 상대방이 하나님 안에서 누리는 최대 행복입니다. 남편은 머리로서 책임감 있고 결단력 있게 이 사랑을 구현해내야 합니다. 사랑의 머리 됨은 종 됨의 머리 됨이었습니다.

사도께서 남편의 아내 사랑을 그리스도의 교회 사랑에 빗대었으니 여기에 대해 좀 더 생각해보지 않을 수 없습니다.

그리스도의 십자가와 남편의 십자가

그리스도는 세상과 교회 그리고 만유를 위해 십자가에 달리어 죽으셨습니다. 남편은 아내를 위해 십자가에 달리어 죽는 자입니다. 독신이라면 그런 의무가 없습니다. 하지만 남편이 되었다면 아내를 위해 생명을 쏟도록 부르심 받았습니다. 거룩한 부르심입니다.

예수께서 나를 위해 죽으셨다는 그 진실과 역사! 그런데 이는 아내를 향한 남편의 사랑이 어떠해야 하는지를 안내하는 실사진이라니! 이 의미는 너무나 놀랍습니다. 몇 가지만 생각해보겠습니다.

하나, 그리스도는 죄인을 위하여 죽으셨습니다(마9:12~13). 자격 없는 자를 위해 낮아지셨습니다. 내가 잘해서가 아니라 잘못해서, 나의 잘못의 대가를 그분이 대신 받으셨습니다. 그렇다면 남편은 아내가 잘해서 사랑하는 것만 아니라 잘못해도 미워하지 않고 그 잘못을 자기가 감당해야 합니다. 아내의 잘못을 들추어내고 비판하는 것은 마치 금식하며 밤새워 기도하기를 "주여, 내 죄를 들추어내시고 비판해주소서" 하는 꼴입니다.

잘해서 사랑하면 누가 못할까요. 잘못해도 사랑하고 옳은 길로 인도하되, 자기 생명을 바쳐서라도 그렇게 할 때에 기독교입니다.

둘, 그리스도께서 나의 죄를 짊어지셨을 때에 억지로 하지 않으셨습니다. 사랑하는 친구를 위해 기껍게 자기의 목숨을 버리셨습니다(요15:13~14). 또한 "그 앞에 있는 기쁨"을 바라보시며 십자가를 참으셨습니다(히12:2). 십자가는 아픔입니다. 고통입니다. 장난이 아니라 진짜입니다. 연극이 아니라 실제상황입니다. 그런데 그보다 더 큰 것은 '기쁨의 참 있음'입니다. 참으로 기쁨이 있는 것이요, 그 기쁨이 참으로써 참습니다. 그렇다면 아내를 사랑하기 위해 겪는 심리적, 정신적, 영적, 육적 고통과 어려움과 불편함과 곤고함에 대해서 남편도 하늘이 주시는 '기쁨'의 위로를 기대할 수 있을 것입니다. 이 기쁜 위로는 고난의 인내 뒤 하늘로부터 주어지는 영광입니다.

놀라운 것은, 이러한 영광은 아내의 영광을 통해 남편이 영광스럽게 되는 영광입니다. "아내 사랑하기를 그리스도께서 교회를 사랑하시고 … 자기 앞에 영광스러운 교회로 세우사 … 거룩하고 흠이 없게 하려 하심이라"(엡5:25~27). 교회의 영광은 그리스도의 영광입니다. 아내의 영광은 남편의 영광입니다. 몸의 영광은 머리의 영광입니다. 아내의 거룩은 남편의 영광이요, 이는 곧 남편의 기쁨입니다.

셋, 남편이 아내를 위해 십자가에 달리는 것은 모든 남편들을 향한, 십자가에 달리셨던 분의 뜻입니다. 주님께서 날 위해 십자가를 지셨습니다. 그래서 나도 십자가를 지고 그분을 따르게 되었습니다. 그러한 남편을 위해 자기도 십자가를 지지 않을 여성은 없을 것입니다(혹 있다면, 그런 여인의 남편은 위대한 철학자나 예술가가 될지도).

결혼하셨습니까? 아내를 위해 맘과 말과 몸의 삼위일체로 십자가를 지는 것이 주님의 뒤를 따르는 것이 됩니다. 십자가의 제자도! 부부들에게 있어 제자도의 내용이란 세계를 향한 복음전파에 앞서 먼저 서로를 향한 충실한 애정전파입니다.

넷, 하늘과 땅, 역사와 우주 그리고 개인과 인생들에게 있어 그리스도의 십자가 순종하심은 아담의 불순종보다 더욱 큰 사건이었습니다. 아담으로 인하여 잃게 된 것보다 그리스도로 인하여 얻게 된 것이 훨씬 크기 때문입니다(롬5:15). 그리스도의 십자가는 나의 죄를 용서하신 것만 아니라 세속과 죄로 망가져 하나님의 형상답지 못하던 내게 다시 온전함을 찾아가는 은혜도 주십니다. 마찬가지로 남편도 아내를 전인적으로 돌보고 섬김으로, 아내가 여자라는 의미와 차원에서 가장 여자다울 수 있도록, 창조주께서 여자 안에 심으신 무진한 가능성을 계속적으로 촉발시키기 위하여 십자가 고난을 감당하는 자입니다.

부부는 인간이지 구세주가 아닙니다. 하지만 구세주께서는 부부를 통해 전인적 구원을 이어가십니다. 이때 '머리' 된 남편은 우선적 책임이 있습니다. '머리 됨'의 책임이란 다름 아닌 몸을 위하여 죽는 특권이었습니다.

혼인의 거룩(성화)에 대하여

성화는 두 측면이 있는데, 한 측면만 강조하여 혼란과 균열을 일으키고 극단으로 흘러간 그룹들이 적지 않습니다. 성화를 순전히 법적으로만 보는 이들과, 혹은 오로지 경건으로만 보는 이들입니다. 전자는 성화를 '구별됨의 차원'에서만 봅니다. 우리가 하나님의 소유가 된 것, 즉 하나님께로 구별되었으니 우리는 성화되었다고 합니다. 이는 사실입니다. 그런데 이것만 강조하는 것은 불충분합니다. 후자는 성화의 이러한 구별됨 차원을 빼버리거나 약화시켜 거의 무용지물로 만들어버립니다. 그 결과, 자기 열심의 기독교라는 괴물이 우리가 받은 자유의 목을 조릅니다.

그러나 성화는 두 차원, 즉 하나님께로 구별되었으니 '이미' 거룩하다는 것과 그 하나님께서 거룩하니 성도도 '이제' 거룩해야 한다는, '이미'와 '이제'의 균형을 이루어야 합니다.

이게 남편아내 관계와 무슨 상관일까요? 유대인들은 약혼식을 '신부의 성화'라고 불렀습니다. 신랑을 위해 신부를 따로 구별했기 때문입니다.[69] 아내는 남편을 위하여 '구별된' 즉 '성화된' 존재입니다. '이미' 성화된 것입니다. 그러나 동시에 '이제' 남편을 존경하는 삶이 시작됩니다. 마찬가지로 남편도 아내를 위해 구별된 존재이기에 '이미' 성화되었고 '이제' 아내를 사랑해야 합니다. 둘은 '이미' 거룩하고 '이제' 거룩하게 살아갑니다. 둘은 '이미' 하나가 되었고 '이제' 계속 하나 됨을 지키고 다지어갑니다. '이미'와 '이제'는 그리스도를 주로 모신 사람들의 감각과 의욕의 현재진행입니다.

---

[69] 같은 쪽.

아담과 하와, 그리스도와 교회

그러므로 사람이 부모를 떠나 그의 아내와 합하여 그 둘이 한 육체가 될지니 이 비밀이 크도다. 나는 그리스도와 교회에 대하여 말하노라(엡5:31~32).

바울 사도는 부부의 '접착제' 같은 연합에 관한 내용인 창세기 2장 24절을 인용한 뒤 거기에 얽힌 중대한 비밀을 밝히었습니다. 신약에서 비밀(mystery)이란, 이전까지는 감추어졌다가 사도들에 의하여 밝혀진(드러난, 계시된) 하나님의 뜻입니다(엡3:3~5). 이 낱말은 '신비'로도 번역할 수 있습니다. 에베소에 보내는 이 짧은 편지에는 '비밀'이란 낱말이 신약 다른 어떤 책에서보다 많이 등장합니다. 그 비밀의 내용들이란, 1) 하늘과 땅의 모든 것이 그리스도의 권세 아래 굴복되는 것(엡1:9~10), 2) 이방인들도 복음으로 말미암아 하나님의 은혜와 약속에 참여하게 된 것(엡3:3~6, 6:19), 3) 남편과 아내의 하나 되는 결합(엡5:31~32) 등입니다. 그런데 특이하게도 유독 결혼에 대하여는 "이 비밀이 크도다"라고 했습니다.

이 부분에 대해 여태껏 본 최상의 해설이 있어 번역하여 옮깁니다 (200년 전 활약했던 아담 클락의 에베소서 주석에 보존되어 있는 맥나이트 박사의 해설입니다). 이를 읽어보는 것만으로 더 말이 필요없을 듯합니다.

1) 아담의 몸으로부터 하와를 지은 것, 둘의 결혼, 그리고 결혼에 의한 둘의 친밀한 연합을 사도는 큰 신비라 부르니, 여기에는 신자의 중생 및 그리스도와의 연합이라는, 이전까지는 비밀로 감추어졌

으나 이제 그에게 밝혀진 상징적 의미가 담겨 있었기 때문이다. [에베소서 5장] 30절을 보면, 아담이 하와를 두고 했던 "이는 내 뼈 중의 뼈요 살 중의 살이라"는 말을 암시하면서 사도는 그리스도와 신자에 대해 이야기한다. 우리는 교회, 즉 그분의 몸의 지체이니 곧 그분의 뼈 중의 뼈요 살 중의 살이다. 하와에 대한 아담의 말을 그리스도와 그의 교회에 적용함으로써 바울은 넌지시 비추기를, (1) 아담의 몸에서 갈빗대를 취하여 하와를 지은 것은 에베소서 5장 25절에 언급된 대로 그리스도께서 자신의 몸을 깨뜨리심으로써 신자들이 중생하게 된 것에 대한 상징이었다. (2) 하와가 자신의 몸으로부터 만들어졌다는 것에 기인한, 하와를 향한 아담의 사랑은 신자들을 향한 그리스도의 사랑을 비유하는 것이니, 신자들은 그분의 몸이 되었기 때문이다(엡5:30). (3) 아담과 하와의 결혼은 천국에서 그리스도와 성도들의 영원한 결합에 대한 상징이니, 27절이 이를 이야기한다. 그리스도는 그의 아버지를 떠나 그의 교회와 연합하시었기 때문이다.

2) 인류를 태동시켰던 아담은 인류를 회복시킬 그리스도에 대한 꼭 맞는 이미지였다. 아담이 깊은 잠을 잤던 것, 그의 옆구리가 열렸던 것, 거기서 갈빗대를 취하여 하와를 만들었던 것은 그리스도의 죽으심과, 십자가에서 옆구리를 찔리심과 그의 죽음을 통해 신자들이 중생하는 것에 대한 알맞은 상징이었다. 하와를 향해 아담이 표현한 사랑과, 결혼을 통한 두 사람은 결합은 신자들을 향한 그리스도의 사랑과, 부활 이후에 있을 세상에서의 그리스도와 신자 간의 영원한 결합에 대한 생생한 그림이었다. 아담의 옆구리에서

갈빗대를 취하여 만들어진 하와는 신자들에 대한 꼭 맞는 이미지였으니, 그들은 십자가에서 그리스도의 옆구리가 찔림으로 인하여 그 몸과 마음이 중생한 존재들이다. 이렇듯 하와의 형성에 수반된 상황들은 교회의 형성에 대한 적절한 표상들이었음을 볼 때, 창세기 기사들은 다가올 위대한 사건을 미리 나타내기 위한 것들로, 이는 창세로부터 하나님께서 정하신 것이었음을 보여주는 것이라 생각할 수 있다.

3) 로마서 5장 14절에서 아담은 "오실 자의 모형"으로 강조된다. 여기에 맞추어 고린도전서 15장 45절에서 그리스도는 "마지막 아담"으로 불린다. 다음으로 만국의 신자들로 구성된 우주적 교회는 그리스도의 몸이라 일컬음 받는다. 그 성도들은 그 몸의 지체, 그분의 살이요 그분의 뼈로 불린다. 이는 교회를 상징하는 하와의 창조에 비추어보아 알 수 있다 … 셋째로, 우리 주님은 성찬식을 제정하실 때에 하와의 창조가 가진 상징적 의미를 언급하신 것으로 보인다. 그분은 자기의 죽음에 대한 상징을 한 가지가 아니라 둘로 정하셨다(떡과 잔). 첫 번째 것을 설명하는데 있어서 그는 마치 아담에게 하와가 창조되었을 때 어떤 일이 있었는가를 보았던 것처럼 말씀하셨다 : "이것은 너희를 위하여(너희의 중생을 위하여) 쪼개진 나의 몸이니"(고전11:24, 한글흠정역). 넷째로, 부활 이후 중생한 자들이 그리스도와 영원히 연합하는 것은 결혼으로 불렸다(계19:7). 그리고 새 예루살렘, 즉 새 예루살렘의 거주자들, 구속받은 자들의 공동체는 신부, 어린양의 아내로 칭함 받는다. 그리고 그 행복한 결합을 위하여 사람들을 준비시키는 것, 즉 이 땅에서 믿음을 통하여 사람들이 교

회로 들어오게 하는 것, 말씀을 통해 그들을 거룩하게 하는 것은, 고린도후서 11장 2절에서 한 남편을 위한 중매함이라고 한다. 이는 부활의 때에 신자들이 그리스도께 정결한 처녀로 바쳐지도록 하려는 것이다. 내 생각에 이는 하와가 결혼하기 위하여 아담에게 인도되는 것이 상징하는 바이다. 이 표현을 통하여 사도는 아마 하와의 결혼에 담긴 비유적 의미를 생각했던 것 같으니 다음 구절인 11장 3절에서 하와를 꾄 사단의 간계를 언급한다. 마지막으로, 만국의 중생한 자들로 구성된 우주적 교회에 대한 비유였던 유대 교회와 하나님의 결합(이스라엘 백성과 여호와 하나님의 결합)은 하나님 그분에 의해 결혼으로 불린다. "나는 너희 남편임이라"(렘3:14, 또한 겔16:8~32). "너를 지으신 이가 네 남편이시라"(사54:5). [선지자 예레미야]에 의하면 백성들과 하나님과의 연합은 "신혼의 때"였다(렘2:2).

동등한 지위 다른 역할

그러나 너희도 각각 자기의 아내 사랑하기를 자신 같이 하고 아내도 자기 남편을 존경하라(엡5:33).

여기까지, 아내에게 적용했던 '복종'이나 남편에게 적용했던 십자가적 '사랑'은 각각에게 독차지로 부과된 것이 아닙니다. 각자의 특징이 강조되긴 하지만 '서로' 복종해야 하고(엡5:21), '서로' 사랑해야 합니다(엡5:2). 아내가 자기에게 복종해주기를 기대하는 남편이나, 남편이 십자가 사랑으로 자기를 섬겨주기를 바라는 아내 모두 에베소서를 제대로 뒤집어 읽은 것입니다. 그것은 정확한 정반대였습니다.

상대가 내게 어떻게 해주는지가 아니라 내가 상대에게 어떻게 하고 있는지에 눈을 두는 남녀! 그런 겸비한 부부는 그리스도와 교회의 사랑 넘치는 관계를 세상에 보여줄 것이며, 그보다 먼저 서로에게 보여줄 것입니다. 이렇게 둘은 그리스도와 교회의 하나 되는 신비와 친밀함을 다정히 애찬(love feast)할 것입니다. 하나님은 그 자리에 찾아오시어 동석하시고 그곳을 세상에서 가장 아름답고 거룩한 성전으로 삼으사 천국의 기쁨이 넘치게 하실 것입니다. 아멘.

참된 기독교적 결혼은 어떻게 충분히 설명할 수 없는 고귀함과 거룩함, 연합함을 가지고 있다. 그것은 그리스도와 교회의 연합을 미리 보여주는 것이지만 또한 그것은 교회에 자녀들을 공급하고 그리스도의 신비적 몸에 사람을 더하는 한 수단이기도 하다. 그것은 하나님의 법령이요, 과할 수 없을 만큼 높이 존중되어야 한다. 인류에 대한 그것의 유익에 대해서는 책이 끝없이 쓰일 수 있다. 한 남자가 한 아내를 갖고 한 아내가 한 남자를 갖는 결혼이 없이는, 결혼 없이 아무리 많은 출생을 한다 하여도 이 땅을 채울 수 없을 것이다. 난잡하고 예측불허의 순간적 성교의 대가로서 자연적, 도덕적, 정치적 불법이 난무할 것이다. 결혼 안에서 남자가 한 여자에게, 여자가 한 남자에게 제공하는 특수한 영역이 약속되지 않고서는, 인류의 자손들은 관심 받지 못하고, 누가 누구의 것인지도 모르고, 교육 받지 못하고, 전적인 무관심을 받을 것이다. 이는 불법을 더욱 증대시킬 것이고, 시간의 흐름에 따라 세상의 인류를 완전히 멸절시킬 것이다(아담 클락 Adam Clarke).

그리스도께서 교회를 사랑하신 사랑

아가페 사랑은 무조건적이고 결코 취소가 없는 사랑이다. 우리가 우리의 사랑으로 하나님을 사랑하기 전에, 더욱이 그분이 어떤 분인지 알기도 전에, 하나님은 우리를 먼저 사랑하기로 결정하셨다. 아가페 사랑은 값을 따져 보지 않은 채, 또는 개인적인 이익을 생각하지 않고 주는 것이다 … 자연적인 것이 아니라, 초자연적인 것이다! 이것은 우리에게 아주 풍성히 부어진 사랑으로, 우리의 최고 유익 외에는 아무것도 목표로 삼지 않는다. 이 사랑은 우리의 행위에 달려 있지 않다. 하나님은 우리의 반응을 원하시지만, 그분이 우리를 사랑할 것인지 말지를 결정하는 것은 그분에 대한 우리의 반응과는 무관하다. 그것은 이미 결정되었다 … 즉 무를 수 없는 사랑의 선택을 하셨다. 그리고 그분이 가지신 최상의 것 – 그의 아들 –을 우리에게 주심으로써 그것을 입증하셨다.[70]

이러한 사랑, 우리가 감격하고 절대적으로 감사하는 주님의 사랑! 그 사랑에 감동하고 기뻐하듯 남편과 아내는 서로를 사랑하고자 애쓸 것입니다.

하나님은 자신이 누구이신지를 보여주시는 공간으로서 '남녀의 한 몸 됨'을 삼으셨습니다. 그곳은 최소의 교회요, 최초의 교회며, 최후의 교회일 것입니다. 일상의 번잡함과 분주함 또는 나른함과 무력함이 부부의 이 깊은 비밀과 축복을 방해하지 못하도록 늘 깨어

---

70 휘트 부부, 『즐거움을 위한 성』, 40.

주님을 만나십시다. 남편이 누구든지, 아내가 누구든지, 하나님은 둘이 언약을 맺었던 그 순간부터 그 가정 위에 손을 얹으셨고, 그 결혼을 하나님의 소유로 구별하셨으며, 이제는 오직 하나님을 경외함으로 서로 사랑 서로 복종하기를 원하시고 축복하시나이다. 아멘.

시우

편지를 마치며 : 오늘날에도 결혼이 필요한가

"결혼, 그건 현실이야. 나처럼 고생하기 전에 한 번 더 생각해봐."
"주님 사역에 헌신된 남자랑 먹고 살기 걱정하는 여자가 만나면 안 돼. 내 꼴 나지 말어."
"결혼해봐라. 그때부터 너의 생활은 끝이다, 끝. 행복은 딱 연애까지야."
"하고 나면 알지, 그게 미친 짓이었다는 걸."
"이 땅에서 지옥을 체험한다는 거지."
"너처럼 솔로로 있는 게 부러워지더라. 내 간절한 말을 명심해."
"남의 눈에 아름답고 나의 눈에 징글맞음, 그게 바로 결혼."

결혼이 두들겨 맞는 시대입니다. 결혼은 애물단지를 넘어 거의 필요악 취급을 받습니다. 안 할 수가 없어서 하는데, 하면 그때부터 내 인생 끝 지옥 시작이라는 말입니다.

그런데 하나님께서 결혼을 불행으로 만드신 것입니까? 우리 인간이 그렇게 한 것입니까? 하나님은 결혼을 '보시기에 심히 좋았더라' 안에 포함시키셨습니다. 하지만 인간은 결혼을 '보기만해도 심히 괴롭더라'로 바꾸어버렸습니다. 결혼을 두들겨대야겠습니까? 우리의 마음을 두드리며 회개해야겠습니까?

하나님은 천지를 창조하실 때 남녀의 한 몸 됨을 통하여 그리스도와 교회의 신비가 드러나도록 계획하셨습니다(엡5:31~32). 결혼이란 하나님과 그 백성 간의 결합을 눈에 보여주는 그림이었습니다. 이 땅에 결혼보다 하나님과의 언약을 생생하게 경험토록 해주는 것은 없도록 하셨습니다.

그런데 오늘날 타락한 우리네는 결혼이 하나님을 드러내주는 것이 아니라 마귀를 드러내주는 것처럼 만들어버렸습니다. 하나님은 사랑과 섬김의 집으로 삼으시려 한 것을 원망과 이기심의 굴혈로 만들어버렸습니다.

신앙은 좋다나 결혼은 불행하다는 한국의 기독교인들이시여! 그런 모습을 보며 결혼 같은 거 아주 쳐다도 안 보겠다는 30대 미혼자들이시여! 사람을 보지 말고 하나님을 보십시다. 시대에 흔들리지 말고 말씀 위에 서십시다. 결혼이 '필요악'에서 '필요선'이 되게 하십시다. 후대에게 이러한 인식을 남겨주는 것보다 민족을 위해 할 수 있는 더 선한 일도 많지 않습니다. 이 일은 박사학위나 목돈이 필요한 것도 아니라 아내와 남편이 서로를 '먼저' 높이고 자기를 낮춤으로 누구라도 할 수 있는 일입니다.

그러나 여전히 두렵습니까? 사랑이 식으면 어쩌나 두려운가요? 결혼은 두려움을 포함한 온갖 부정적인 생각들과 치열한 접전을 펼치는 전쟁터 같습니다. 이때에는 다음 말씀이 도움을 줄 것입니다.

> 너는 마음을 다하여 여호와를 신뢰하고
> 네 명철을 의지하지 말라
>
> 너는 범사에 그를 인정하라
> 그리하면 네 길을 지도하시리라

스스로 지혜롭게 여기지 말지어다
여호와를 경외하며 악을 떠날지어다

이것이 네 몸에 양약이 되어
네 골수를 윤택하게 하리라 (잠3:5~8)

신앙이 치명적으로 나에게 맞추어져 있던 눈을 하나님께로 옮기는 것이라면 결혼은 고질적으로 나에게 맞추어져 있던 시선을 배우자에게로 옮기는 것입니다. 신앙이 날 위해 생명을 주신 주님을 위해 나의 생명을 바치는 것이라면, 결혼은 날 위해 생명을 주신 주님을 위해 나의 생명을 배우자 위해 바치는 것입니다. 이렇게 하여 신앙은 사랑을 가르쳐주고 사랑은 신앙을 경험하게 합니다. 결혼은 신앙의 신비를 한 꺼풀씩 벗겨주고, 신앙은 결혼의 의미에 한 문장씩을 더하여 줍니다. 결혼의 두려움은 하나님을 신뢰함으로만 극복될 수 있는 것으로 보입니다.

독신이냐 결혼이냐

독신은 외로움으로 사무치는 것이요 결혼은 괴로움에 파묻히는 것입니다. 독신은 외로워 하나님을 찾고 결혼은 괴로워 하나님을 찾게 됩니다. 둘 다 하나님을 찾아야만 견딜 수 있습니다. 결혼 전까지는 독신의 때입니다. 외로움으로 신음합니다. 결혼 후로는 괴로움을 당할 것입니다. 외로움이나 괴로움이나 고통스럽기는 마찬가지이나, 하나님을 배우기 위해서라도 둘 중 하나에는 봉착케 될 것입니다.

주님 앞에서 복된 선택 내리시기를 기도드립니다. 외로움의 길이든 괴로움의 늪이든 주님은 친구가 되어주시고 의사가 되어주십니다. 길동무가 되어주시고 스승이 되어주십니다. 아버지처럼 듬직하고 어머니처럼 세심한 부모님이 되어주십니다. 짝이 없어 외로운 때의 짝이요, 짝과 다투어 괴로운 때의 화해처입니다. 주님 밖에는 위로가 없습니다.

사역을 두고 말한다면 독신이 결혼보다 활동이 자유롭다고 합니다. 그러나 안정감을 논한다면 둘이 하나보다 낫다고 하지요. 독신의 자유로움은 주님을 위해 세상을 섬기는 자유로움이요, 결혼의 안정감은 주님을 위해 세상을 섬기는 안정감입니다. 무엇이 더 좋다고 말 못합니다. 이는 개인과 상황과 시대마다 유동적인 것입니다. 각자 선택을 할 것입니다. 그리고 거기에 책임을 질 것입니다. 저마다 자기의 길에서 만족하는 것만이 중요합니다. 그리고 그 만족감으로 주님과 이웃을 섬겨야 합니다.

그러나 그렇지 않고 자기를 충족시키는 독신이나 결혼은 모두 하나님이 주신 인생을 낭비하고 있는 것입니다. 우리는 속히 회개하고 자기를 돌아보십시다. 그리고 힘을 내어 주의 일에 매진하며 주께서 하늘로 부르시는 그날을 기다릴 것입니다. 결혼도 독신도 궁극적인 만족을 주지는 못합니다. 다만 그 안의 외로움과 괴로움은 우리를 주님께로 끌어당기는 자기력이요, 어느 한 상태가 절대적인 것은 아닙니다.

그러나 다행입니다. 궁극적인 분께서 우리의 외롭고 괴로운 날들을 돌아보시니. 그분은 이미 우리의 영광스러운 부활을 보고 계십니다. 우리의 시선은 그분을 따라가지 못하나, 우리도 온전히 알게 되는 날이 올 것이라 약속하셨습니다(고전13:12). 그날에는 하나님의 선하심으로 인한 감사의 찬송이 크게 울려 퍼질 것입니다(엡2:7).

그날을 소망할 때 우리의 오늘은 어제와는 다릅니다. 그 소망으로 말미암아 오늘도 한 번 더 사랑해요, 미안해요, 고마워요, 말할 수 있습니다. 결혼하셨습니까? 보십시오. 하나님이 그대에게 주신 배필입니다. 그대를 위해 목숨을 내어주셨던 주님은 그대가 배우자를 위해 목숨을 내어주기를 원하십니다. 그래요, 은혜였고, 감사였고, 사랑이었습니다. 결론은 '복음으로'였습니다. 결혼도 '복음으로'였습니다.

> 전에 악한 행실로 멀리 떠나
> 마음으로 원수가 되었던 너희를
> 이제는 그의 육체의 죽음으로 말미암아 화목하게 하사
> 너희를 거룩하고
> 흠 없고
> 책망할 것이 없는 자로
> 그 앞에 세우고자 하셨으니
>
> 만일
>
> 너희가 믿음에 거하고
> 터 위에 굳게 서서
> 너희 들은 바 복음의 소망에서 흔들리지 아니하면 그리하리라
> 이 복음은 천하 만민에게 전파된 바요 (골1:21~23).

결혼과 행복과 회개

참 죄송한 일이기는 하지만 오늘날 30대의 결혼은 부모님의 도우심으로 말미암아 경제적 공포가 감소되고 있음이 현실입니다. 그런데 그보다 더 두려운 것은 결혼 자체에 대한 불안이 아닐까 합니다.

'결혼해서 행복하지 않으면 어쩌지?'

이 시대에는 '나의 행복'이 으뜸 가치로 군림하고 있는 듯합니다. 신앙도 나의 행복을 위한 것으로 여기는 때가 많지 않습니까. 하나님마저 나의 행복을 위해 존재하는 분으로 정해놓고 살아간다는 것입니다. 그분은 '날' 위해 존재하시고 '날' 사랑하시고 '날' 축복하시며 '나'에게 행복을 주시는 분이라고 인식합니다. 성경 말씀보다는 자기의 욕구와 세상으로부터 물려받은 가치관에 따라 하나님을 그렇게만 바라봅니다. 거기에는 정의의 하나님, 가난과 고난의 이웃을 건지시는 하나님, 전적인 헌신과 십자가를 요구하시는 하나님 등은 없습니다. 혹 있어도 말로만 있고 몸으로는 없고. 이것이 오늘 우리의 모습입니다. 세상이라는 공장에서 우리는 이렇게 생산되었던 것입니다.

하나님도 나의 행복을 위한 존재로 굴복시키려 드는 죄인들인데, 하물며 결혼이 나의 행복을 위한 것이라고 여기지 않을까요? 하나님(의 말씀)도 내 맘대로 하려 한다면 배우자를 내 맘대로 하기는 얼마나 더 쉽겠습니까? 그러나 문제는, 상대의 피를 빨아먹는 빈대 두 마리는 둘이 모두 죽는 운명 가운데 있다는 사실!

그런데 행복하겠다고 결혼해서 실제로 행복해진 사람이 어디 이 세상에 한 사람이나 있을는지 모르겠습니다. 이런 짐작에 대한 증거는, 만약 결혼이란 것이 정말 나의 행복을 위한 것이라면 왜 수많은 부부들이 갈라서거나 혹은 얼음장 같은 얼굴로 등 돌린 채 살고 있는 것입니까? 그들은 누구보다 행복을 위하여 결혼했던 분들이 아닙니까? 행복하기 위하여 결혼하는 이들의 정해진 수순이 아닐까 합니다.

이 시대의 최대 우상이 되어버린 '나의 행복'이 아니라, 참 행복을 주시는 '나의 하나님'을 바라보며 회개합시다. 회개하여 마음이 낮아지면 반대로 감사의 온도는 높아집니다. 그러면 행복의 36.5℃가 됩니다. 회개는 행복의 통장이었습니다.

하나님의 불행감?

하나님께서 태초에 남자와 여자를 지으셨을 때 보시기에 심히 좋으셨다지만 그들이 범죄할 것을 알지 못하셨을까요? 만약 아셨다면 이렇게 고민하셨을까요?

'인간들이 나의 뜻대로 움직여주지 않으면 어쩌지? 그들이 불순종하기라도 하면 나의 마음은 어떠하겠는가?'

하나님은 이런 것을 고민하지 않으셨습니다. 대신 죄를 짓고 타락하는 인류를 위하여 속죄양 그리스도를 예비하셨습니다. 성자 하나님께서 친히 인간이 되시어 모든 죗값을 담당키로 한 것입니다.

불순종한 아담과 하와로부터 시작하여, 반역하는 이스라엘 백성들, 그리고 자기사랑의 렌즈를 끼고 있다는 것도 모른 채 살아가는 오늘 우리들까지! 거룩하시고 완전하신 분께 얼마나 합당치 못한 인간들입니까? 그럼에도 뻗은 사랑의 손을 철회하지 않으시는 하나님 아니십니까?

만약 상대방이 내게 어떻게 해주는가에 나의 행복이 달린 것이라면 하나님처럼 불행하실 분이 또 있겠습니까? 가장 참되고 미쁜 사랑을 인간에게 거저 주시면서도 그들로부터 사랑이나 감사는커녕 반항과 범죄와 패역과 위선과 가식과 합리화를 받으시니 말입니다. 이를 생각할 때에, 하나님의 사랑이란 불행을 두려워하지 않는 사랑입니다.

평생 같이 살 사람이 나의 마음을 몰라줄 거라 생각하니 숨이 막혀 옵니까? 서로 다르기에 나는 분명 불행해질 것이라 결론 지은 뒤 두려워하고 있습니까? 결혼 따위 차라리 하지 않겠다는 말이 나올 법도 합니다. 그걸 알고도 결혼한다면 정말 누구 말처럼 '미친 짓'이라 할 사람도 있을지 모릅니다.

그런데 이것이 우리가 하나님께 해드리는 일들이란 사실을 아십니까? 우리는 하나님을 고통스럽게 합니다. 우리의 게으름과 욕심과 원망과 불만과 교만과 음란과 고집, 이웃에 대한 매정함과 냉랭함과 무관심, 가득 찬 자기사랑과 질긴 자기애착과 '나 우선주의' 등등으로 우리는 이웃과 자신을 불행하게 하는 것만 아니라 날마다 하나님께도 불행을 올려드리고 있습니다. 불행이라고 하면 흠칫 몸을 떠는 우리들이면서도 하나님의 행복은 상관하지 않고 우리들의 행복만 추구하고 있으니 우리가 불행해지는 것도 이상한 일이 아닙니다.

그러나 하나님의 사랑을 보십시다. 불행스러운 기분을 두려워하지 않는 사랑이었지요. '그래도 사랑함'의 사랑입니다. 만약 상대방이 여전한 이기심으로 자기를 추구하여 스스로를 불행하게 만들고 하나님께도 불행을 선사하고자 하여도 하나님은 계속 사랑을 하시니, 의와 선과 거룩과 순종과 희생과 섬김의 길로 여전히 부르시는 것입니다.

행복하기 위하여 끈질기게 자기를 추구함으로써 사실상 불행을 선택하고 누리는 인간과, 하나님과 이웃을 추구함으로써 행복을 누리게 하시려는 하나님의 끈질기심이 싸웁니다. 하나님은 최후의 십자가로써 인간들이 제조하는 '불행의 반응'을 부수어버리시고 눈물과 땀과 피로 승리하셨습니다. 그리고 인간도 그러한 방식으로만 행복의 승리를 얻게 하셨습니다.

결혼만이 아니라 산다는 것이 벌써 불행의 기운에 싸인다는 것입니다. 그런 안개를 완벽하게 차단해줄 궁극적 만족이라든가 항시적 만족이라든가 하는 것은 하나님을 대치하려는 우상일 뿐입니다.

오늘날 결혼이 힘들고 불행하게 느껴진다는 것은 내가 죽지 않고 상대가 죽기를 바라기 때문이 아닐까요. 결혼은 자아를 십자가에 못 박는 매일로 보입니다. 이것에 성공하는 만큼 행복은 주어질 것입니다. 자기가 행복하기를 포기하고 상대를 행복하게 하는 만큼 행복은 찾아올 것입니다. 아니 차라리, 나의 행복이란 것을 아예 잊어버릴 때에 행복을 만날 것입니다. 그 행복은 하나님의 은혜일 것입니다. 하나님의 선하심일 것입니다.

인간이 느끼는 불행감은 하나님 안에서 새로운 의미를 얻습니다. 불행감이 십자가의 프리즘을 통과할 때에는 그것이 간증이 되고 찬송이 되기 때문입니다. 그러니 결혼의 불안함과 두려움도 선하게 쓰일 수 있습니다. 하나님은 모든 것을 합력하여 선을 이루십니다. 그렇게 하실 분을 다만 신뢰하면서, 그것에 합당하게 그분을 경외하며 사랑하십시다.

하나님의 사랑이 '두려워 움츠러드는 사랑'이었다면 하나님은 인간을 창조하지 않으셨겠지요. 또 하나님의 사랑은 손해를 걱정하면서 손익분기점을 찾는 것도 아닙니다. 이해득실을 따지셨다면 독생자를 내어주시지 않으셨을 것이고, 그리스도께서도 십자가에서 목숨을 쏟아주시지 않으셨을 테니까요.

그러나 인간의 이기심과 반역으로 인할 불행감마저 감수하시고, 그럴 의무가 없으셨음에도 막대한 대금까지 지불하신 것은, 사랑이 무엇인가에 대한 그리고 사랑이 어떠해야 하는가에 대한 가장 아프면서도 가장 큰 산울림이었습니다. 너무도 완악한 죄인들의 가슴은 그 정도의 울림, 즉 '대가 없이 희생하는 가장 큰 대가'로만 흔들릴 수 있었기 때문입니다.

사랑한다는 것은 '굳이 아픔으로의 뛰어듦'입니다. 사랑이 채워지지 않는 고통은 차라리 낫습니다. 사랑을 붙들고 있어야 하는 아림보다는 말입니다.

사랑의 하나님이시여, 만유를 향한 그 사랑을 차라리 포기하시면 어떠하시겠나이까? 우리가 당신께 사랑을 드리지 않음도 고통이겠거니와 당신보다 자기를 더 사랑하는 인간을 여전하게 사랑하시는 데에는 아픔이 있지 않사옵니까? 인간인 이상 필연적으로 만나는 불안증, 불행증, 우울증은 나의 뿌리 깊은 불순종과 이기심이 어떻게 당신을 근심시키는지를 맛보게 하는 시식입니다.

열정이 지나가면 그때부터 사랑은 쉬움 없고 쉼도 없는 고된 부담이 된다고 합니다. 인간은 '이제 그만, 여기까지'로 입술이 근질거립니다. 그러나 주님의 사랑은 '이제도 여전히, 십자가까지'입니다. 인간에게 있어 최대의 사건인 태어남과 죽음! 당신은 이에 부합한 사랑을 우리에게 보여주셨으니 우리를 다시 태어나게 하고자 우리를 위하여 죽음을 받으신 것입니다. 과연 당신의 죽으심은 우리의 살아

남이 되었습니다. 그리고 당신의 다시 사심은 우리의 영원한 생명이 되었습니다.

 이러한 전체를 조망할 때에 현재적 불행감이나 불안감, 우울감 등은 소망적 의미를 부여받습니다. 지금 우리가 느끼는 불행, 불안, 우울은 장차 우리가 누릴 기쁨과 평안과 시원함에 비하면 아무 것도 아니기 때문입니다. 혹 혼자 눈물을 다 이기지 못해도 주님께서 눈물을 닦아주실 것입니다. 아멘.

 결혼은 그리스도와 신자의 사랑에 대한 비유입니다. 그래서 아플 것도 많고 기쁠 것도 많으니, 눈물과 은혜가 껴안을 것입니다. 한숨과 위로가 들락날락할 것입니다. 아픔과 회복이 엎치락뒤치락할 것입니다. 중요한 것은 사랑의 하나님께서 모든 인생의 주관자가 되신다는 것입니다. 그러니 그분께 내 자신과 결혼을 내어맡기는 하루하루를 살아가는 것만이 우리의 목표가 되면 족할 것입니다. 그때에, 허무의 세상에서 통치자로 군림 중인 불행대왕은 마침내 고개를 숙이며 쥐구멍을 찾으리이다.

결혼은 모험 결혼은 여행

 결혼은 모험적 여행입니다. 이 여행에는 구름에 안긴 산의 정상을 바라보는 즐거움이 있습니다. 아름다운 장면은 혼자 보기에는 아깝고, 너무 아름다운 장면은 혼자 보기에는 심히 외로우나, 결혼 여행에는 그런 종류의 고독은 사라집니다. 해지는 노을 아래 어깨동무하고 사랑을 속삭이는 낭만으로 기쁨의 탄성을 지르는 날도 있을 것입니다. 옆에 누군가 있음이 그렇게 다행일 수 없을 것입니다.

하지만 무거운 짐을 들고 걸어야 할 때도 있습니다. 배우자에게 이 짐을 떠맡기고 싶어서 그를 보니 그의 어깨에도 짐이 가득합니다. 또는 아무리 페달을 저어도 정상이 나오지 않는 캄캄한 오르막길이 앞을 가로막습니다. 겨우 정상에 도착하였으나, 초췌해진 꼴로 마을을 지날 때에는 주민들의 손가락질과 알 수 없는 눈총을 받을 수도 있습니다. 혹은 인종차별을 하는 나라에서 인격 모독을 당할 수도 있고요. 아무리 맛있는 음식을 먹어도 배가 아파 넘길 수 없는 순간도 올 것입니다. 여권이나 짐을 도둑맞아 가슴이 철렁 내려앉는 때도 기다리고 있습니다. 동행하는 친구와 심하게 다투어 무척 불편한 시간의 철창 속에 갇힐는지 누구도 모릅니다.

결혼은 한마디로 좋다 나쁘다 말할 수 없는 험난한 여정입니다. 그러니 아무나 그런 여정에 오르지는 못합니다. 계산할수록 그 여행이 고되다는 지식만 늘어납니다. 그래서 여행보다는 나 홀로 집에 거하기를 택합니다. 그러나 비혼(非婚)의 방 안에 고독히 앉아 있으면서도 힐끗힐끗 창밖으로 고개를 내밀어 결혼의 거리 사람들을 바라보고 있습니까?

형매님들이여, 100퍼센트 맞는 사람을 찾지 마십시다. 마음에 근심이 1퍼센트도 없는 완벽한 결혼을 꿈꾸지 마십시다. 어떤 사람도 결함이 있습니다. 나부터가 그러하지 않습니까? 성격, 외모, 비전, 신앙, 재력, 취향, 습관, 발자취, 가정배경 등에서 조금이라도 불안한 부분이 있으면 낙담하거나 두려워 떨겠습니까? 결혼은 맞추어가는 것이지, 완벽한 짝을 찾는 것은 아님이 분명해 보입니다.

우리는 마음에 용기를 내십시다. 믿음으로 두려움을 떨쳐 내십시다. 하나님께서 우리의 아버지가 되시지 않습니까. 그리스도께서 나의 구주가 되시지 않습니까. 성령께서 우리 안에 거하시지 않습니까. 진리의 말씀이 우리를 안내하지 않습니까. 믿음은 이론이나 환상이 아니라 마음과 생활에 넘치는 감사와 인내와 희생이 아닙니까. 괜찮습니다. 너무 걱정하시 마십시다. 서로 격려하며 가십시다. 친구여, 그대만 겪는 두려움이 아닙니다. 그대만 느끼는 어려움이 아닙니다. 결혼이든 독신이든 그런 건 있기 마련입니다. 그런 게 있어야 하나님께 부르짖지 않겠습니까.

그렇게 보면 그런 게 있어서 다행입니다. 결혼이든 독신이든 결코 만만하지 않아서 다행입니다. 하나님은 어려운 때에 더욱 큰 은혜를 주시니까요. 그럼 우리, 어려우십시다. 그리고 하나님의 은혜를 사모하십시다. 독신도 결혼도, 그것을 시작하고 또 지속할 수 있는 힘은 하나님으로부터 오기에 우리는 다만 날마다 하나님을 찾으십시다. 독신이라면 홀로, 결혼이라면 함께. 질문은 이것입니다.

"결혼은 힘든 여정이다. 그래도 가려느냐?"

저는 이에 대해 많이 고민했고 또 꽤 오래 손사래를 쳤었습니다. 홀로 여행하는 편이 주님 나라에 더 보탬이 되겠다고 판단했던 사람입니다. 지금도 그런 생각과 삶이 고귀하다고 여기고 있습니다.

바뀐 부분도 있습니다. 조금 더디어도 같이 가는 것의 의미와 가치를 느꼈다고 할까요? 하루에 자전거로 혼자 200km를 달린다고 해도 그 기쁨을 누구와 나누겠습니까? 사진을 찍어 개인 블로그(blog)에 올려 홀로 자랑하면서도 은근히 남들의 댓글을 바라겠습니까? 그것이야말로 외롭다는 자기비춤이 아니겠습니까?

하지만 하루에 가까스로 50km를 달려도 그 찍은 사진들에 두 사람이 밝게 웃고 있다면? 페이스북이나 카카오스토리에 멋진 사진을 올려 꼬리 칠 필요가 없을 것입니다(이렇게 보면 오늘날 SNS가 발달하는 것은 그만큼 우리들이 외롭다는 이야기가 아닐는지).

물론 결혼은 혼자 여행하며 독사진 찍던 사람이 이제 둘이 여행하며 서로 사진을 찍어주기도 하고 또 함께 찍는 여행으로 바뀌는 것 이상이지요. 전에는 나의 즐거움과 행복을 위하여 여행하였는데 이제는 나 아닌 다른 존재의 행복과 유익을 위하여 여행하기로 하는 결의가 결혼 여행입니다. 날 위한 삶에서 널 위한 삶으로 나의 존재를 뿌리째 교체하는 '일생의 여행'인 것입니다. 내 마음대로 하던 삶에서 내 마음대로 하지 못하는 여행을 기어이 떠나겠다는, 어찌 보면 기이한, 수학을 뛰어넘는 사랑의 결의 차원에 결혼 여행은 위치하는 것입니다. 이 여행을 떠나시렵니까?

떠날 것인가 말 것인가, 이것이 우리에게 주어진 질문입니다. 이는 누가 대신 결정해주지 못합니다. 스스로 결정해야 하는 몫으로 남겨진 것입니다. 인생의 가장 중대한 이 질문에 대답할 때 형제자매님들께 부탁드리는 것은, 우리가 조금 더 용기와 믿음을 갖자는 것입니다. 여행에는 전체 계획을 세워도 대부분 그대로 되지 않더군요. 예측 못했던 상황이 발생하더군요. 인생도, 결혼도 그러합니다(모든 여행들은 인생 최대의 여행인 결혼에 대한 비유입니다). 머리로 계산해봐도 별 소용이 없습니다. 동유럽에 대한 여행 정보를 어느 정도 충실히 살펴보았다면 그 뒤에는 폴란드로 갈까, 체코로 갈까, 아니면 여행을 포기하여 비용과 시간을 아낄까, 판단 내릴 수 있을 것입니다.

결혼을 놓고 기도하고 생각하고 책을 읽어보고 경험자들의 조언을 구한 뒤에는 이제 결정의 순간이 기다리고 있습니다. 어차피 결정해야 한다면 믿음으로 하십시다. 잠시 더 독신으로 있을 것인지, 영영 독신으로 있을 것인지, 아니면 이제는 결혼을 할 것인지? 이 결정은 땅의 사람들에게 남겨진 것입니다. 인생은 한 번입니다. 그 후에는 살아온 삶을 결산하는 심판이 있습니다(히9:27). 후회 없는 선택이어야 하고, 부끄럼 없는 책임이면 족합니다. 벗들의 선택에 믿음의 용기가 묻어있기를 기도해봅니다.

30대라는 향유 현재라는 향유

30대는 인생의 특별한 젊음의 때에 있습니다. 지식과 경험과 인격에서 20대 적보다 성장함이 있었고, 패기와 도전정신, 물불 가리지 않음에서 40대보다 몸 사림이 적습니다. 힘도, 경험도, 실력도, 성품도 어느 정도 궤도에 올라가는 30대는 올바른 맘과 굳건한 뜻만 있다면 선한 일의 열매를 얼마쯤 보기 시작하는 때입니다.

이런 30대를 주님께 드립시다. 300데나리온의 향유(요12:3~5)보다 값비싼 30대의 향유를 전체로 쏟아 드립시다. 30대의 소망과 30대의 사랑과 30대의 활력을 주님께 드립시다. 30대의 결혼도 드립시다. 받으실 주님, 우리 위하여 모든 것을 주신 분이 아니십니까.

이는 무슨 보상을 얻기 위해서가 아닙니다. 대가를 기대하는 것은 나 같은 죄인에게 무조건적인 사랑을 베풀어주셨던 주님께 얼마나 죄송스러운 일인가요. 그 십자가 사랑에 비추어 생각하면 드려도 드려도 부족할 나인데 어떻게 주님께 무엇을 더하여 요구할 수 있겠습니까? 대가를 바라기 때문이 아니요 좋은 것을 얻기 위함도 아니라, 오직 주님의 은혜와 사랑에 지극히 감격하여 그분께 모든 것을 드리지 않고서는 배기지 못할 심정상태 가운데 거하십시다. 그렇게 우리의 30대와 우리의 사랑과 우리의 결혼을 주님께 바쳐드리자는 것입니다. 그럴 때에 우리의 인생은 가장 아름답게 빛날 것입니다. 참으로 복된 30대였노라고 돌아볼 수 있을 것입니다. 이를 위하여 당장 오늘부터 하루를 주님께 드리어 다른 무슨 큰일들을 멈추고 고요히 주님을 바라보는 한 날이기를 소원합니다.

현시대 결혼과 비자발적 독신에 대하여

책을 마치려는데 어딘가 허전함이 듭니다. 꼭 해야 할 말을 다 못 했기 때문인지? 마지막으로 결혼과 '비자발적 독신'[71]을 한 데 놓고 좀 계산적인(?) 마음으로 저울질해보기 원합니다.

오늘날 한국의 많은 30대들이 어떠합니까? 벌어놓은 돈이 없다지요. 아니, 쌓인 빚만 없어도 양반이라지요. 이를 아는지 모르는지 저 교만한 예식 비용은 천정부지로 뛰어오릅니다. 여기에 폐물에 혼수까지 따지다 보면 정말이지 혼수상태에 빠집니다. 혼자 살 집 구하기도 간단치 않은 세상에 근사한 신혼집은 무슨 재간으로 마련한단 말입니까. 여차여차 여기까지 와도 육아는 어떻게 됩니까? 키울 돈을 번다고 하면 애는 누가 보고요? 집을 얻어도 빚으로 얻고 차를 사도 빚으로 사는 마당이니 아이를 키워도 빚입니다. 정말이지 빚은 우리의 '악처'입니다.

아직 오지 않은 미래를 떠올리면 걱정이 끝이 없겠지요. 그냥 아무 생각 않고 스마트폰이나 조몰락거리는 게 훨씬 속 편합니다. 미래가 하도 막막하니 떠올리는 것조차 버겁고, 이제는 귀찮아지기까지 합니다. 미래를 잃어버린, 아니 내다버린 오늘의 우리여! 스마트

---

[71] '특별한 목적을 위하여 일부러 독신을 택한 경우가 아닌' 사람들을 말합니다. 결혼할 의지를 가졌지만 아직 하지 않은 이들입니다.

폰은 철저히 현재의 즐거움에 몰두하게 합니다. 진지해서는 안 되고 가볍고 즉흥적이어야 합니다. 우리는 생각하는 습관을 빼앗기고, 대신 감각적이고 자극적이며 순간적인 오락적 문화에 길들여졌습니다. 그러다보니 결혼처럼 긴 시간의 인내와 희생이 필요한 진지한 분야에 대해서는 체질상으로 거부감이나 불편함을 느끼는 게 이상하지도 않을 일이지요.

이게 오늘 우리의 모습입니다. 그런데 앞서 성경을 보았습니다. 성경은 어제도 오늘도 내일도 동일하신 하나님의 마음에 대하여 흠 없이 가르쳐주는 유일한 책입니다. 천국과 같은 에덴! 그 완전했던 땅에서 하나님께서 말씀하시기를, "남자가 혼자 있는 것이 좋지 않으니"(창2:18, 새번역)라고 하셨습니다. 그러면서 "내가 그를 위하여 돕는 배필을 지으리라"고 하셨고요. 남자와 여자의 결합인 결혼! 이는 인류 역사상 최초의 사회적 제도였습니다. 아니, 사회의 탄생이었습니다. 세상이 세상이기 위해서는 남자와 여자가 있어야 했습니다. 남자와 여자가 서로 사랑하며 결혼하는 것은 하나님의 역사를 수행해가는, 위대하고 경건한 대과업인 것입니다.

하나님이 인간을 지으신 목적은 성경의 첫 번째 책인 창세기 1장에 조금도 망설임 없이 쓰여 있습니다.

> 하나님께서는 사람을 남자와 여자로 창조하셨다. 하나님께서는 그들에게 복을 베푸시며 말씀하셨다. "자녀를 많이 낳고 번성하여라. 땅을 다스리고 살아라. 바다의 물고기와 공중의 새들과 땅 위에서 살아 움직이는 모든 생물을 다스려라"(창1:27~28, 쉬운말성경).

인간의 창조 목적은 자녀를 낳아서 기르는 것과 땅의 세계를 하나님의 뜻대로 다스리는 것이었습니다. 창세기의 이 거칠 것 없는 선언으로 말미암아 결혼은 신성함의 빛을 더합니다. 시대와 문화가 어떻게 바뀌고 인간의 전통과 종교적 자부심이 어떻게 자맥질을 하든지, 변치 않는 하나님의 말씀은 결혼이 하나님의 마음속에 처음부터 있었던 것임을 보여줍니다.

이를 생각할 때 결혼하여 아이를 낳아 하나님의 뜻대로 기르는 것은 다른 위대한 '종교적' 사역들과 동일한 가치를 지니는 것입니다. 아니, 그것이야말로 '신앙적' 사건이 아닙니까? 하나님의 질서 가운데 하나님의 뜻을 이 땅에 이루어가니 말입니다.

그런데 이런 거창한 차원이 아니라 피부에 닿는 현실을 말해봅시다. 형님, 직장도 좋지만 우리 언제까지 혼자 식사하겠습니까? 누님, 공부도 좋고 사역도 좋지만 언제까지 시린 옆구리를 감추시겠습니까? 남자 됨이란 대체 무엇입니까? 여자 됨이란 또 무엇입니까? 이것이 정말 별 의미도 없는 것입니까? 하나님께서 나를 남자로 혹은 여자로 지으셨다는, 내 존재의 가장 깊은 진실에 대하여 우리는 별 관심이 없습니까? 다만 먹고살기 바쁘다는, 아니 힘겹다는 이유로?

지금은 30대이지요. 아직은 '안정권'이라지요. 하지만 40대 노총각이 된다고 해봅시다. 50대 노처녀는 어떻습니까? 우리는 못 살아도 80세까지는 산다고 합니다. 많이 살면 90세, 100세까지도. 그럼 90세 싱글, 정말 괜찮으시겠습니까?

세상에 믿을 사람 없다고, 과거에 상처 입었다고, 과거에 죄를 지었다고, 나에게 관심할 사람이 없다고, 내 한 몸도 벅차다고 등등 – 이런 이유들이 우리를 불행하게 만들도록 놔두어서는 아니 됩니다.

그리스도 안에서는 그런 이유들은 조금도 중요한 것이 못 됩니다. 중요한 것은 믿음의 용기로 옛 사람을 벗어버리고 새 사람을 입는 것뿐입니다.

형님 누님, 마음이 예쁘고 멋진 사람은 볼수록 예쁘고 멋지다지요. 우리는 그러한 외모를 꾸미십시다. 외적 스펙이 아니라 내적 스펙 또는 인격적 스펙을 쌓자는 것입니다. 이를 가꾸는 사람은 행복을 누릴 줄 아는 사람이요, 하나님을 경외하고 사랑하는 누군가가 그 사람을 알아볼 것입니다. 그러니 모든 두려움을 하나님께 내어 맡기고 다만 감사하는 마음으로 하루하루 살아가며 아름다운 사랑을 꿈꾸십시다. 텔레비전과 잡지에서 본 사람들은 싹 잊어버리십시다. 그것은 무익한 시간낭비의 세계이니. 대신 가까운 곳을 둘러보십시다.

혼자 눈뜨고 혼자 밥 먹고 혼자 다니다 혼자 눕는 생활이 잠시적 자유를 주는 것 같지만, 자유란 것도 누군가와 삶의 나눔이 있을 때에 그 맛이 좋은 것이지 '타인 없는 자유'란 결국 최대의 속박이란 것을 경험해보셨는지 모르겠습니다. 그런 상태로 90살까지 괴롭게 사느니 차라리, 조금 불편하고 많이 두려울지라도 희생을 요구하는 결혼 프로그램에 발을 내디디는 편이 현실적으로도 훨씬 좋지 않습니까?

하나님께서 말씀하시기를, 사람이 혼자 사는 것이 좋지 않다 하셨습니다. 남자와 여자를 지으시고는 보시기에 심히 좋다 하셨습니다. 둘이 한 몸을 이루라 하셨습니다. 자녀를 낳고 번성하며 이 땅을 다스리라 하셨습니다. 그리고 그 결혼을 통해 그리스도와 교회의 신비를 경험하고 드러내도록 하셨습니다.

우리는 '겨우' 30대입니다. 90평생을 하루로 계산하면 오전 8시가 지난 것입니다. 늦었다고 생각할 것 없습니다. 사랑과 결혼은 때로 급작스레 옵니다. 대비하고 있으십시다. 기도와 말씀과 인격과 품위와 교양과 친절과 신앙으로 준비하고 있으십시다. 사랑을 만나는 그날에는 형님만 기쁜 것이 아니라 형수님 되실 분이 더욱 기뻐하시리이다. 내가 참으로 좋은 남자를 만났다고 말입니다. 그 행복한 날은 옵니다. 그때까지 힘써 하나님을 알고 주변 사람들을 사랑하십시다. 대가를 바라지 않는 순수한 마음으로 그리하십시다. 그런 형님 누님은 반드시 그에 합당한 사람의 눈에 잡힐 것입니다. 아, 그날이 너무 기대됩니다. 저의 가슴도 벅차옵니다. 오랜 기다림의 눈물을 닦으며 즐거워하실 그 모습에 저도 눈물이 나려 합니다. 우리 그 길을 함께 가십시다. 혼자가 아니라 함께. 한 사람을 만나 사랑하고 가약을 맺어 평생 서로에게 신실함을 바치며, 둘이 창조하는 새로운 생명의 별을 이 땅에 심는 것은 인간을 창조하신 하나님을 영화롭게 하는 길이니이다. 아멘.

시우

감사의 글

오늘의 30대는 교회의 관심망 밖으로 밀려난 듯했습니다. 그들이 겪는 삶의 주요 근심사인 사랑과 결혼(또는 독신), 가정과 직장 등에 대하여 설교 강단은 인색해 보였습니다. 한 사람의 일생에서 가장 결정적인 그런 주제들은 귀가 닳도록 들었던 교훈들 아래 덮여 있었습니다. 여기서부터 문제의식이 출발했습니다.

"누가 알아서 말해주기만 기다리지 말고 우리가 이야기해보자."

우리 세대의 일은 우리 세대가 가장 잘 공감할 것이니 30대인 나는 30대에게 이야기할 수 있는 좋은 조건에 있는 것이라 생각했습니다. 그리하여 30대로서 성경 앞에 앉았습니다. 우리의 일상적 주제들에 대하여 하나님께서 어떻게 보고 계실지를 헤아려보고자 성경에 귀를 기울였습니다. 그럴 때에 신앙과 일상의 이혼이 아닌, 일상에 자리를 펴는 신앙이 가능하리라 믿었습니다.

편지 읽으신 벗들에게, 사랑과 결혼을 향한 하나님의 시선을(혹은 성서적 시선을) 나의 시선으로 삼는 체험이 약간이라도 있었다면 저로서는 대만족입니다. 이는 저의 글에 그만한 가치가 있어서가 아니라 오직 하나님의 긍휼로 말미암아 성령께서 그런 일을 이루어주시기를 간구 드리는 것입니다.

책이 나오기까지 물심양면으로 도움 주셨던 분들의 이름들을 다 말할 수 없습니다. 미션펀드(Mission Fund)로 출판비를 모금하였을 때 은혜 베풀어주셨던 분들을 언급하지 않을 수 없습니다. 정우택님, 열매님, 허정현님, 김학원님, 이미선님, Sean Choi님, Yan Zhenlan님, 김효중님, 강신예님, 김진수님, 윤광식님, 정진은님, 수고사님, Sangwoo Chung님, Isa님, 김

숙진님, 여러 무명님들 그리고 개인적으로 김일 최영님, 시무언 선교회 이규석님, 양문교회 성도님들 등(빠뜨린 분들 계시면 용서해주십시오).

  돈 벌어올 줄 모르고 글만 쓰는 자도 굶지 않도록 '문서선교'라며 꾸준히 힘을 보태주셨던 분들께 감사의 말씀을 올려드리지 않을 수 없습니다. 이영숙님, 이영선님, 정은미님, 평안의 교회, 민병이님, 함께해요 선교회, 박선하님, 이미경님, 남성환님, 최현섭님, 추승효님, 권영미님 등(빠뜨린 분들 계시면 용서해주십시오). 그분들이 없었다면 지금 저는 다른 일을 하고 있었을지 모르고 그러면 이 책도 없었을 것입니다.

  책의 구상을 듣고 많은 격려의 말씀 베풀어주셨던 분들과, 원고를 검토하고 감상평을 해주신 분들께도 고마움을 표하는 바입니다. 연길과 상해에서 원고 집필하는 동안 장소를 제공해주시고 여타 꼭 필요한 도움을 주신 김일님, 정광춘님, 상해 OO교회 조선족 기독 청년 여러분, 고명숙님에게도 감사의 말씀을 드립니다. 북한 선교나 중국 동포 섬김에 아낌없는 헌신을 보여주시는 김형미님의 후의에도 감사의 마음을 전합니다.

  하나님께 대한 넘치는 감사는 서로를 향한 축복의 열망으로 표현됩니다. 그런 심정으로 편지는 쓰였습니다. 편지는 날마다 쓰입니다. 우리는 그리스도의 편지입니다. 그리스도의 사랑과 말씀을 일생이란 편지지에 기록하여 세상으로 띄움 받는 편지입니다. 이 편지도 날마다 쓰여야 합니다. 오늘에는 오늘의 사랑과 말씀이, 30대에는 30대의 사랑과 말씀이 필요합니다. 말씀(the Logos)이신 그리스도로 '나'라는 편지지를 가득 채우십시다. 우리를 편지로 보내셨던 주님은 훗날 우리를 편지로 읽으시리이다. 벗님들이 써내려갈 편지를 기대합니다.

2016년 10월 7일

인왕산 한양성벽 아래에서

정재헌